Thinking Like a Political Scientist

A Practical Guide to Research Methods

像政治学家一样思考

研究方法的实践指南

［美］克里斯托弗·霍华德　著
（Christoper Howard）

许常红　张祺　译

世界图书出版公司

北京　广州　上海　西安

图书在版编目（CIP）数据

　　像政治学家一样思考：研究方法的实践指南／（美）克里斯托弗·霍华德著；许常红，张祺译. -- 北京：世界图书出版有限公司北京分公司，2024. 12. -- ISBN 978-7-5232-1824-2

　　Ⅰ. D0-3

　　中国国家版本馆 CIP 数据核字第 2024FT3947 号

Thinking Like a Political Scientist:A Practical Guide to Research Methods by Christoper Howard

Licensed by The University of Chicago Press, Chicago, Illinois, U.S.A.

Copyright ©2017 by The University of Chicago

ALL rights reserved

本书中文简体版权归属于东方巴别塔（北京）文化传媒有限公司

书　　名	像政治学家一样思考：研究方法的实践指南 XIANG ZHENGZHIXUEJIA YIYANG SIKAO
著　　者	〔美〕克里斯托弗·霍华德
译　　者	许常红　张　祺
责任编辑	仲朝意　刘天天
特约编辑	何梦姣
特约策划	巴别塔文化
出版发行	世界图书出版有限公司北京分公司
地　　址	北京市东城区朝内大街 137 号
邮　　编	100010
电　　话	010-64038355（发行）　64033507（总编室）
网　　址	http://www.wpcbj.com.cn
邮　　箱	wpcbjst@vip.163.com
销　　售	各地新华书店
印　　刷	天津画中画印刷有限公司
开　　本	880mm×1230mm　1/32
印　　张	10.25
字　　数	247 千字
版　　次	2024 年 12 月第 1 版
印　　次	2024 年 12 月第 1 次印刷
版权登记	01-2024-5162
国际书号	ISBN 978-7-5232-1824-2
定　　价	78.00 元

如有质量或印装问题，请拨打售后服务电话 010-82838515

目录

CONTENTS

写给学生的话

　　如果你像我以前教过的大多数学生一样，那你肯定不想读关于研究方法的任何书，而宁愿读政治学方面的书。我非常理解你的这种不情不愿。我上大学时从未选修过一般研究方法的课程，因为它不是必修课，只是到了后来我才意识到我错过了什么。我当时学习很努力，花的时间也很多，但是效果总不尽如人意。尽管不动脑筋蛮干式的试错法也是一种学习方式，但这种方式通常不是最有效的。我那时真正需要的是实用性指导，告诉我如何确定哪些是好的研究问题，以及如何系统且有说服力地回答这些问题。十多年来我一直在教授一门基础方法课程，部分原因就是不让学生重蹈我的覆辙，让他们通过该课程真正学会像政治学家一样思考。

　　教授研究方法课程一直是我职业生涯中最有成就感的事情之一（这并不是说我职业生涯的其他部分很惨）。虽然学期末学生们典型的书面评语都是以吐槽这门课开始，比如"无聊至极""极其讨厌"，但是不少学生很快补充说我的课是他们所选课程中最有帮助和最实用的课程之一。有一些学生说，这门课帮助他们把这个学期另一门课程的论文写得更好了；还有学生觉得自己将来有独立做研究课题或者写出优秀论文的希望了。偶尔，还有一些学生私下告诉我说，他们真正喜欢上了这门课。总之，在学习了研究方法导论课程之后，很多学生承认，以前他们做不到的许多事，现在可以做到了。

但是，没有学生说我的研究方法课程说服了他们继续攻读博士学位进而成为专业的政治学家，我觉得这是可以接受的，这不是我衡量我的课程是否成功的主要方式。我更感兴趣的是帮助学生培养一些技能，不论他们是在学校学习时还是毕业走向社会之后，这些技能都能够引导他们走向成功。毕竟，不是只有获得博士学位的人才需要与抽象概念打交道、评估各种解释是否充分、在综合文献中搜寻论据，我们所有人都需要做这些事。

我撰写这本书的最终目的是帮助更多人获得这些技能。在读完这本指南之后，你可能会希望提升你的全部技能，为此而选修统计学、实验方法、案例研究、田野调查、群体调查等方面的课程。如果是这样，那就太好了。但目前，我希望你能获得有经验的政治分析家们使用过的一些技能，并享受学习这些技能的过程。是的，享受！必须承认，让研究方法变得有趣而成为一种享受绝不是一件容易的事，我所读过的指南和教科书甚至没有尝试过这样做。也许，我偶尔标新立异的例子或者趣味十足的类比会让学生们会心一笑。如果没有其他办法，一点儿幽默也会让整个过程变得不那么令人心烦。从更深一层来讲，我希望你能够像一位专业分析师那样做研究，知道如何聪明地阅读已出版的著述，并从这些学习当中获得真正的满足感。这种满足感会保留很长一段时间。为了给学习研究方法的过程注入一点儿乐趣，我特意写了这样一本与众不同的书，它融合了日常的直觉、正式的概念、丰富的例子（有些是学术性的，有些不是）、实用的练习、朴素的语言，以及一点儿顽皮。

写给教师的话

每年，有几千名大学生选修由所在系（政治学系或政治系或政府系，名称各有不同）的某位老师讲授的研究方法课程，这不是因为学生们想学，而是他们不得不学。方法论课程是主修政治学专业学生的必修课，好比幼童要上幼儿园就必须打预防接种针。大部分学生对待研究方法课的态度，差不多就像不得不接受医生在他们的胳膊上扎一针一样，不仅毫不期待，反而会抵触。这真令人大失所望，因为它本该是学生们所选课程中最能开阔眼界且最有实用价值的课程之一。

本人教授研究方法多年，非常同情那些不想选这门课的学生。以我的经验来看，他们谨慎小心至少有三个原因。第一，政治学对学生具有吸引力的大部分原因，是他们有机会学习这一类课程：国际安全、民族冲突、现代政治运动，以及环境政策。这些课程研究现实世界的实际问题，其中有一些真正地涉及生死。许多学生喜欢学习有关恐怖主义、民主化、美国总统选举等内容的课程，我也是如此。但研究方法课程是关于"如何系统地思考"的一门课程，一点儿都不吸引人。我曾考虑过把课程的名称改为"哈利·波特和邪术"或者"更好的思考等于更好的工作"，但是我非常肯定我的系主任和学校课程委员会的委员们必然会反对。

第二，研究方法课程历来都是把方法与统计学奇怪地混合在一起讲授的。想想看，虽然传统的经济学、数学、心理学和社会学等院系会给学生开一学期的统计学入门课程，但我们政治学系的人认为，在三到六周内将统计学的基础知识讲完是有可能的。这可能意味着：(1) 我们政治学系的学生比其他系的学生聪明得多；(2) 我们在愚弄自己；(3) 我们在自欺欺人，这种情况更糟糕。我们那种所谓几周就讲完统计学基础知识的做法，是以牺牲方法课程中的内容为代价的，这些内容要么干脆被抛弃，要么就是蜻蜓点水般一带而过。学完这门课程的学生还认为统计分析是研究政治学唯一的好方法，其实完全不是这样。学生们被教导更多的是如何与数字而不是与书面文件打交道，尽管两者都为政治辩论提供必要的证据。那么，从严格意义上讲，标准的课程应该被称为"研究方法"，而不是"方法概论"。

别误解我的意思，我是狂热的数字爱好者。我在自己的研究中也使用表格和回归模型，而且我经常鼓励学生和我自己的孩子们学习统计学课程。无论怎样，事实上统计学在社会科学中已经如同一门必学的外语一样重要。然而，如果希望学生们学习一门基本的方法课程后就可以阅读大量的学术论述，并进行自主研究，那么这门课程就不应该过于依赖统计技术和数字。学生还需要知道如何深入分析单个案例，仔细比较两个或三个案例，以及研究文献，而大多数教科书都不能很好地将这些技能传授给学生。

我认为比较理想的是，主修政治学的本科生至少需要选修两门方法课程：一门一般性的导论，另一门是专门、深入教授政治学研究中广泛使用的技术的课程，比如统计学、实验方法、案例研究、调查研究或田野研究。这样，学生们就会广泛熟悉各种研究方法，并且对其中的一种方法非常熟练。那么他们在大学期间和毕业以后成功的概率都将得到提升。但我知道，我的理想在短时间内很难变成现实。因为如果那样的话，全国所有的院系都必须修改他们的要求，一些现有的课程也可能不会再像以前那样经常开课，甚至可能会被完全取缔。同时，这本书作为一门更为传统的方法课程的实用辅助读物，也为导论课程提供了一种全新的方法。对于那些没有开设或没有要求学生学习方法课程的院系，这本书可以给学生提供一个有用的入门路径来了解政治学家的思考方法。

学生们害怕选修研究方法课程的第三个原因在于教科书。多年来，我指定过不同的教科书。每到学期末，学生们便会评价说，这些教科书如出一辙地晦涩，有的甚至让人读来"痛不欲生"。他们完全有理由这样说。这些教科书确实篇幅太长，而且真的是信息量过剩。编写教科书是一件技术含量很高的事，而学生学习政治学的乐趣是一个易碎品。如果你读过汽车车主手册——不是薄薄的"基础版"，而是整整475页的庞然大物——你就明白我什么意思了。在一本标准的方法课程教科书中，如果你看到这样一段话："我们对样本-总体一致性的讨论就到这里，在下一节中，我们将学习最佳转速比"，你不要感到奇怪。相比之下，美国政治学、比较政治学和国际关系学的导论教材中，满是真实人物的经历，以及关于权力、自由和平论等主题的重要辩论，它们就像你度假时躺在沙滩上所读的读物。

如果研究方法课程教材存在的主要问题只是乏味的文风和抽象

的概念，那么一个好的教师就可以克服这些问题。但是，问题不止这么简单。在典型的方法课程教材中，有数百个重要和并不那么重要的概念在竞相吸引读者的注意力，学生们通常很难把重要的概念与不重要的概念区分开来。许多学生感觉不知所措，甚至真正专心的学生也会感到沮丧。有些人可能会完全放弃阅读它，其他人则会在整个学期都只盯着那些众所周知的"树木"，而看不见"森林"。此外，学生们可能会花很多时间试图去消化学到的新知识，而没有足够的时间来练习他们的新技能，但练习是必不可少的。[①] 具有讽刺意味的是，许多教科书宣扬"简约原则"（parsimony）或"分析杠杆"（analytic leverage）的优点——确定可以解释政治学中大部分模式的几个关键因素，但它们的作者却没有认识到，对于教材简约也是一种优点。一个学好十几节普通课程的学生可能比一个努力记住 400 个定义的学生要学得好得多。

教学生们如何系统地思考政治，得有更好的方法，必须得有更好的方法。这是这本书的基本前提。

---

① 要成为一名伟大的厨师，你不能只读烹饪书。你必须练习切、烧、炒和烘烤——一遍遍反复练习。优秀的运动员不只是看录像带，他们同时练习了数千小时。要成为政治研究中的行家里手也需要大量的实践，包括提出良好的假设、选择正确的研究设计、挑选案例，以及其他技能。——原注

导　言

　　让我们从头开始吧。一门方法导论课程究竟应该讲些什么？学生应该学些什么？以生产者和消费者的身份思考这个问题的答案是一种常见的方式。在选修了基础的方法课程之后，学生们将能够更好地进行自主研究，并消化其他人所写的东西。这个比喻在我看来似乎只对了一半。教师确实希望学生在更高的水平上产出：在他们学习政治学的课程中写出更好的论文；如果得到参与教授的研究课题的机会，他们要能够有效地工作；大学毕业后无论是工作，或是继续读研，还是在他们的个人生活中，顺利地从事各种各样的研究。说到"消费"，通常当我们消费物品的时候，物品会消失，其他人不能从中受益，比如食物或汽油，而知识完全不是这样被消费的。你读了某本政治学的书或一篇文章，别人还能读它们。知识更多的是公共的而非私人的物品。与"产品/消费"这个比喻相关的一个问题是，我们消费完就不能再用了的产品，通常是被转化成了某种污染环境的废品。而政治研究虽然可能是会被"消费者"所忽视的"产品"，但它并不会变成充斥天空的二氧化硫或被乱扔在高速公路上的垃圾（作为一个偶尔的"生产者"，我当然不希望如此）。

对此我们有一个更好的类比。好的研究方法导论课程应该能让学生在阅读政治分析的相关内容时，成为细心的验房师；在他们自己做研究时，成为合格的建房者。导论课程的最终目标是建造和检查，而不是生产和消费。

如果你们不熟悉验房师的工作，我可以简要描述一下这些了不起的人是做什么的。验房师受雇于那些确实想买某座房子但还没有签订合同的人。虽然那座房子看起来很好，但谁知道表面之下会不会隐藏着什么问题呢？这些问题一般人是看不出来的。一位优秀的验房师可以在几个小时内检查屋顶、墙壁和地基有没有裂缝，找出有无潮湿或白蚁破坏的迹象，确保所有的门窗能正常打开及关闭，测试屋内的管道、暖气／制冷系统，以及电路系统，最后一直到墙上的插座。这真是太了不起了，因为验房师在此之前从来没有踏入过这座房子。通常情况下，验房师会随身携带一份详细的检查清单，以确保他们能检查到房屋的每一个重要部分。不管房子的建筑风格是什么，有多大，建造时间有多久远，清单上的主要项目都是一样的。准备买那座房子的人会为这项服务支付高额的费用，因为购买有隐患的房子会是一个非常"昂贵"的错误，他们希望对房屋进行真实坦率、全面彻底的评估，好消息和坏消息他们都想听到。虽然验房师不需要是一个有经验的房屋建造者，但他必须知道什么样的房子是建造得好的房子。

阅读期刊文章或学术著作就很像进行房屋检查。读者应该始终以批判的眼光进入这个过程。一项研究已经发表并不意味着其结果就应该完全可信，即便最好的著述也有其局限性。在阅读政治分析的相关内容时，在心里列一份检查清单可以帮助你弄清楚一个论证的哪些部分立论正确，哪些需要修改完善，哪些完全没有写到。就像验房师会检查房子的地基一样，我们也应该注意一部学术著作或一篇学术文章是否明确地建立在先前的研究之上。拙劣的假设如同漏水的屋顶，可能会让屋子被水淹没。老旧的锅炉与过时的资料清单一样，都经不起时间的检验。学生无论是阅读了解核武器扩散、日本政党政治还是美国最高法院，这样的清单对他们都大有裨益；不论这个分析是否由学者、政策制定者、专家或倡导者做出，都将有帮助。掌握好研究方法会帮你进一步完善那个清单。[1]

验房师的报告中缺失的内容与它所包含的内容一样重要。一个写得好的验房报告不会沉溺于事实的细枝末节。"楼上填涂浴缸缝隙的水泥浆似乎是从家得宝买来的"不重要。"在房子下面窄小的水电管道里发现旧纸袋"，除非袋子里有一个被砍掉的头颅或一条毒蛇，要不然谁关心这些呢？验房师的报告也不会详述那些对人们显而易见的特征。不幸的是，太多的读者只是试图记住这些细节，"以我的专业判断，客厅的地毯是棕褐色的"，而不是专注于学术文章或著作更重要的结构特征。本指南将帮助人们打破这个习惯，成为更成熟的读者。[2]

当老师们让他们的学生做研究和写论文时，他们是在训练学生建立论证。一个好的论证就像一座建造良好的房子。房子不需要靠原创的设计变得有价值，许多小区的房屋都只有几种简单的样式。一座好房子应该建造得经久耐用，带有一些基本设施，比如室内水管设施、水电、门窗等。同样，大多数本科论文也不是非要提出真正有原创性的论点。[3]事实也是如此，说本科论文有原创性可能有点夸大其词。

开辟了时代转折的原创性思想实属凤毛麟角。你不可能写出《物种起源》(*The Origin of Species*)，或者你也不可能成为爱默生。但是，原创与深刻并不完全相同。深刻的思想是经得起重复或重新发现的，而许多原创的思想则不然。[4]

老师经常要求学生分析一些常见但很重要的问题，比如美国分治政府（总统属于一个政党，而国会的参众两院至少有一院由反对党控制）的影响，或者民主政府在中东难以建立的原因。不过老师们希望，即使学生们对这些问题的论证在观点上司空见惯、了无新意，还是应该有完善的结构。这就意味着它不应该只有引言、本论和结论三个部分。例如，论证不应该是同义反复的恒真形式，因此按照其定义即为真（比如"民主政体比独裁政体有更多竞选"）。关于因素 A 导致结果 B 的论点应该比仅仅声称 A 和 B 总是同时发生的论证有更多的证据。我们期望一个房屋建造者能够使用高质量的材料，教师、雇主和法官期望论点能有来自高可信度信源的大量证据作为支撑，这些都是同样的道理。

虽然验房师也有可能成为一名房屋建造者，但这两份工作是不同的。房屋建造者获得资质证书的要求标准通常比验房师更高，这表明建房者需要具备更多的专门技能。同样地，学生应该预料到，成为一名熟练的研究者和作家比成为一个熟练的读者要花费更长的时间。一次全面细致的房屋检查花一个下午就可以完成，而一间房屋需要几个月的时间来建造。学生们也许能在几小时内读完一篇文章或一本书的一个章节，但是要他们在同样的时间里赶出一篇不错的论文就是强人所难了。而且，房屋建造者所做的事别人更容易看见，学生在分享他们的研究成果时，则须准备好持这样的态度："喏，这是我搞出来的东西，这背后就是我做的工作。"①

建造和检查要比单纯看看困难得多。任何人都可以看一所房子，或者看一场政治辩论。只是看看，不需要花什么时间，不需要做出什么努力。大学生写论文时，如果写"本文会看看（着眼于）国会中的党派对立"，或"在本文中，我将看看（着眼于）外国援助"，那老师就知道自己的麻烦来了。这些学生有一个宽泛的话题，但缺乏明确、具体的论点。要成为一名优秀的验房师或建房者，需要时间、技能和批判性头脑。你必须采用一定的质量标准，对照这些标准来评判作品，无论这个作品是你自己做出的还是别人做出的。训练有素的政治学家做得多，而不是仅仅看看。

在你学习政治学一段时间之后，人们可能会认为你了解到了很多重要的事实。你也许能够说出现任美国众议院发言人的名字、印度成为独立国家的年份，还能正确拼写出 NAFTA（北美自由贸易协定）、NATO（北大西洋公约组织）、IMF（国际货币基金组织）和 WHO（世界卫生组织）的全称。但是，哲学专业的学生、化学专业的学生、你在读五年级的表兄弟姐妹，以及在你们小区里驾驶UPS（联合包裹服务公司）卡车的那个家伙也可以——几乎任何一个能够连接上互联网、使用谷歌这样的搜索引擎的人，都能够了解到这些事实。当然，一位训练有素的政治学家可以比其他人快两到

---

① 假如建造和检查房屋不能抓住你的兴趣，你还可以用成为厨师或美食评论家所需要的培训作为思考的例子。不管是哪种情况，这里的关键点是获得某种技能，这种技能将帮助你创造东西或欣赏别人创造的东西。——原注

三分钟说出这些事实，但大而言之，这算不上是什么优势。在维基百科和其他虚拟信息库的时代，学习政治学专业的价值越来越依赖于掌握的一般技能，而不是记住具体事实（事实上，这句话对于任何大学专业都是对的）。虽然关于政治的事实性知识永远是重要的，但如果你只拥有这些知识，你很快就会被几个手机应用取代。

当然，文章写得好和在公共场合有效地演讲是所有学生都应具备的基本技能。许多大学课程都可以帮助你培养这些能力，而学生也应该尽可能多地选修这些课程。此外，政治学专业的学生还应该具备不一样的特殊技能。例如，要知道如何明智地使用民主、恐怖主义、政治宽容和公民参与等"大"概念；要知道如何区分因果关系与相关关系，以及知道如何挑选好的案例来检验假说。理想情况下，这些技能以后将会在更高级别的课程中得到强化和训练。仅用手机是难以获得这些技能的。

实际上，这本书中明确提出了成为一名能干的政治学实证性论证的"检查员"和"建造师"的几种必要技能。我从事研究方法教学的经验表明，学生学习几个技能，并扎实学好，比埋首于大量的概念和公式要有益得多。因此，这本书设计的篇幅相对不长（而且比其他类似的书便宜）。多年的经验也告诉我，学生需要实践这些技能才能变成专家能手。无独有偶，方法课程的很多教学大纲中经常引用这句中国的古老名言："听而易忘，见而易记，做而易懂。"

本指南的组织结构与众不同，甚至可能独一无二。本书从一开始就提出，政治学专业的学生应该学习如何提出好的问题，以及如何得出好的答案。这两种技能的讲授构成了本书的两个主要部分。政治学家问了许多不同的问题，但这些问题最后归结起来无外乎

"发生了什么？"（What happened？）、"为什么发生？"（Why？）、"谁会关心这件事？"（Who cares？）。不管主题是社会运动、金钱对选举的影响，还是苏丹的冲突，都是如此。① 已经发表和出版的政治学方面的著述大部分都试图回答其中的两个问题，甚至常常是全部三个问题。每个问题都提出了一套特别的议题，需要一套截然不同的技能。这会在本指南的第一部分讲述。

"谁会关心这件事 / 那又怎样"（Who Cares / So What）这个问题关系到研究项目更广泛的意义。一般来说，作者在他们的论文、期刊文章或著作的开头就会提出这个问题，这也是我首先（在第一章）讨论它的原因之一。如果最初的答案不是很引人关注，或者至少不那么吸引人，那么读者可能会兴味索然地离开。在回答这个问题时，作者必须考虑其著述的目标读者，可能是一小群专家、数量多一点的社会科学家、政策制定者，或者一部分普通大众。读者面越广泛，作者的研究作出的推论就越大。比如，作者可能会声称："这不仅仅是关于非洲的契瓦人（Chewa）和图姆布卡人（Tumbuka）的故事。事实上，它可能会对世界范围内文化差异如何导致政治冲突这一问题提供有价值的见解。"[5] 尽管我不是非洲政治方面的专家，但这种诉求会抓住我的注意力。第一章描述了一些作者用来说服读者关注他们论点的常用策略。当然，任何人都可

---

① 另一方面，政治理论家倾向于提出更规范的问题。什么使一个政府具有合法性？自由与平等的价值应该如何平衡？国家在什么情况下开战才有道德上的正义性？我脑中能想到的政治学家对实证性问题，即对"是什么"而不是"应该是什么"更感兴趣，他们教授的课程是比较政治、美国政治、国际关系和公共政策。尽管如此，我们将在下一章中看到，实证性政治学研究常常被规范性问题所激活。——原注

以对其工作的意义提出大胆的主张。作为细心的读者，我们应该仔细甚至带着疑问来审视这些主张。

声称你在探究一个重要的问题是一回事，但要证明你有新的或者重要的发现就完全是另一回事。在回答"谁会关心这件事／那又怎样"这个问题时，这两个方面都是必要的。在学术写作中，一篇文献综述帮助读者了解以前的学者如何研究某个问题以及他们已有的发现。一篇好的文献综述可以作为文章的其他部分或著作的跳板，它通常会指明值得研究的描述性假设或因果性假说。它将表明作者如何想方设法来促进我们大家对他正在研究的主题的理解，比如民主化、退休政策、人权等。即使是为更广泛的读者写的文章，作者也会早一点指明他赞同或反对的人。然而，大多数本科生做文献综述的经验很少甚至完全没有，而且在阅读已出版的著述时，他们不能充分分辨它的重要性。第一章将帮助他们开发这些技能。

第二章的标题是"发生了什么"。这个问题看起来很简单。的确，有些事件或趋势是相当容易描述的。社会保险计划在19世纪末20世纪初首先在欧洲出现，伊拉克军队于1990年入侵科威特，在这样的案例中，更为有趣和复杂的问题是：为什么发生？假设我们想知道为什么一些亚洲国家比其他亚洲国家更民主，在我们思考可能的原因之前，我们需要定义"民主"（democracy），并找到如何在不同的国家测量民主的方法。那么问题来了：没有被普遍接受的"民主"定义，而且不是每个亚洲国家的民主程度测量所需的部分数据都能获得。因此，我们需要选择一个普遍的定义和特定的衡量标尺，并为这种选择进行辩护。如果研究的主题是恐怖主义，而我们正试图解释为什么恐怖袭击的次数会随着时间而变化，那么类似的困难也会出现。不同的政府对恐怖主义有不同的定义。很有可能，不是所有的国家都以同样的标准来统计恐怖袭击，这就让我们很难观察到总体趋势。甚至像选民投票率这样看似简单的概念也很难准确描述。简言之，搞清楚政治上发生的事情需要我们对概念和衡量标准加以审慎考虑。

确定发生了什么可能需要描述变量之间可能存在的关系，这一点我也会在第二章中讨论。首先，我们可能想要确定两个变量的值是否会以任何有规律的模式发生变化。我们正在测试描述性假设，（还）没有对于任何因果关系的结论。比如，也许我们想要知道国家的富裕程度是否与其民主程度相关，或者成年人对待死刑的态度是否因性别而有所不同。

学者们往往不愿意承认，他们经常在不确定政治中某些模式是否真正存在的情况下就试图解释这种模式。当这种模式被证明是错误的时候，大量的时间和精力就付诸东流了。有时，模式出现问题是因为概念问题，有时是源于测量错误，而有时反映出我们未能考虑到存在别的可能性。为了说明后者，假设我们发现女性比男性更倾向于反对死刑，在声称性别与对待死刑的态度相关联之前，明智的做法是检查一下这两个因素是否与第三个因素有关，比如政治意识形态或政党身份认同（可能还有其他因素）。笼统地说就是："控制变量 C，A 与 B 还相关吗？"以这种方式提问能够让我们更准确地描述所发生的事情。

因果知识受到政治学家们的高度重视，因此"为什么发生"这个问题（the Why question）可能比其他的问题更受关注。许多人认为，政治科学的终极目标是解释行为的一般模式。为什么民主国家很少与别的民主国家开战？为什么有些人比其他人更热衷于参与政治？为什么美国国会中的极化加剧？这些都是宏大而且重要的问题。毫不奇怪，人们在这些问题的答案上往往不能达成一致。在接触了各种不同的争论之后，我们会总结说："嗨，这些不同的解释，我觉得似乎都很有道理。"尽管这种态度可能表明人们思想开放，但更多地显示出缺乏批判性判断。第三章将向读者介绍因果问题的设计——主要是自变量、因变量、中介变量，以及回答这些问题的过程。

学者们回答"为什么发生"这个问题，与他们回答"发生了什么"这个问题（the What Happened question）的方式在某些方面是一样的，都是通过确定两个变量是否相关，以及在控制了其他相关变量之后这种关系是否成立，这两个步骤都重要。此外，如果想证明存在一种因果关系，那就需要确立事件发生的正确顺序。如果认为 A 导致了 B，那就需要证明 A 发生在 B 之前[6]，而且需要说明 A 是如何导致 B 的，也就是要指明一个或多个因果机制，在原因与结果之间确定一条路径，这是相关性与因果关系之间的巨大差异之一。民主与战争就是一个经常被引用的例子。民主国家很少会彼此开战，也许是因为它们都拥有外交和人权理念。或者，这种模式之所以会发生是因为民主国家有定期的选举；如果战争进行得不顺利的话，选举就给了普通公民一个惩罚他们领导人的方式。第一种路径根植于价值观，第二种更多地源于制度。我们也可以设想其他因果机制。我现在想强调的要点是，要对"为什么发生"这一问题给出好的答案，通常需要对"如何发生"这个问题给出好的答案。第三章更深入地讨论了这些问题。

选择一个好问题并知道好的回答的构成要素，是研究过程的基本部分。用亚里士多德的话来说，"好的开端是成功的一半"。然而，另一半也是至关重要的。另一半需要解答这个问题的策略，这是本指南第二部分的主题。

得出好答案的第一步是选择恰当的研究设计（在第四章中讨论）。这样的设计就像房屋建造者的蓝图。通常情况下，本科生可以凭自己做出的研究设计类型与他们在专业文献中所遇到的类型之间存在很大的差距。譬如，训练有素的政治学家越来越多地使用实验设计来检验他们的假设。尽管在研究美国政治时，实验方法更为突出，但比较政治学和国际关系学的专家们正在迎头赶上。坦白地说，对本科生来讲，在自己的研究中使用这些设计，许多都过于复杂和费时费力。然而，学生们是正在接受训练的检查员，应该了解实验设计的主要要素，以及实验设计的典型性优点和缺点。

同样，许多本科生缺乏统计学应用知识来运用 SPSS（统计产品与服务解决方案）、Stata（统计分析和数据管理）或其他软件包来对案例进行比较（至少不具有超出计算简单的百分比和生成柱状图之外的能力）。创建列联表和多元回归模型需要学习至少一个学期的统计学，而要做出印刷品中更复杂的统计图通常需要经过几个学期的统计学训练。尽管如此，我们还是要从某个地方开始。统计设计在政治学中无处不在，学生们需要学习一些主要的变量，了解它们特有的优点和缺点。实验和统计研究设计会在第四章讨论。

具有讽刺意味的是，学生们可能使用最多而传统教科书却讲得最少的一种设计是案例研究。人们几乎从不期望本科生会做实验，而要求他们具备超凡的统计学技能的机会也几乎没有，相反老师会让他们做案例研究。例如，在美国政治课程的导论中，教师们可能会要求学生写一篇论文，分析贝拉克·奥巴马（Barack Obama）是如何在 2008 年总统大选中获胜的，或者解释为什么某一特殊利益集团被广泛认为具有影响力。在比较政治学基础课程中，学生们可能被要求研究某个国家的政党政治，并写出他们的发现。许多学者在自己的研究工作中运用案例研究方法。虽然案例研究在某些方面比实验或统计分析更容易操作，但它们也容易被搞砸。我看到过很多大学生用案例研究来做并不适合用这种方法的事情，这有点像看一个人试图用一把油漆刷来安装屋顶。案例研究将是第四章中讨论的第三个研究设计。

无论选择哪种一般设计，学者们都必须选择具体案例来进行分析，案例可以是一个人、一次选举、一个国家、一个法案、一场战争，等等。一项具体的研究，运用案例的数量可以从一个到数千个不等。案例可以随机选择，也可以由研究者刻意选择。要做这么多决定，那么犯错的概率就增加了，这就是案例选择必须认真仔细的一个原因（在第五章解释）。也许在这一点上要传递的主要观点是，通常以这样的方式选择案例是为了得出尽可能有用的推论。假设为了解超过 3 亿的美国人的种族态度，我们计划调查 1000 人，那么我们如何选择合适的人？或者假设我们想了解发展中国家民主化的前景，我们能从比较墨西哥与突尼斯这两个国家中得出什么一般性经验教训呢？对已经发表的论述最常见的批评之一就是，所选择的案例不能让人们作出足够好的一般性概括，或者不能让人们信心满满地作出一般性概括。

一旦我们选定了一个研究设计并选择了我们的案例，我们就需要收集和分析证据——实证性证据，那种可以在现实世界中观察到的证据。没有这样的证据，我们很快就会进入个人信念、寓言故事、集体神话或阴谋论的范畴。[7] 我们继续使用建房子的比喻，证据构成了一个论点的建筑材料——砖头、木材头、塑料、钉子。如果没有把足够的证据放在适当的位置，论点将会站不住脚甚至土崩瓦解。

总的来说，政治学家使用两种证据——文字和数字（研究政治传播的人可能也使用视觉图像作为证据）。这两者绝不是相互排斥的，大多数学者在他们的研究中使用文字和数字作为证据，并且很多人发现了将文字转换成数字或数字转换成文字的方法。毫不奇怪，那些用统计分析来进行多个案例比较的人，很大程度上依赖于数字，如选民投票率、人均收入和教育年限等。那些进行深入案例研究的人更有可能引用政府文件、报纸文章、传记、演讲，以及个人访谈作为证据。

标准的教科书用大量篇幅教学生如何分析数字，而教他们如何处理文献的篇幅相对较少。本指南给予每种证据以同等篇幅，每种证据都用了一章来讲授（第六章和第七章）。这两章将为找到文字和数字信息的好资源提供一些建议。但本书的重点还是如何分析这些信息。对于文献，我们需要对偏见和选择性等问题保持敏感。网站、博客、智库和自助出版业的规模显著扩大，使越来越多的个人和组织能够与世界上的其他人分享他们的想法。他们急于发表，这时其中一些资料就可能不准确。作者可能更多地是作为一个宣传者而不是分析者在写作，而我们也应该很明智地反复核实他们的观点，甚至有些权威性较强的信息来源也可能以令人担忧的方式带有偏见。在处理数字时，我们必须了解哪些统计检验适合哪种类型的数据；我们需要重视一种关系的统计显著性与其实质重要性之间的不同；我们需要懂得，统计技术通常比其他的技术更适合检验因果关系的某些元素。简言之，不管"事实"是文字的还是数字的，都绝少能自夸无需核查。

本书的每一章都有两个主要小节。第一节篇幅长，介绍一些关键术语，如文献综述、假设、内部效度、外部效度、研究设计、三角测量、统计显著性等。尽管这种材料的呈现方式往往是完全不同的，但这种材料与你在传统教科书中所使用的材料类似。然而，真正的重点在于一般的方法和实战建议——做什么，不做什么，以及为什么。在全书中，我从比较政治学、美国政治、国际关系和公共政策领域抽取了一些例子来阐述这些方法和建议。

每一章的第二节给读者一个应用这些概念和技能的机会。我的建议是通过阅读一些已发表研究的优秀例子来练习"检验员"角色。你可能不熟悉这些例子的主题，这是对你正在学习的技能的一个很好的测试。即便你对意大利的地方政府或捕鱼权的国际争端知之甚少，你能确定作者的论证在结构上是否合理吗？如果你或你的老师头脑中有不同的例子，那没什么问题，重点是要从记住事实转向评估论证的一般结构。为了帮助读者成为更好的"建造者"，我用一些练习来结束每一章。掌握检查和建造房屋的技能，需要书本学习和亲自动手实践相结合，检查和建立政治学的论据也是如此。

第一部分

如何提出一个好问题

第一章　谁关心这件事

　　设想一下，有个人对你说话，很详细地谈论香蕉，告诉你克罗格超市卖的香蕉比沃尔玛的贵多少；然后又说，在沃尔玛超市出售的香蕉有时香蕉皮上的褐色斑点更多一些，这些斑点可能是擦伤造成的，但你知道并不总是这样。他还说香蕉的钾含量非常高，但青豆和小青南瓜是钾更好的来源。然后这个人问你："你觉得奇怪吗？在杂货店里，他们允许顾客结账之前剥去新鲜的玉米皮，却不允许他们剥掉香蕉皮（或葡萄柚皮）。你知道吗？猴子是从底部剥香蕉的，而人类却是从顶部剥香蕉的。"如果这个人恰好是你很喜欢的人，那么你就会点点头并尽量表现出感兴趣的样子。如果是其他什么人，你的眼睛就会变得呆滞，你脑袋里会有一个声音在尖叫："你为什么要浪费我的时间？我为什么要关心这些？"

　　当我们说话或写作时，我们很容易假定听众会被我们所说的内容吸引。与那些年龄在8岁以下的孩子，或是那些无条件爱我们的人打交道，这种假设是完全合理的。否则，我们应该更明智地意识到我们的听众真的很忙，没有时间分享我们特有的热情。要真正与人沟通，我们就得说服他们停下手头的事情，倾听并参与进来。

　　当然，香蕉的例子虽然生动但琐碎得无关紧要。假设你正在写

17

一篇关于东欧民主化或巴西土地改革的大学论文，或者正在做一件"严肃的"事，比如分析环境法规、军事预算、法院案件、医疗费用或消费者行为。无论问题是什么，你希望与之交流的每个人几乎都感到被信息的洪流所淹没甚至压垮。在办公室里的每一天，人们（包括大学里的辅导员）会处理几十封电子邮件，还要应付电话、备忘录、报告、会议以及与同事的谈话。尽管有些信息是你期望收到的，但很多却不是。这些沟通分散你的注意力，甚至毫无意义。而且，除了工作，2015 年的每一天，平均每个美国人从电视、广播、手机、个人电脑等各个渠道接收了大约 74 千兆字节的数据，这相当于每一天有 9 张 DVD 的文字、声音和图像的数据量。对着我们轰炸的数据量大得简直令人震惊，而且还在不断增长。[1]

为了防止我们的大脑因信息量过大而爆炸，我们已经开发出了一系列的应对策略。这些信息大部分都被简单地忽略。其他时候，我们快速浏览文件，或者仔细阅读前面几行，然后略过其他内容。最近的一项研究发现，大多数人在阅读普通的网络文章时读一半就停了下来——而一半意味着只有几段话。[2]许多事情都在我们心里被归入"如果我稍后有时间……"之中，但那个时间却很少到来，因为我们还要在规定的时间内去约会，到杂货店买东西，去洗衣服，去参加球赛。毫无疑问，如果想要传达出一个信息，并让它被别人关注到，胜算渺茫。

然而，许多学生并没有意识到这一点。在他们生活的这个奇怪世界里，多年间他们写的东西保证只有一个读者——他们的老师。毕竟，是老师首先发明作业这个东西的，而学校发工资给老师，就是让他们阅读和评判学生写的作业。学生们为他们的老师而写作。

如果你打算在你的余生里都听命于一个人，这种心态也很好，但在别的地方行不通。理想情况下，学生们将较少地把研究和写作看成一种权力的行使（或者更准确地说，是无力感的行使），而更多地看作一种说服别人的机会。

专业学者已经意识到抓住读者的注意力是很困难的一件事。他们明白激励自己的读者十分重要，这就是为什么他们通常会早早地在他们的文章、一些章节或书中回答"谁会关心/那么怎样"这一问题。在他们描述发生了什么并解释原因之前，社会学家必须先激发人们对他们工作的兴趣。否则，人们就会停止阅读，去做更好玩儿的事情。最后在结论部分，这些作者通常强调他们的研究发现的重大意义。一般来说，"谁会关心"这个问题（the Who Cares question）的答案会出现在一个研究项目的开头和结尾，而回答"发生了什么"以及"为什么会发生"这两个问题的部分总是在中间位置。

作为认真的读者，学生们需要弄清楚作者表达"谁会关心"这个问题的结构。学者们会运用各种各样的技巧来确立研究的重大意义，我将在这一章中讨论其中的几个技巧。选择哪种技巧，一定程度上取决于其目标受众——从一小群学术专家到普通大众。了解这些策略也会帮助学生们进行他们自己的研究。特别值得一提的是，它将帮助他们实现关键性跃升——从发现一个让他们感兴趣的话题，到确定一个具体且能引起更多人兴趣的研究问题。

加入一场对话

我的哥哥是一名中学英语教师，几年前他给我介绍了一本很棒的关于写作的书，叫作《他们说，我说：学术写作的重要步骤》（第二版）（*They Say, I Say: The Moves That Matter in Academic Writing, 2nd ed.*）[3]。在这本书中，作者所表达的一个核心观点就是：所有作家，不管他们所写的主题是什么，都是进行跨越时间的更广泛对话的一部分。写作既是一项孤独的个人活动，也是一项集体的事业。除了私人日记，我们写作的目的就是与他人交流。

对于许多学者来说，这些对话主要是与其他专业学者进行的。学术期刊上的文章或大学出版社出版的书籍，尤其证实了专业写作的这一特点。没有人指望普通人会去阅读最新一期的《美国政治科学评论》（*American Political Science Review*）或《国际组织》（*International Organization*），牛津大学出版社和堪萨斯大学出版社出版的大部分图书也永远不会被放到我们当地书店的书架上。然而，专家学者们知道，通过这一类型的期刊和书籍，他们可以参与、进入、加入一个令人满意的好的对话。实际情况是，许多学者也意识到，如果他们想要在自己的专业中获得终身教职和职位晋升（也许是荣誉和尊重），那么参与这类对话并贡献出自己的聪明才智十分必要。

这些学术性对话可能不是连续的，肆意发挥，漫无条理。参与对话的人可能永远不会面对面沟通。参与者常常想要把话题转移到新的方向。这些对话可能会断断续续地持续数年甚至数十年。因此，学者们必须清楚地表明他们想要加入哪个对话，这很重要。通常情况是，在他们的论文或著作中，学者们会早早地、快速地表明他们加入的是哪一个对话，因为他们很清楚没有读者愿意花太多时间去重新了解旧的观点。论文或著作的这个部分被称为"**文献综述**"（literature review）。不要将这个英文短语理解为"文学评论"，它与阅读查尔斯·狄更斯（Charles Dickens）或托妮·莫里森（Toni Morrison）的文学作品没有任何关系，指的是加入一个学术对话并贡献出自己的观点。在文献综述中，学者们总结政治世界中已经了解的事件或模式。大多数的综述会同时指出我们不了解的事情，进而表明新的研究将如何增进我们对这个事件或模式的集体理解。再借用我们前面所举的房子的比喻，文献综述就是学术大厦矗立其上的地基。[4]

学者们设计文献综述的方式，告诉了我们其著述所针对的目标受众（谁），以及其研究的潜在意义（关心）。读者应该认真关注哪些文献被援引。例如，如果一个人要分析 2008 年美国总统选举的结果，他可以从了解已经发表的关于当年总统竞选活动的研究开始。在挖掘文章和书籍的材料后，他也许会发现一群分析师相信贝拉克·奥巴马获胜的原因是新选民工作做得更好，同时发现另一群分析师认为约翰·麦凯恩（John McCain）之所以输掉竞选是因为他错误地选择了萨拉·佩林（Sarah Palin）作为竞选搭档。更广泛的文献综述可以包括 2008 年之前的各种选举，重点关注经济状况在选举中的作用。这些选举可以是总统选举、国会选举，或者两者都有。也许 2008 年的总统选举需要在一种更大的模式下加以审视，这种模式就是：当经济衰退时，执政党在选举中就表现不佳。

原则上说，分析 2008 年总统选举，没有理由必须严格从美国政治的角度出发，也许这次美国大选涉及的更为宏大的研究问题是：边缘群体的成员如何克服历史障碍赢得全国大选。毕竟，奥巴马是赢得美国总统大选的首位非裔美国人。从这个角度来讲，已有的对女性首相／总理（例如以色列、英国、印度、莫桑比克等国的女首相／总理）的研究可能都有参考价值。如此，这项研究现在的目标受众就将包括比较政治学的学者，而不仅仅是美国政治的学者。毫无疑问，可以运用很多方法来推进关于 2008 年美国总统选举的学术对话，同一个案例有不同的文献讨论。然而，很难想象单用一本书或一篇文章囊括所有这些文献，有一定程度的分析重点很重要，而且通常也是人们期望的。[5]

除非我们对某一个主题的集体认识相当有限，否则学者们不可能引用每一项前人的研究，更不用说在他们的文献综述中加以概述。学者们需要归纳，需要浓缩，在把一部分研究纳入讨论的同时需要放弃另一些研究。因此，大多数的文献综述都是围绕着思想流派而不是单个的作者或研究来组织的。文献综述两种最常见的设计是"传统（普遍）的意见"（the Conventional Wisdom）和"当下的争论"（the Ongoing Debate）的变种。

在某些问题上，大多数政治学家对发生了什么或为什么发生都意见一致。例如，在研究国际关系的专家中，传统的普遍意见认为，民主国家很少会彼此开战，因此产生了"民主和平论"这种理论。尽管民主国家确实会与非民主国家开战（想想第二次世界大战），而且民主国家经常暗中监视其他民主国家，但民主国家之间的全面战争是罕见的。[6] 在比较政治学中，一个普遍的观点认为，相比基于单一席位选区的选举制度，基于比例代表制的选举制度赋予了第三方在政府中更多的发言权。这两种概括都描述了政治中的重要模式。对其中任何一种文献的回顾都能引用多个已发表的研究成果和历史事例。

描述政治中发生了什么的普遍意见可能比解释为什么发生的普遍意见更为常见，但后者也确实存在。为什么公众对政府的信任在20世纪60年代之后下降了？大多数研究美国政治的专家对其原因持有一些共同的观点。根据美国国家选举研究（American National Election Studies, ANES）这一组织的资料，1964年有四分之三的美国人觉得他们可以在大多数时候或几乎所有时候信任联邦政府；到1980年，这一数字降到了四分之一。[7]为什么会发生这样的事？普遍的观点认为，越南战争和水门事件削弱了人们对政府的信任。第二个例子是，专家们普遍认为，在决定人们在美国全国性大选中如何投票时，政党认同的作用比特定的议题（例如堕胎）或候选人的特征（例如才智、诚实）起的作用更大。对大多数美国人来说，知道奥巴马是民主党人、麦凯恩是共和党人，在决定2008年投票给谁这个问题上是重要的信息。

不过，在大多数问题上，政治学家们的意见很不一致。有些时候，这些"当下的争论"将学者们分为两个阵营，两个阵营不一定一样大，但都大到足以支撑起一个有意义的争论。任何涉及某事件的影响力的问题，比如联合国维和任务、学校改革、国家立法机构中的性别配额、对"流氓"国家的经济制裁等事件的影响力，都会让那些声称这些做法有效的人与那些认为这些做法无效的人激烈对抗。为了确定其影响力，我们必须搞清楚发生了什么。在政治科学中，围绕"为什么"这个问题而发生的理论上的争论很常见。一份关于不平等问题的文献综述可能会有两个阵营——认为经济是主要根源的，以及认为政治是主要根源的。同样，对国际移民的研究可能会让那些强调主要原因是"推力"因素的人与那些强调主要原因是"拉力"因素的人对抗。在这些例子中，文献综述将总结双方的基本逻辑，以及支持各方的关键证据。[8]

这种争论可能会很容易地扩大到两方以上。针对某个机构或项目的有效性产生争论的人，归结起来包括三种：相信它有效的人、认为它偶尔有效的人、认为它很少有效的人。对于不平等的原因的争论，会有三种论点：经济原因论点、政治原因论点、文化原因论点。国际关系的导论教材常常将重大的理论争论表述为现实主义、自由主义和建构主义这三者之间的竞争。但是，争论的参与者绝不仅仅以三方为上限。多年来，学者们提出了许多不同的理由来解释为什么美国这个福利国家在许多方面似乎一直落后于欧洲国家：四分五裂的福利机构、个人主义的核心价值观和有限政府、没有强大的左翼政治党派和工会、商业利益的力量，以及种族分裂的历史重要性，等等。

于是，文献综述的一个作用就是表明作者希望加入对话的哪一方。作者会说，实际上"我是专门针对那些赞同观点 X 的政治学者来发表我的意见"，或者"我将就这两组学者对问题 Y 的争论发表意见"。① 但这还不够。作者还必须贡献新的观点来支持普遍意见或者当前争论。这个步骤非常关键。一个专业的文献综述绝不会

---

① 对于一般读者来说，文献综述中引用的作者介绍是很有帮助的。例如，当理查德·瓦莱利(Richard Valelly)总结过去关于黑人解放的研究时，他以这句话开始："凯瑟琳·泰特(Katherine Tate)，研究非裔美国人政治行为的主要学者，观察到……"然后他描述学者迈克尔·道森(Michael Dawson)为"1993—1994年全国黑人政治研究的合作研究者"[《两个重建：争取黑人选举权的斗争》(The Two Reconstructions: The Struggle for Black Enfranchisement，芝加哥：芝加哥大学出版社，2004 年，第 14 页)]。不需要长篇传记，只需用一个简短的短语来说明为什么这些作者值得我们关注。——原注

仅仅简单地表明作者已经阅读过此领域的经典研究成果，绝不会仅仅是提供那些研究的精确总结。一个有说服力的文献综述会帮助读者认识到在政治世界的某些部分的集体知识里存在着潜在的空白和误解。这让读者觉得到他们想知道更多（谁＋关心）。论文、文章、一些章节或著作的其他部分是在填上那些空白或纠正那些误解。

　　用更正规的术语来说，一个好的文献综述会提出作者拟加以全面探究的一个或多个假设。**假设**（hypothesis）是有根据的推测，在政治学中，是关于政治世界的某个特征的假设，比如 2008 年的美国大选，或者民主和平论的普遍模式。之所以说假设是有根据的，是因为它来自先前的研究或经验；之所以说它是"推测"，是因为它会依据证据被证明为真或假。例如，鉴于学者们对 20 世纪美国大选已有的了解，我们推测经济因素在 2008 年的总统选举中发挥了重要作用——但在我们更彻底地研究这个案例之前，我们不能确定这一点。①

　　要对一场对话有所贡献，参与对话的人有几种选择，政治学者也是如此。广义地说，研究的目的是要扩展、改进或质疑我们已有的关于政治世界的知识。[9] 当然，这三个方面只是一个简单的选项列表，而且并不相互排斥，但它们是展开研究的初始框架。例如，假设你在 2000 年的时候做关于资源诅咒这个话题的比较政治学研究。在阅读了大量的研究文献之后，你可能会注意到一种普遍观

---

① 相比之下，我的假设——纽约洋基队的球迷喜欢踢幼犬——既不基于研究也不基于经验，而是基于我作为波士顿红袜队球迷的偏见。这并不是一个有根据的观点（尽管我可能仍然是对的）。而我的巴拉克·奥巴马赢得2008年总统选举的假设不能算是猜测。——原注

点：那些严重依赖石油获取财政收入的国家经常出现经济增长乏力的难题；它们往往也不是强大的、健康的民主国家；丰富的石油结果变成了一种诅咒。到目前为止，这是一个描述性的假设，它表明了一种关系而没有解释石油怎样或为什么阻碍国家发展。[10]

作为一名研究人员，你目前面临的问题是如何促进我们对这种模式的集体理解。当你阅读相关文献时，你可能想知道这个普遍观点能适用到什么程度。石油并不是唯一重要的自然资源。一些国家严重依赖珍贵的矿产或天然气。这个诅咒是否超越石油，扩展到了其他资源？好问题！这样的探究可能有助于人们对许多矿产丰富的国家进行统计学分析，这将是对文献的真正补充。[11]或者，你可能会注意到，资源诅咒假设的支持者们都倾向于引用同样的例子——利比亚、尼日利亚、沙特阿拉伯。在总结了关于这些国家的重要发现之后，你可能会问："这种模式是否适用于其他石油资源丰富的国家，如印度尼西亚和委内瑞拉？"在这种情况下，一个详细的案例研究也许是恰当的。[12]或者，对这一主题的一篇综述可能表明，大多数证据来自最近50年。资源诅咒甚至能回溯到更久远的过去吗？不论是跨越空间还是跨越时间，任何一种扩展，都可以检验资源诅咒假设。然而，如果没有仔细阅读过去的研究，任何一种扩展都是不可能的。

设计文献综述来扩展论据会为获得受众提供几个方面的优势。首先，它通常不具威胁性。扩展不会引起在这一领域已经发表过论文的任何人的反感，这可能很重要，因为大多数学术著作必须经过同行评审才能出版（当然，同行评审专家应该心胸宽广到足够接受对他们作品的批评，但是在各行各业都有心胸狭窄的人，学术界也不例外）。即使这种扩展的结果证明你的研究偏离了传统观点——比如，以加拿大为案例的研究很可能不会阐明资源诅咒——学者也能够确定这个传统观点的外部边界而不是排斥它。其次，为可能的扩展而设计文献综述将会吸引那些想要对政治学问题做出尽可能广泛的归纳的学者。

另一方面，如果提出的扩展不太重要，可能就不会引起大的关注。继续以资源诅咒为例。如果文献综述指出对资源诅咒的既往研究把关注点主要放在石油上而忽视了钴，那么，我有一种预感，极少有读者渴望更多地了解这种矿物（称之为我的钴兴趣假说）。此外，仅仅扩展一下论证，可能不会像正面驳斥一个著名的描述或解释那样吸引众多的读者。有些人真的很喜欢观看高水平的争斗。在更深的层面上，某些读者可能会认为推进知识进步的最快方法是对传统观念进行攻击，而不是扩展。

一篇旨在改进传统观点或当前争论的文献综述看起来会略有不同。在扩展中，文献中的基本论据是清晰的，我们只是还不知道对于多少个案例或者在什么样的时间跨度内这个论据站得住脚。因此，当论据模糊或不完整的时候，我们可能需要对它进行改进。让我们再次讨论一下对政府的信任问题。传统观点认为，在美国20世纪60年代和70年代人们对政府的信任大幅下降，这在很大程度上是由于越战和水门丑闻。几乎所有这些研究的关键证据都来自民意测验。然而，在回顾了过去的研究之后，你注意到学者们把对国会等机构的信任调查问题，与对理查德·尼克松这样的个人政治家的质疑结合起来了。从概念上讲，两者有着显著的区别。事实上，你知道美国人通常更在意的是他们自己在国会的代表，而不是整个国会。因此，你的综述可能会证明，如果要改进对政府信任这个问题的理解，需要分别分析政府机构与具体的政府官员。结果，你可能会提出，"政府信任"这个变量在文献中的测量过于粗糙了，我们需要更仔细地观察发生了什么。

因果假设往往需要改进[13]，可能缺少连接因与果的步骤（例如，中介变量）。即使一个因果途径已经确立，也可能存在第二种包含某些相同变量的途径。让我们回到政府信任的例子。我们可能在回顾文献之后，仍然找不到一个明确的解释来说明越战究竟如何削弱了公众对政府的信任。是因为媒体不断地向公众提供关于战争的负面报道？是媒体的负面报道与战争进展顺利的官方声明的某种结合？是因为太多美国人死在越南或者太多美国人与伤亡人员关系密切？我们也可以想象一下其他的关联。因此，文献回顾可以指出因果故事中一个或更多的空白，为填补这些空白的新的实证研究铺平道路。

另一种改进因果假设的常用方法是增加自变量。现有的论证与其说是错误的，不如说是不完整的，可能有更多的原因。对政府信任的文献回顾可能会很快地总结之前有关水门事件和越战的研究，然后提出经济因素——比如失业和通货膨胀——可能也很重要。我们为什么会这样想呢？好吧，也许这些因素已经被证明在其他国家会影响到对政府的信任，或者已经被证明影响了美国选举中的投票行为。（提示：值得广泛阅读，并利用相关文献的见解。）不论哪种，我们都可以从这类其他的文献中做出一个有根据的推测：在美国，经济因素也可能影响人们对政府的信任。那么这项研究的其余部分，就可以探究经济因素是否、在多大程度上以及如何影响了人们对政府的信任。这种修正在政治学家中很常见，因为他们希望自己的解释尽可能完整，即使这样做会让他们的解释变得有点混乱和复杂。那些喜欢简约性解释的人将不那么愿意选择这条路。

或者，学者们可以试试修改当前争论，说："嘿！你们两个都是对的。"这类文献综述将总结已得到确认的原因：为什么 A 可能会导致 X，以及为什么 B 可能会导致 X，然后论证说这两种情况都可能是真的。我们需要将 A 和 B 这两个不同的原因加入我们对 X 的解释中。一篇聚焦 2008 年总统大选的评论可能会指出：奥巴马对投票活动的动员和麦凯恩对竞选搭档的糟糕选择都是决定性的因素。论证的剩余部分必须提供具体的证据来支持或反驳这个假设。有关这种方法的另一个扭转是提出 A 和 B 的相互作用（A×B，而不是 A + B）可能很重要。比德尔（Biddle）、弗里德曼（Friedman）、夏皮罗（Shapiro）回顾之前关于伊拉克暴力程度的解释时就是这样做的。然而一些学者认为 2007 年之后暴力行为的急剧减少主要是由于美国军队的激增，另一些人则声称这是反抗基地组织的当地逊尼派部落所引起的。从表面上看，这似乎是两种完全不同的解释，一种源于外部力量，另一种源于国内政治。它们对于外交政策有着非常不同的含义。然而这几位作者他们早前发表的文章中指出，这二者之间的相互作用可能是症结所在。[14]

高风险、高回报的策略是进入一场学术对话并公开挑战一个或多个关键参与者的观点。忘记扩展或改进我们所知道的东西吧！我们应该驳斥或者至少应该认真地质疑其他学者声称真实的东西。[15]以宝琳·琼斯·卢昂（Pauline Jones Luong）和埃里卡·维因塔尔（Erika Weinthal）的重要著作——《石油不是诅咒》（*Oil Is Not a*

Curse）为例。该书第一章包含了他们的文献综述，从一开始（确实是从第 1 页开始）他们就引用了之前的学者们所说的资源诅咒是一个规律或事实的观点。尽管如此，同样是这些学者，他们对石油带来这种负面影响的原因意见不一。因此，读者很快就被引向一种关于发生了什么的传统观点和一个关于为什么发生的当下争论。然后卢昂和维因塔尔提出（不是证明，而是提出）研究的整个方向被误导了。就其本身而言，石油可能不是一种诅咒，真正的问题可能在于是谁拥有这些石油。这个问题在其他学者看来并不明显，因为他们的案例几乎全部来自政府拥有或控制石油的国家，因此学者们应该把那些石油私有与公有的国家进行对照比较。卢昂和维因塔尔的书就将俄罗斯和哈萨克斯坦与土库曼斯坦和乌兹别克斯坦作了对照比较。该书第二章到第九章提供了这些国家详细的证据，始终关注所有权和控制权所起的作用。这些章节检验了第一章提出的假设。从这本书的书名你也可以看出，作者得出的结论就是：资源诅咒被夸大了。[16]

挑战别人的观点并非一定要如此全面。有时候学者会加入一个当前辩论，以找出哪一方更接近真相。写这类文献综述可能会很棘手。因为有些争论一直进行了好多年，而论据都已众所周知，加上一句简单的"是啊，就像他说的一样"来代表一方的观点，人们不会觉得有什么作用。相反，学者们可能会用这个文献综述来提供一个新的理由，阐明为什么解释 A 比解释 B 更好，或者是确定一组我们可以比较 A 和 B 的有效性的新案例。罗伯特·帕特南（Robert Putnam）早在他对意大利的著名研究中，在讨论为什么有些国家的政府表现比其他国家好这一问题时，就把经济学和文化作为两种主要的解释（这是比较政治学中一个长久的争论）。然后他建议用 20世纪 70 年代意大利的地方政府作为例子检验这两种解释。[17]

有些挑战不仅增强了辩论的一方的力量，还避免了由于拒绝所有其他方所带来的不足。我们拿已经发表的研究——欧洲人对移民的态度做例子。约翰·塞兹（John Sides）和杰克·西特林（Jack Citrin）在他们的文献综述中把利益和身份作为对这种态度的两个主要解释。如果人们感到他们的工作或工资收入受到威胁，或者他们的民族特性感受到攻击，他们就可能会对移民表达负面的观点。第一个解释着重物质原因，第二个更具象征意义。然后作者们引进了第三个可能的解释——信息——他们说这一点被其他学者忽略了。信息的作用可以使任何一个通行的解释得到加强。如果人们对移民缺乏准确的信息，那么他们更有可能感到他们的经济利益或文化受到威胁。这是作者有根据的猜测，不是对事实的陈述。文章的大部分使用了来自欧洲社会调查的证据来检验信息和利益的作用，以及信息和身份的作用。[18]

简言之，对于"谁关心"这个问题（the Who Cares question），并不存在某个正确的探究方法。除了有必要从一开始就处理这个问题，研究者们还有多种选择。他们的目标读者可能相当狭窄也可能相当广泛，比如，对意大利政治研究专家说话或对许多比较政治学家（帕特南的例子）说话，同"二战"专家交流或与对民主和平有一般性兴趣的人交流，目标读者的广度存在不同。我们当然也可以发现某个中间地带，比如，帕特南把他的书的目标读者定位在欧洲政治专家。

同样，在如何总结先前的研究并尝试表述新的观点方面，学者们也有多种选择。在分析了过去的研究之后，我们也许就会注意到一个传统的观点或一个当下的争论，或者同时注意到两者。资源诅咒文献就是一个很好的例子。我前面提到过，关于福利国家的文献是一个多方面观点的争论，要同时处理所有那些解释，可能会很难控制或混乱不堪。我们可以在一个具体的研究项目中只处理其中的两种或三种解释，或者我们可以用有趣的方式把解释结合起来（比如：自上而下或自下而上的变革理论）。学术争论可以用多种方式表现，这意味着文献综述给我们提供了一个展示真正的洞察力和创造力的机会。

如果我们对一个论点的可靠性比较满意，我们可以试着把该论点向新的方向延展，看它是否适用于更多的案例（如，更多的国家、选举、机构等），或者延展到不同的时间段。经过延展之后，这个论点是否仍然站得住脚并不那么重要，重要的是我们对它的适用范围有了更好的了解。另一方面，如果我们对以前的学问持有严重的怀疑，那么我们可以试着修正或挑战它。最重要的，也是最核心的，就是想办法推动对话向前进，哪怕只是向前一点点。

目前为止，我们已经讨论了加入由政治学家主导的对话的几种方式。但是，有时候我们也想要与其他学科领域的学者交流。从历史上看，政治学家们与诸多领域的专家有过交流：心理学、经济学、社会学、历史、法律，最近还有生物学。加入与不同学科领域专家的对话的基本选择依然没变。做政治学与心理学交叉研究的人，比如在南非进行种族态度研究的人，极有可能利用南非政治、非洲政治、种族分裂的社会、过渡司法（transitional justice）、种族偏见、一般性偏见、威胁认知理论（threat perception），以及其他方面的文献。因为试图同时与所有这些读者对话是非常愚勇的，所以研究者不得不在他们之间慎重选择。一旦做出选择，下一步就是弄清楚那个方面的学者之间共识与分歧的程度和范围，以及如何最好地提升我们的共同理解。[19]

从政治科学的立场所做的研究与跨学科性质的研究的主要区别，也许在于后者的发表途径。许多期刊希望促进政治科学家与其他学科的对话，比如《政治心理学》（*Political Psychology*）、《法律、经济与组织杂志》（*the Journal of Law, Economics,and Organization*），以及《政策史杂志》（*Journal of Policy History*）。一些图书出版商也是如此，例如康奈尔大学出版社出版的政治经济学系列。

偶尔有政治学家试图加入超出学术界的对话中。他们相信他们的研究可以引起政策制定者和普通大众的兴趣。一些政治学家甚至感觉自己有在象牙塔外冒险的真正责任（我也有这种感觉）。为《外交事务》（*Foreign Affairs*）、《民主：观点杂志》（*Democracy:A Journal of Ideas*）、《大西洋月刊》（*Atlantic*）和《波士顿评论》（*Boston Review*）这样的期刊撰稿，就属此类，政治学博客网站《猴子笼》（*Monkey Cage*）这类虚拟出版物也可算是。

尽管这些出版物与《政治科学评论》（*Political Science Review*）的一般读者可能是两类人，加入这些对话的过程却非常相似。作者通常从指出一个传统的观点或者一个当下的争论开始。他们不会像在学术文章或著作中那样以细致的形式引用先前的研究——面向更为广泛的读者的出版物也不欢迎使用脚注、尾注或正式的参考文献——但他们确实会表明他们将赞成谁或反对谁。

最近一期的《外交事务》（*Foreign Affairs*）杂志发表了政治

学家亨利·法雷尔（Henry Farrell）和玛莎·芬尼莫尔（Martha Finnemore）的文章《伪善的终结》（"The End of Hypocrisy"）。在文章的开头，两位作者指出：美国政府官员普遍认为机密文件的泄露对这个国家构成了巨大的威胁。然后法雷尔和芬尼莫尔暗示说，政策制定者误解了真正的危险，"像布拉德利·曼宁（Bradley Manning）和爱德华·斯诺登（Edward Snowden）这样的泄密者所构成的威胁，比直接攻击美国国家安全要隐蔽得多；他们削弱了华盛顿虚伪行事、逃脱责任的能力"[20]。这个假设应该会让一些人感到惊讶，难以认同。为了支持他们的核心主张，作者们很快讨论了"软实力"这个概念。该概念由哈佛大学教授约瑟夫·奈（Joseph Nye）几年前提出，在国际关系学者中尽人皆知。然而，法雷尔和芬尼莫尔在文章的任何地方都没有提供具体参考文献——记载了对于泄密的广泛但错误的担忧的演讲、国会证词，或者报告。他们也没有提及约瑟夫·奈，或引用他的任何著作。增加这种学术上的支撑根本不是《外交事务》的做法。尽管如此，作者从一开始就清楚地表明他们参加的是哪个对话，以及他们希望给那个对话增添些什么内容。

提高赌注

好的学术研究一定会提高我们对世界的集体认知，政治学家认为这是一个有价值的目标。然而仅此也许还不足以吸引人们的关注。如上面提到的关于钴和资源诅咒的问题，对这个问题的扩展如果无关痛痒，就不会引起大家的兴趣。即便是对某个传统观点最为大胆的抨击，也可能遭到同样的冷遇，比如19世纪肯塔基州政治活动中副州长的作用，或者新西兰牧羊人的游说的影响力。确实，我们并不完全理解这个政治世界的诸多特点，但是这并不意味着所有特点都同样值得研究。作者需要搞清楚是什么使得一个政治问题变得如此重要，让人们愿意花费宝贵的时间和注意力来更清楚地了解它。

要成功地做到这一点，学者们可行的方法之一是论证他们的那个研究项目将阐明政治中的一个根本问题。诀窍在于，以最谦卑的方式暗示他们的研究是一项重大的知识突破。在本书的引言中，我提到过丹尼尔·波斯纳（Daniel Posner）写的一篇文章，文章介绍了生活在赞比亚和马拉维这两个国家的两个非洲部落：契瓦人和图姆布卡人。在我这个美国政治专家看来，这个主题听起来完全无足轻重，与研究肯塔基州19世纪的副州长没多大区别。但这篇文章难得地发表在我的研究领域的权威期刊《美国政治科学评论》上，而该期刊的文章录用率不到10%！（有人羡慕地问，）这位作者是如何成功地做到这一点的？从文章的开头，在文章标题之下的摘要部分，就能看到一个明显的原因——开头第一句话："本文探讨了文化差异变成突出政治因素的条件。"这是一个真正意义重大的话题。在这篇文章的第二段中，波斯纳列举了世界上的几个地方——从纽约市、北爱尔兰再到卢旺达、斯里兰卡和苏丹，这些地方文化差异在政治上具有或者不具有重要性。一个人只要读了文章的第一段，就会得到一个清晰的信息：这项研究的潜在意义远远超出了这两个非洲国家。[21]

在某种意义上，这个"要么做大要么出局"的策略是橄榄球教练和总统竞选者最喜欢援引的。确实，这样的研究往往会在最具声望的地方发表，并能赢得重要的专业奖项。然而，"做大"往往意味着从现有证据到更大的利益格局的巨大飞跃，而这种飞跃会让作者出现漏洞，易受攻击。我们真的相信波斯纳所提出的观点，认为在马拉维和赞比亚发生的任何事情都可以帮助我们理解纽约市和北爱尔兰的政治吗？在《使民主运转起来：现代意大利的公民传统》（*Making Democracy Work: Civic Traditions in Modern Italy*）（我所见过的最受赞誉的政治学著作之一）的第一页，作者罗伯特·帕特南说，糟糕的政府表现这个问题"从莫斯科到东圣路易斯，从墨西哥城到开罗"都有——这是一个覆盖面相当广泛的观点。我们真的相信意大利地方政府所发生的任何事情都能教给我们有关埃及和苏联的制度建设的知识吗？更笼统地说，什么能够阻止政治学家作出疯狂的论断来吸引更多人的眼球？坦白地说，这正是同行评审的作用所在——剔除那些承诺远远超出实际效果的潜在书籍和文章。尽管如此，即使是成功通过同行评审的研究，在其具有的更广泛的意义方面也可能有所夸大。在读了第五章深度讲解的案例选择过程之后，你可能会觉得自己更有能力判断某项研究是否真有更广泛的意义。与此同时，这将帮助我们看清楚作者是在如何吸引读者，并拒绝按照表面意思接受他的那些观点。

还有一种常见的策略，就是把这个研究描述成解决（或许是部分解决）影响许多人的某个实际问题的方案。这个问题可能巨大而又紧迫，比如一次严重的经济衰退造成的艰难困苦。这个问题也可能规模不大，但在不断扩大，比如人口老龄化问题。这种方法就像电视剧《法律与秩序》中的做法——标榜剧中的案件"来自头条新闻"来吸引观众。作者就好像在对读者说："我知道是什么在困扰你，我认为我的研究有助于解决你的问题。"

那些在面向更广泛读者的期刊上发表文章的政治学者们经常采用这一策略。这一点也不奇怪，因为这些期刊的存在主要就是为了诊断和解决公共问题。亚当·谢格特（Adam Sheingate）最近给《民主：观点杂志》写了一篇食品安全的文章，他以一个小故事开头：科罗拉多一位三个孩子的母亲因李斯特菌中毒而昏迷。在文章的第三段，他告诉读者每年有 4800 万美国人经受某种食物引起的疾病的折磨，由此很容易计算出我们或我们认识的人中会有多少人成为食品安全问题的受害者。像这样的数字和故事定会抓住我们的注意力。这个数字和故事甚至可能让我们想要深入了解政府的两个管理机构——食品和药物管理局、美国农业部，而这正是谢格特文章其余部分的核心内容。[22]

当主要读者是政策制定者而不是一般大众时，作者可以通过帮助他们解决在工作中遇到的问题来满足他们的自身利益诉求。在《伪善的终结》一文中，法雷尔和芬尼莫尔加入了一个激烈、充满争论的关于美国外交政策的辩论。他们的读者包括来自美国政府行政机构和立法机构、法律行业，以及智库和大众媒体的国家安全专家，这些人都试图弄清楚：最近的安全泄密造成了多大的损害；如果要惩罚的话，应给责任方什么样的惩罚；可以做些什么来防范未来的泄密。法雷尔和芬尼莫尔希望将这场辩论引向一个他们认为对问题的描述更准确，从而得到更有效解决方案的新方向。

许多政治学家在他们学术性更强的作品中使用了同样的策略。在帕特南看来，墨西哥城、莫斯科以及开罗等地方都面临着相同的问题，包括缺少干净的空气和安全的街道。政府的表现对老百姓的生活有很明显的影响。如果学者们能弄明白为什么有的政府做得比别的政府好，那么我们或许能够提升数百万人的生活水平。因此，在书的前几页，帕特南呼吁广大专业学者、政策制定者以及民众更多地了解意大利的地方政府。同样地，当比德尔、弗里德曼和夏皮罗撰写有关增兵伊拉克的文章时，他们是在探讨一个许多国家的军事专家，以及专门从事安全研究的学者们所关心的问题。亚历山大·李（Alexander Lee）分析了 20 世纪早期英属印度孟加拉省的700 多名政治激进分子的背景，这似乎是一个冷门的主题。然而，他的文章以一个当前的争论开篇，争论的一方是政策制定者，另一方是学者，主题是打击恐怖主义源头的最佳方式。有的人认为贫穷是根本的原因，李提到其中包括乔治·W. 布什（George W. Bush）和阿尔·戈尔（Al Gore）。另外一些分析家质疑这一观点，他们指出许多恐怖分子在他们的国家是相当富有的。因此，我们有了一个有关恐怖主义的激烈争论，恐怖主义是一个影响着全世界人的问题，是有关毁灭和死亡的问题。在这一语境中，李使用了来自印度的证据，帮助我们弄明白为什么有些人会成为恐怖分子，而有些人却不会。由于恐怖主义是一个如此重要的问题，很多读者可能会发现，深入了解一下 100 年前的印度政治是有价值的。[23]

最后，作者们还常常通过诉诸广泛持有的价值观来处理"谁关心"这个问题（the Who Cares question）。这种策略似乎不恰当，因为我已在本书的前言中声明，"谁关心"这个问题聚焦于实证而非规范性的问题。明确的劳动分工似乎是说实证性的工作是由政治学家完成的，而规范性的工作是由政治理论家或政治鼓动家完成的。

然而，在实践中，这条分界线是模糊的。从事实证工作的政治学家通常会使用规范性观点来证明他们的工作为什么很重要。有些人说墨西哥应该至少有两个独立存在的政党，然后给出了理由——他们这是在对墨西哥政治应该如何运转进行规范性论证。这种类型的论证很适合用于报纸评论文章或者施政说明。另一方面，有的人声称存在竞争性政党应该被看作民主政府的标志（规范性），然后解释墨西哥如何设法在一党统治下成功运转了几十年（实证性），他这是要进行政治学家们熟悉的那种研究：规范性观点会在开头被早早且快速地提出来，然后著作或文章的大部分篇幅都用来回答发生了什么以及为什么发生这种实证性问题。

　　这里传达出的基本信息就是："如果你关心（插入重视的那种价值观），那么你应该对我的研究感兴趣。"能罗列出来的珍贵的价值观有很多，比如多数原则、少数权利、言论自由、机会平等、安全、负责、法治、效率、同情等。而作者为了激发读者对他的研究的兴趣，会以聚焦主题和清晰传达的名义，在著述中运用一个或两个价值观；抛出一大堆的价值观，并希望它们其中会有一个能使读者产生一点共鸣，这种做法的结果会让人很失望。这些价值观通常会在研究项目的引言和结论部分中提到。在结论中总结了主要的实证发现之后，作者会揭示出那些激发了这项研究的价值观的重要意义。在墨西哥党派政治的案例中，我们也许能够了解到建立一个健康的、充满活力的民主国家所面临的障碍。民主是一个带有个人情感的概念。让我们再回到民主和平论的例子，作者可以通过将和平与人类苦难或国际稳定联系起来，开始并完成一个实证项目。人们往往对诸如此类的价值观充满热情，而学者们都是聪明人，他们完全能够想出吸引读者关注和思考的方法。

政治学家经常运用这类价值观。在这一章的前面部分所讲的例子中，大多数作者提到了他们的研究的至少一个规范性方面，有些人在文章或著作的前面就提出来。加里·奥尔恩（Gary Orren）在撰写一篇关于政府信任度下降的文章时，一开始就指出："今天的不满既不是暂时的，也不是微弱的……它对国家治理有着深远的（和消极的）影响……公众的不满也会损害民主。"[24] 有的学者在研究接近尾声时引入价值观念，探究自己的发现所具有的更广泛的意义。塞兹和西特林就用了对容忍和包容的不同观点来总结他们关于移民态度的分析。

> 的确，重新定义国家意识以适应文化差异在欧洲似乎意义重大，部分原因是很多欧洲移民是穆斯林，有着与当前欧洲主流截然不同的家庭生活文化传统。人们不禁怀疑，在知识分子之外，罗尔斯式自由主义和世界大同思想的抽象价值观，是否强烈到足以将各类移民融入仍然扎根于日益削弱但尚未退化的民族国家的政治和福利制度之中。在普通民众中，可能需要有更深厚的文化底蕴，才能维持社会团结，欢迎新来者进入民主福利国家。[25]

没有什么能妨碍学者们用规范性问题开始和结束他们的实证分析。

请记住，这些"提高赌注"和抓住读者注意力的不同方法并不是相互排斥的。在一个研究项目里，政治学家们可以运用不止一种方法，他们确实也是这么做的。有时他们什么方法都不用，但这种研究基本上只以其他政治学者为读者对象。

准备开始

仅以篇幅来衡量的话，政治学领域发表的研究的绝大部分篇幅都用来回答"发生了什么"（What Happened）和"为什么发生"（Why）这两个问题。然而，如果没有很好地回答"谁关心"这个问题（the Who Cares question），那些信息就很难有吸引力。我希望本章能帮助读者在阅读学术书籍和文章时，识别出它们回答"谁关心"这个问题的不同方法。这是你成为政治学领域水平高超的"房屋检查员"所需要的培训的一部分。在进行你自己的研究、建立你自己的论点时，这也应该是有用的。

在如何以吸引政策制定者和普通民众的方式构建研究问题方面，本科生通常有很好的想法。他们对当前事件一直十分了解。的确，他们研究性论文的最初灵感可能来自最近的新闻事件或评论文章。对于平等和自由这样的价值观，他们有一种直觉上的、有时候甚至是成熟的理解。把他们的具体研究课题与一个受到普遍关注的更大问题联系起来，并不是非常困难。假设一个学生想要调查持续很久的斯里兰卡内战，但不幸的是，大多数人并不关心也很少想到这个国家。然而，如果普通读者知道成千上万的人被杀，或者觉得更好地了解斯里兰卡可能有助于世界各国领导人更好地应对叙利亚或苏丹当前的冲突，那么他们可能会饶有兴趣地阅读。找到这些说明性的"钩子"需要做些思考，但并不需要很多思考。

加入一个学术对话则不同。对于经验丰富的专家学者来讲，这不是什么难事。他们经年累月泡在学术文献中，参加一个接一个的学术会议、工作坊和演讲。他们知道正在进行什么类型的对话，这种认识让他们更容易清楚了解传统的观点和当下的争论。对他们来说，做研究和写文献综述并不是一个很大的障碍。对于其他人，包括想要走出舒适区、解决新问题的受过训练的政治科学家，精心撰写文献综述可能就是一件十分头疼的事。粗俗一点说，有这么多讨厌的材料要看，一个人怎么可能跟得上一个已经持续了好几年的高强度的对话呢!

幸运的是，我们现在有几种方法来跟上政治科学大量文献的最新发展速度。这是一个人对一个一般主题的兴趣（"霍华德老师，我想写一篇关于恐怖主义的论文"，或者"我想要探讨一下参议院阻挠议事这个问题"）与让学术专家们感兴趣的特定问题的连接点，或者说，这是对一个特定问题的兴趣（例如，"我就是非常想要解释为什么 2007 年欧盟接纳保加利亚和罗马尼亚"）与更大的文献（例如欧盟的扩张）的连接点。无论是哪种，都是作者开始寻找潜在读者的方式。强烈提示：粗糙的谷歌搜索在这里帮助不会很大。输入"恐怖主义"这个词，你很容易就能得到 2500 万条信息，非常快，但毫无用处。我给你提供一些更有针对性的方法。

年度综述期刊（Annual Reviews）[①]。科学和社会科学领域的大多数学科都有一个特别编辑的出版物来总结最新的学术研究成果。年度综述期刊涵盖了从凝聚态物理学到公众健康的一切内容。其中的《政治学年度综述》（*Annual Review of Political Science*）自 1998 年开始每年出版，非常有帮助。它的内容横贯政治科学的主要子领域，每一卷都兼收并蓄。比如，2014 年版分章涉及了针对平民的暴力行为、国家和地方政府财政、公众对于移民的态度、中国和越南的政治经济发展。[26] 因此在线搜索一个特定的主题是比去图书馆查每一年版别的目录更合理的办法。在年度综论数据库中输入"恐怖主义"一词，你很快就会在《政治学年度综述》中找到"恐怖分子决策"（2003）"国内恐怖主义"（2009）以及"恐怖主义与民主"（2013）等章名。在 2005 年卷中也有一章专门聚焦"9·11"恐怖袭击事件。[27] 阅读这些内容可能会给一个研究项目提供更多的方向性指导，指明传统的观点和尚未解决的争论。此外，每一章的参考书目将为进一步的阅读提供有价值的线索。

手册。一些学术出版商已经开始发行涵盖政治学许多主题的大规模多卷本。与年度综述期刊一样，给这些手册撰稿的作者都是各自领域的专家。每个手册旨在总结已有研究成果，并对未来的

---

① 年度综述期刊(Annual Reviews)：Annual Reviews 出版社于1932年成立于美国加州，由斯坦福大学教授 J. Murray Luck 创办，专注于出版综述期刊，通过各学科领域权威科学家撰写的综述，回顾本学科最前沿的进展，为科学研究提供方向性指导。目前有工学13种、理学10种、农学13种、社会科学13种和经济学3种。Annual Reviews系列期刊的影响因子很高，几乎所有期刊在其相应领域均排名前十位。该数据库可提供全文电子期刊。各机构只能访问选购的期刊品种，无法使用没有选购的刊种。——编者注

研究提供建议。也就是说，每一本手册都塞满了文献综述。如果你查阅《牛津比较政治学手册》（*Oxford Handbook of Comparative Politics*）（2007），你会发现关于国家认同、内战、政党制度、联邦制等诸多主题的分章内容。[28]《剑桥实验政治学手册》（*Cambridge Handbook of Experimental Political Science*）（2011）分章囊括了各种实验设计，以及运用实验分析政治生活中的不同方面（例如选民动员、信任、种族态度）。《劳特里奇全球环境治理手册》（*Routledge Handbook of Global Environmental Governance*）（2014）包括了聚焦国际环境法、环境安全和危险废弃物的各章。因此，较之《政治学年鉴》，每个手册都更有条理性，更有主题性。（但是没有一本手册是每年都出版的。）这些卷本通常有 30 ~ 40 章，所以它们是名副其实的信息金矿。例如，一个学生想要深入了解参议院阻挠议事这个主题，聪明的做法是查阅《牛津美国国会手册》（*Oxford Handbook of the American Congress*）（2011）。即使该手册没有任何一章的标题中含有 "filibuster"（"阻挠议事"）这个词，但在索引中快速查找这一术语将会看到有一章的标题是 "绝对多数制的参议院"，听起来里面很可能会有与 "阻挠议事" 相关的内容。

其他论文集。年度综述期刊和手册都有一个基本的模式——把一群聪明人聚拢在一起，给每人布置任务，把他研究的那个主题提炼为 15 ~ 30 页的一章。这种模式也能用在其他地方。在研究过程的早期阶段，我们希望找到专门综合关于某些政治现象的已有知识、为研究开辟新路的论文集。很多论文集无法满足这些目标，其章与章之间联系松散，编辑（们）也没有提供一个强有力的导言或总结部分[29]，但有的文集做得很好。例如，许多学者依靠莱斯特·萨拉蒙（Lester Salamon）编辑的《政府的工具》（*The Tools of Government*）来帮助他们了解由公共和私人组织网络实施公共政策的"新治理"。在这个领域做研究项目的人都可以从阅读这部文集的导言部分开启他们的研究之旅，也许浏览一下最后的五六章，这几章分析了第二章到第十五章的研究案例所表现的贯穿各领域的主题。这部文集已经出版 10 多年了，可能有点过时了。尽管如此，对一个新研究项目来说，它或许是一个不错的起点。接下来的研究可能会显示，学者们仍然在与相似的问题缠斗不止，或者给论文集的初版撰稿的学者仍然在发表这一领域的文章。

综述文章 / 论文。书评文章在政治科学期刊中很常见，而综述文章或论文不太常见，但可能更有价值。在综述文章和论文中，作者试图把几位专家的研究成果集中在一起，并进行批判性评价，而不仅仅是评价一本书。有些论文就像克里斯托弗·布拉特曼（Christopher Blattman）为《政治视点》（*Perspectives on Politics*）杂志写的那篇文章一样。表面上看，他分析的是三本关于童兵的新书。然而在这个过程中，他提到了这个主题的已有研究以及一般的战争研究。因此，整篇文章和它的参考文献提供了一个更大的童兵文献速览。[30] 再举一个美国政治领域的例子。近年来，对极化的研究呈现出小型爆炸性增长。研究如此活跃，以致于不那么容易搞清楚学者们到底谁赞成谁或谁反对谁。为了理清这一状况，马克·赫瑟林顿（Marc Hetherington）发表了一篇长的综述文章，把已有的研究文献划分为三个总类别（极化的测量、主要原因、重要结果），然后总结出学界达成共识的地方和存在分歧的地方。对于加入这些对话的学术新人来说，这篇文章给他们提供了一个方便的路线图。[31]

书籍和期刊文章。当然，我们总是可以读到感兴趣的新书或文章，看看作者们是如何评估已有文献的。我的建议是，要特别注意研究生或助理教授这些年轻学者所做的文献综述。这可能像是来自一个资深的（也就是人到中年的）专业人士的奇怪建议，所以请让我解释一下。年轻学者的文献综述往往来自他们的研究生学位论文，他们投入了大量的时间和精力试图掌握这个领域的文献。他们可能做了大量的阅读，从经典到前沿，因此，他们通常有充足的资源来理解文献。更资深的学者可能会写出同样全面的文献综述，或者他们会假定读者已经足够了解之前的研究，认为零散地引用几部著作、几篇文章就够了。

你也可以仔细阅读文章和书籍的结论部分，学者们经常在这部分讨论他们的发现所具有的更大意义，并提示未来研究的道路。实际上，写得好的结论会指明这场学术对话下一步的方向。在其他条件相差无几的情况下，我会更加关注知名度更高的学者的结论。刚毕业的博士生有时难以认识到他们的研究所具有的更广泛意义。他们花了太多时间来发现新的"树木"，因而看不到"森林"。20年之前，我也是他们中的一员。但是，依赖资深学者指明方向存在风险：他们会如此顽固地陷入已有的思维方式，以至于无法把对话引向真正新颖的方向。

教科书。导论性教材不仅向学生传授关于政治的大量事实性知识，也介绍重要的理论和争议。例如，比较政治学的基础教科书通常会介绍分析各国政治的文化和制度路径，有些教材会提及具体的主题，如资源诅咒（也称资源陷阱、富足悖论），但有些教材不会。那些提到具体主题的教材可能不会提出延伸阅读建议。我有一整书架的美国政治导论性教材，如果从意识形态和价值观角度考量，其中大部分在分析自由与保守、民主党和共和党的意义方面比分析公众对政府的信任这类主题要做得更好。因此，当我的学生构建文献综述的时候，我几乎从不建议他们只看教科书。教科书应该与上面列出的某些资源相结合。

所有这些资源都应被视为研究的起点。读一本好手册的某一章或评论文章不能代替阅读被引用的文章或书籍。撰写这些章节和文章的人对如何更好地压缩和分类之前的研究做出了他们的判断，有时这些判断是有问题的。你可以这样想：虽然你可能喜欢读电影评论，但你还是想亲自看看这些电影。

◎ 练习：检查

在本书的前言中，我提到了练习政治学家们所使用的技能的重要性。告诉你要寻找什么或做什么是不够的，你需要机会来应用这些内容。记住我前面引用的那句名言："见而易记；做而易懂。"既然你已经通过阅读了解了学者们回答"谁关心"这一问题的不同方式，现在是时候更深入地研究几个例子了。总的来说，这些例子说明了构建文献综述、生成假设和表明研究更大意义的不同方法。为了表现这些技能的广泛适用性，我刻意选择了不同的主题和发表的刊物。当你阅读每一个例子时，问问自己：

1. 在调查之前的研究时，作者是注意到了一种传统观点，还是一个当先的争论？确切的主要思想流派是什么？

2. 对于引用的先前研究的数量和种类你注意到了什么？是一两个，几个，还是好几十个？大多数是同一作者写的，还是由不同的作者写的？是由学术期刊和图书出版商出版的，还是由其他出版商出版的？

3. 你能说出一两个从文献综述中得出的具体假设吗？试着将之清晰、简洁地陈述出来。

4. 这里应该有什么新东西吗？这项研究是现有观点的微小扩展，还是对现有思维的直接挑战，抑或介于两者之间？解释一下。

5. 作者是否给出了政治学家以外的人也应该关心这项研究的理由？阐述
一下。

例　子

Tiffany D. Barnes and Stephanie M. Burchard, " 'Engendering' Politics: The
Impact of Descriptive Representation on Women' s Political Engagement
in Sub-Saharan Africa," *Comparative Political Studies* 46, no. 7 (July
2013): 767–790; focus on pages 767–772.

Sumit Ganguly, "Nuclear Stability in South Asia," *International Security* 33,
no. 2 (Fall 2008): 45–70; focus on pages 45–49 and 65–70.

John G. Geer, "The News Media and the Rise of Negativity in Presidential
Campaigns," PS: *Political Science and Politics* 45, no. 3 (July 2012): 422–427.

Charles Lipson, *Reliable Partners: How Democracies Have Made a Separate
Peace* (Princeton, NJ: Princeton University Press, 2003). Chapter 1 is
available online at http:// press.princeton.edu /chapters /s7651.pdf; focus
on pages 1–11.

Yotam Margalit, "Explaining Social Policy Preferences: Evidence from the
Great Recession," *American Political Science Review* 107, no. 1 (February
2013): 80–103;focus on pages 80–84, 98–99, and the References section.

Lauren McLaren, "Immigration and Trust in Politics in Britain," *British
Journal of Political Science* 42, no. 1 (January 2012): 163–185; focus on
pages 163–68 and 183–185.

Theda Skocpol, "Why the Tea Party's Hold Persists," *Democracy: A Journal
of Ideas* 31 (Winter 2014): 9–14.

◎ 练习：构建

1. 假设你想要研究并撰写关于资源诅咒的文章。你不想知道 2000 年关于这个主题的争论——本章前面提到过这次争论，你想知道这个主题的文献现在是什么状况。查找一番之后，你会发现以下资源：

Stephen Haber and Victor Menaldo, "Natural Resources and Democracy in Latin America: Neither Curse nor Blessing," in *The Oxford Handbook of Latin American Political Economy*, ed. Javier Santiso and Jeff Dayton-Johnson (New York: Oxford University Press, 2012), pp. 493–512.

Pauline Jones Luong and Erika Weinthal, "Rethinking the Resource Curse: Ownership Structure, Institutional Capacity, and Domestic Constraints," *Annual Review of Political Science* 9 (2006): 241–263.

Kevin M. Morrison, "Whither the Resource Curse?," *Perspectives on Politics* 11,no.4 (December 2013): 1117–1125.

　　读完这些概述后，你是否看到了一些传统观点？当前的主要争论是什么？作者们是否为未来的研究指明了有前途的方向？为加深你对以前研究成果的了解，你会阅读哪五到十种图书或文章？

2. 轮到你了：选一个你非常感兴趣的话题，写一篇文献综述。找出一个传统观点或一个正在进行的争论，然后描述新的研究促进这一学术对话的至少一种方式。

第二章 发生了什么

在 20 世纪 80 至 90 年代，许多美国政治观察家担心选民投票率正下降到危险的低水平。在一些全国性选举中，只有不到一半的选民投了票。鉴于选举对于民主政府的重要意义，这似乎是一个真正令人不安的趋势。分析家们找出了各种原因和可能的矫正措施，例如修改选民登记法，改变媒体对竞选活动的报道。直到后来人们才搞明白，选民投票率并没有像他们想象的下降那么多。他们对投票率的测量是错的。哎呀！[1]

2001 年 9 月 11 日的恐怖袭击，提高了许多学者、政策制定者和普通公民对外交事务的关注度，袭击事件让人们的注意力特别集中在伊拉克和沙特阿拉伯。一些专家在分析了世界的现状之后，声称伊斯兰国家整体上缺乏民主。他们更正式地描述说，一个国家的民主程度与穆斯林在该国人口中所占比例成反比关系；穆斯林越多，民主越少。这帮人孜孜求解的更大的谜题是：伊斯兰教为何和如何阻碍民主，以及如何克服这些阻碍？这类表述中隐含的意思就是这样一个问题：我们如何减少穆斯林对我们生活方式的威胁？然而，有一些学者质疑这一初始描述的准确性。他们提出了一个很好的理由：最不民主的国家是阿拉伯国家，不是伊斯兰国家。他们指出，土耳其、印度尼西亚、马里等以穆斯林为主的国家仍然成功地举行了相当有竞争性的选举。因此，民主与区域的关系似乎比与宗教的关系更密切。[2]

上述两个例子表明了政治科学中的一个老大难问题。在我们急匆匆地要解释事件或模式时，我们可能无法准确地描述它们。就像堂·吉诃德一样，我们最终是在与风车开战。为了不与想象的巨人开战，政治学家们互相争斗，努力想要解释未必真正存在的政治现象。这不会有好结果。于是，当严谨不足的粗糙描述最终导致变革措施无效甚至适得其反时，当初的错误就加重了。

这些例子也表明了政治学中两种主要类型的描述。第一种是单个概念的衡量，第二种是概念之间的关系。第一种描述引出了至关重要的问题——这真的是衡量XXX最好的方法吗？XXX可以是选民投票率、腐败、福利国家开支、恐怖主义，或任何其他政治概念。事实上，作为政治论证的构建者和检验者，你应该时常问这个问题。这个问题的答案事实上常常容易遭到质疑，这一事实会让我们在构建自己的论证时相对困难，而在检验别人的论证时相对容易。第二种类型的描述是对关系的描述。这个描述会让我们问：可能还会发生什么。概念 A 和 B 是真的相关，还是另一个概念 C 会减弱甚至否定 A 与 B 的相关性？由于会有几乎无穷个其他相关概念，这个问题很难有确切的答案。但是，寻找完美答案的艰难不应该阻止我们寻找衡量概念和描述概念之间关系的最佳方法。

在许多政治学家看来，好的描述很重要，主要是因为它们为好的解释提供了原始材料，而政治科学的终极目标是因果知识。许多社会科学家，包括经济学家和社会学家，都是以此谋生的：他们试图解释为什么世界以某些方式运转。他们创造理论来描述某些原因通常会导致某些结果的模式。大多数政治学家都感到，揭示某些事情为什么发生，要比弄清楚发生了什么事情难得多。从这个角度讲，"发生了什么事"与"为什么发生"相比，趣味性要弱一些，挑战性也要小一些。

我不同意这种观点。毫无疑问，好的解释在整个政治学家的心中占有特殊的地位，但是好的描述也是如此。我对政治科学的整体描述方面的喜爱一定程度上与我的个人经历有关。在身为一名大学政治学教师——训练有素的"检查员"的经历中，我经常发现本科生在定义、衡量关键概念上存在方式问题。在审核更高级别的学者们的书籍和文章手稿时，我不时也会遇到类似的问题。我会指出这些问题并提出解决的方法，这让我觉得自己有所助益。某种意义上说，我在政治学领域作为一位论点建造者而略有薄名，这在很大程度上是因为我挑战了美国福利国家的传统画像。我的研究中的解释性变量是相当标准的，更具独特性的特征在于美国社会政策的规模、形式以及历史发展。如果你相信我的论点，即认为美国并不是许多研究美国和比较政治的专家所宣称的"福利国家落后者"（welfare state laggard），那么就为什么美国是福利国家落后者这一问题的惯常学术争论中的很多，似乎是热情错付了。[3]

我的喜好就说这么多。我对描述的注重基于我在多年的教学、研究和写作之后得出的这一认识——政治生活真的难以得到准确而清晰的描述。[4]正如我们将在下一章中看到的，政治学家们在判断一种因果关系解释的某些标准上通常意见一致，拒斥一种解释有清晰明确的理由。对于描述却不完全是这样。假设我把一个福利国家定义为：政府为了消除贫困并确保每个人都能避免因年老、疾病、残疾或失业导致收入减少而采取的措施。另一位学者可能会把这个概念仅仅定义为政府为消除贫困而做的工作。那么，我所描述的美国福利国家的内涵将会大得多，因为我的描述包括社会保障和医疗保险，而他的没有。谁的描述正确？很难说。虽然我会为我的定义辩护，说那是符合学术传统的，但我会被迫提出一个客观标准来评判这两种定义。我更不能说，在美国政治科学协会总部藏着一个神圣文本，它给出了关键概念的权威定义。除了福利国家，还有很多其他的概念也同样有争议。

历史学家们都清楚，对所发生的事构建一个叙事需要一系列判断。任何一个事件都可以用很多不同的方式讲述。下一次你去一家大型书店时，看看关于第二次世界大战或美国内战的图书有多少种。即使对于不怎么重大的事件，如一次市长选举，描述性陈述可能也是大部分内容的特色，比如每个候选人、政党、竞选工作人员、选民、利益集团、选举官员、候选人辩论、地方议题、全国性议题、媒体报道，甚至是选举日的天气。对任何一个故事来说，涵盖所有这些内容都显得太多了（至少，对一个能吸引许多观众的故事来说是这样）。写这个故事的人需要决定哪些部分需要删除或最小化，哪些部分需要强调。

本章的下一部分将带领读者走完描述概念的过程，其基本思路是，有意识地从抽象观点转向具体衡量。虽然我们不能用眼睛看见权力或宽容，但是或许能够确定这些概念的具体衡量。选民投票率的例子表明，如果概念没有被很好地衡量会发生什么情况。好的衡量应该是可靠和有效的，政治学家们有几种方法来达到这些标准。

一旦我们把握住了单独的概念，我们就可以描述它们之间的关系。描述人际关系是政治学家更常见和更基本的任务之一。在国家中，民主与宗教密切相关吗？还是其他一些概念，比如地域性，与民主联系更紧密？在我们确信存在一种关系之前，我们需要问问是否有其他因素牵涉其中。

本指南从头至尾，已经将关键术语用粗体表示。这一章与其他章节相比，术语较多。政治学家们有独特的词汇，学生应该尽可能快地熟悉这些术语（不过，我教这些术语的方式与大多数政治学家略有不同）。

从概念转向测量

想象一下，你受了重伤陷入昏迷。在你被送进医院之后，家人可能会问医生："情况有多严重？"（如果没有人关心这个问题，那么昏迷只是你的问题之一。）对大多数人来说，只被告知有点儿轻微的发烧，体温约为37.5℃，是不够的。他们想知道"昏迷有多严重"。有些医生可能会耸耸肩，回答说："呃，我见过比这更糟糕的。"这些话没有用。被告知你的昏迷是"非常典型的"或者你正表现出好转的"一些迹象"，仍然会剩下很多没有得到答复的问题。

昏迷的基本定义是持续的无意识状态。被归类为昏迷可能需要一个是或否的判断，然而医生们早就认识到有些昏迷情况比其他的更严重。大约40年前，苏格兰的两位神经外科医生研发了一种更精确的测量方法，现在被称为"格拉斯哥昏迷量表"（Glasgow Coma Scale），它能让医生给每个病人确定一个具体的数值。这个量表分三个部分——运动反应（分值1～6）、言语反应（分值1～5）和睁眼反应（分值1～4）。每个部分分别打分，然后加在一起。因此，这个量表的分值是3～15。不能活动、不能说话、不能睁眼的人总分值为3分。可以遵照简单命令活动（运动＝6），但说话含糊不清（言语＝4），只对疼痛有反应时才睁开眼睛（睁眼＝2）的总分值为12分。有了这个量表，现在全世界的医生就有了一种更精确的描述昏迷的方法，他们可以仔细地跟踪病人随时变化的病情。

当然，告诉你的朋友和家人，你的昏迷值是9，这对他们来说意义不大。在与非专业人员沟通时，医生们常常把这些数字评分转换成普通的语言类别——严重、中度和轻微。严重的昏迷通常意味着分值在3～8，而轻度昏迷的范围值为13～15。在这种情况下，你的昏迷会被归类为中等。

格拉斯哥昏迷量表与政治分析有什么关系？实际上，关系很大。首先，政治学家可能会问这样的问题：近几十年来，中国发展得更加民主了吗？不问为什么，只问是不是。对这个问题的好的回答是描述中国在几个时间点上的民主程度。然而，没有一个关于民主的明确定义，我们就无法开始回答这个问题。此外，我们需要确认这个概念的具体测量方法，而且要能找到这些测量方法的长期证据。问这个问题的一个更好的方法是："近几十年来，中国已经发展得更加民主了吗？这里的'民主'是指……"再比如这样开始一个研究问题："在美国，男性比女性更有可能参与政治吗？"如果加上"这里的'政治参与'是指……"，这个问题就得到了完善。[5]

在医学领域，发烧这样的**概念**很容易被直接定义和测量。与之相比，很多医学概念要抽象得多。除了上面提到的昏迷，还有残疾、高危妊娠和癌症分期等，这些概念都是客观元素和主观判断的混合。政治学中也存在着同样的情况，有些概念可以很容易地加以定义和测量，比如中期选举。但绝大多数的政治概念相当抽象，比如恐怖主义、多元主义、社会主义、民主、专制、精英主义、宽容、治理、影响力、授权、弱国、人格特质、超级大国、象牙塔、空中力量、政治参与、区域合作、政策创新、僵局、赤字鹰派、末日时钟、政党竞争、议题联盟、忠实反对派、内战、冷战、贸易战等等。处理这样的概念并不容易，我们不能直接看到、听到或触摸到这些概念，总会有某个地方的某个人对上述任一概念应该如何定义或测量持不同意见，就像医生和社会工作者就残疾的定义而争论不休。通常，我们能做的最好的事情，就是在处理这些概念时要有条理性和明晰性。

那么，对于研究者来说，第一步就是定义自己的研究项目中的关键概念。在这一点上，一些本科大学生求助于字典，我通常不鼓励这个习惯。我们不是在与《韦氏大词典》的编撰者梅里亚姆或者韦伯斯特对话，而是在和政治学家对话，也许还与政策制定者和普通大众对话。找到好的定义的更好方法就是找到以前涉及相同概念的研究。[6] 这可能是文献综述的又一个功能——在不同文献对核心概念的处理中发现认同与争议之处。例如，尽管比较政治学学者们可能在资源诅咒存在的原因或者它影响了多少个国家上存在分歧，但很有可能他们在这个基本概念的含义上意见一致。在探究"发生了什么"这个问题时，我们也可以这样做。

在很多例子中，一个概念的定义会出现竞争，民主无疑是其中之一。因此，当我们问发生了什么（比如，中国是否发展得更加民主了）时，我们需要做出选择。如果一个概念的某一定义在一个特定领域被大多数学者采用，那么我们就可以使用，仅在注释中承认还存在其他定义。有时相互竞争的定义有部分重叠，我们可以突出它们的共同元素；或者，我们可以引入一个概念的两个或三个相互竞争的定义，衡量每一个定义，然后看看我们做实证分析的结果是否根据我们最初的选择而有很大的不同。不论你是否将政治参与的概念限定于选举，还是把它放宽至包括旨在影响政府行动的任何措施，男人比女人更多地参与政治可能是真实的情况（这本身就是一个有趣的发现）。在这种情况下，我们不应该认为我们对一个关键概念的定义是唯一可能的定义。

政治学家经常把**概念性定义**（conceptual definition）和**操作性定义**（operational definition）区分开来。前者更具概括性，表明了概念的主要要素或维度；后者确切地说明了概念是如何测量的。保守主义（conservatism）的一个简单的概念性定义可以强调个人偏好有限政府的程度，那么操作性定义可以表明这样的偏好是基于对税收、枪支管制和环境法规的看法。劳动力（Labor power）可以从概念上定义为工人们拥有的影响其受雇条款的能力，操作性定义可能会聚焦于工会影响工资、福利、工作保障和工作场所安全等范围。按照最近的研究，"网络战争"是"把攻击计算机网络作为一种武力手段破坏对手的物质基础设施，以获得政治利益"[7]。接下来详细说明了这种基础设施包括电网、空中交通管制、供水系统以及财政数据。在我看来，区别概念性定义与操作性定义并不那么重要，更重要的是知道如何从抽象到具体，从概念到测量。[8]

第二步是要留意**分析单位**（unit of analysis），即"概念所适用的实体"[9]。在上面提到的保守主义的定义中，分析单位显然是个人。因此，接下来我们会在个人层面收集证据，比如关于税收的调查问题的反馈。民主通常被定义为一种国家特征；一个相关的概念——对民主的支持——可能是个体的特征。可以给责任（accountability）下一个定义，让政府机构成为分析单位。有些概念可以应用于不止一个分析单位，因此研究人员必须明确所用概念的分析单位。例如，政治宽容既可用于个人，也可用于国家。用于个人时，我们可能会使用群体调查和焦点小组调查来获得证据；用于国家时，也许会通过研究法律条文或法庭裁决来获得证据。一项研究中，如果针对一个分析单位来定义概念，但从另一个分析单位角度呈现证据，这样的研究应该是混乱或没有说服力的。

为了说明这一点，让我们回到第一章提到的一些已发表的研究。当卢昂和维因塔尔分析资源诅咒的时候，他们的分析单位是国家。之前的研究包括各个国家，比如利比亚和尼日利亚，而他们的研究集中在前苏联地区。为了直接挑战关于资源诅咒的传统观点，他们保持了分析单位的统一。两位作者没有收集个人层面的信息，比如询问人们是否感觉被一箱汽油或一对钻石耳环所诅咒。这并不是资源诅咒的真正含义。在帕特南关于意大利政治的书中，分析单位是地区。波斯纳对中非契瓦人和图姆布卡人的研究是把族群作为分析单位的。

塞兹和西特林撰写的有关移民态度的文章就要复杂一些。他们的文章标题是《欧洲的观点》，听上去好像欧洲这个很大的地理区域是他们的分析单位，但文章中的一些表格和数据按照国别来展示结果。哪个是真正的分析单位？整个欧洲，还是欧洲每一个国家？

确切地说，两个都不是。在塞兹和西特林的研究中，分析的原始单位是个体。他们收集了参与欧洲社会调查的3万多人的反馈，分析了个人的态度。然后，他们按照国别将结果加总，然后把每个国家的结果加总为整个欧洲的结果。这是研究民意常用的做法。我们会问个人一些问题以搞清楚群体的态度，比如男人和女人，或者老年人和年轻人。其他类型的研究也采用加总的方法。帕特南收集的大部分证据来自意大利的多个地区，有时他把证据分成南部和北部两部分。[10]

在清晰地定义了概念并确定了分析单位之后，任何研究人员必须做的下一步，就是对每一个概念确定一个或多个**测量指标**。一个测量指标就是一个客观指数。我们不可能在任何人身上观察到他所受的教育，但我们通常可以测量他接受正规学校教育的年数。我们可以用这项测量作为教育这个概念的指标。尽管我们不能看到或触摸到政治参与，但我们可以测量选民投票率，我们也能够发现有多少人在竞选活动中工作或者参与某种形式的公众抗议，那么我们可以用这些测量描述不同群体的政治参与程度。当政治学家们说他们在分析两个或两个以上概念之间的关系时，他们实际上是在分析这些概念的测量之间的关系，这种区别真的很重要。从概念到测量的飞跃使得测量出错成为可能，这在政治分析中是一个普遍存在的问题。

政治学家们研究的许多最重要的概念是丰富而又复杂的，它们具有多重属性或维度。比如，基于罗伯特·达尔（Robert Dahl）鼎鼎大名的研究，许多学者认为民主的概念有两个潜在的维度——竞争与包容（contestation and inclusiveness）。[11] 在分析任何国家的民主的时候，我们在最低限度上会需要两个测量指标，每个维度一个指标。在实践中，学者们经常为每个维度确定多个指标。竞争可能指的是定期选举以及两个或两个以上独立发展的政党的存在，还可能包括言论自由和集会自由，这将使反对的声音有机会被听到。包容可能指的是广泛的成人选举权，以及担任公职的资格。[12] 从概念上讲，这两个维度是不同的。一个每 5 年举行一次选举、拥有 3 个主要政党、只有男人有投票权的国家，可能在竞争维度上得分很高但在包容维度上得分很低。相反，我们可以想象一个国家在选举中的投票率接近百分之百，只有一个候选人。

有时，给我们正在做的事情建立一个视觉图会很有帮助。表2.1 是两个测量过程的简单图表，一个用于昏迷概念，另一个是民主概念。[13] 这里的基本思想呈现从一般概念到具体测量的过程，同时重点呈现分析单位。这些例子也说明了两个概念的属性数量可能不相同，而那两个属性的测量指标数量可能也不相同。确定属性与测量指标的适当数量需要结合艺术与科学。最后，请记住，那个民主问题的图表就是一个示例，测量这个概念可能还有很多更好的方法。

表 2.1 从概念转向测量

例 1			
概念	昏迷		
属性 / 维度	运动反应	言语反应	睁眼反应
测量	运动量表	言语量表	睁眼量表

续　表

分析单位	个体	

例 2

概念	民主	
属性 / 维度	争议点	包容性
测量指标	定期选举 党派竞争 言论自由 集会自由	成人选举权 公职服务资格
分析单位	国家	

　　我最喜欢的一个测量的例子来自位于喜马拉雅山脉的一个小国——不丹。多年来，该国政府一直努力推广国民幸福总值（gross national happiness）的概念，将其作为比国民生产总值（gross national product）更人性化的替代品。最初，政府认为幸福取决于四个支柱：经济、文化、环境和政府。后来他们提出一个公式，确定了幸福的 9 个领域，从心理健康和社区活力到对时间的使用以及生活水平。对于每一个支柱或领域，政府分别列出了几个指标，总共是 72 个指标。在训练有素的社会学家以及（当然是）国民幸福指数委员会的努力下，这些指标被结合起来，用一个相当复杂的公式，变成了一个数字。[14]

　　在不丹测量幸福似乎有点走极端，但这种基本的方法在各行各业中都适用。用一个复杂的概念，描述它的主要维度或属性，为每个维度确定至少一个测量指标，然后将所有的测量值合并到一个综合指数中。大学排名就是一个很好的例子，它基于学生-教师比、捐款、录取选择性等诸多成分。美国大学篮球队的粉丝很认可评级百分比指数（Ratings Percentage Index），它根据球队的输赢纪录和赛程强度来确定球队的排名。你可能阅读过基于前方后方以及侧面碰撞测试而得到的汽车碰撞安全等级方面的文章。你也应该注意过餐馆整体的卫生等级，包括工人卫生的测量、厨房清洁度，以及冰箱和冰柜的性能。简单来说，我们已经认识到重要的概念由多个部分组成，为了更好地描述这些概念，每个部分都需要列进来，我们需要把同样的思维模式运用到政治上（见本章末尾延伸阅读"构建指数"）。

当从一般概念转移到具体测量时，请务必注意**计量尺度**（level of measurement）（表2.2）。其实，你想知道指数的精确程度。尽管这听起来像是一个会计或者是审计员的工作，但是政治学家需要了解计量尺度有几个原因，主要是因为它关系到后面的证据收集和分析。例如，某些统计测试适合于一种计量尺度，而不适合另一种（这将在第七章中讨论）。

表 2.2 测量尺度

	定类	定序	定距	定比
独特的值	√	√	√	√
值的确定顺序		√	√	√
值之间的统一距离			√	√
值的绝对缺失				√

最基本的计量尺度是**定类尺度**（nominal level）。定类计量的特征是计量相互排斥的类别，但这些类别并不按顺序或数值排列，宗教就是一个很好的例子。一项对美国人宗教与政治宽容度关系的分析研究可能要依靠调查数据，而调查可能包括个人宗教信仰的问题，可能收到的答案有天主教、新教、犹太教、伊斯兰教以及其他宗教或无宗教信仰。[15] 每个人被要求自我认定并选其中一项。类似的按照地理区域调查政治容忍度的研究可能会根据个人生活在东北部、中西部、西部还是南部把答案分组。我们不能说一种宗教或一个地区的价值高于另一种宗教或另一个地区，只能说它们是不同的。对种族和民族的计量通常是定类的。性别计量也是如此，尽管最近的发展使性别这个概念越来越复杂。

定序计量（ordinal measures）比定类计量更精确，可能的值是相互排斥的，但是可以排序。一般来说，某些属性的顺序是从多到少（或从少到多）排列的，而可能的值是用话语而不是数字来表述的。其中一个经典的"对政府的信任"问题给人们提供的回答选项只有：几乎总是信任、大多数时候信任、有时候信任。同一概念的另一个问题可以选答：非常信任、比较信任、不很信任、一点都不信任。教育水平的测量可能包括测量高中辍学、高中毕业、上大学、大学毕业等分隔值。紧随着"9·11"恐怖袭击之后，乔治·W.布什政府开发了一种颜色编码标示的威胁等级，从红色（严重）到绿色（轻微）5个等级。我们可以把信任、教育水平、安全威胁或其他我们研究的任何概念想象为一条一条的线，严格地说，在这些线条上并没有均匀分布着定序测量的各种值。例如，我们不确定从高中辍学到毕业是否与从高中毕业到进入大学代表着教育的同样提高。我们所知道的只是一个值比另外一个值大或者小。[16]

虽然宗教是定类计量的，但与之相关的一个概念——宗教虔诚（religiosity），可以认为是定序计量的。广义地说，宗教虔诚反映了一个人与某种宗教之间的联系强度，我们可以通过在一年里，这个人去基督教堂或犹太教堂或清真寺或其他礼拜场所参加活动的频率来测量他的宗教虔诚程度。可能的答案也许是：从不、几次、每个月一到两次，每周一次或每天一次。注意，如果我们把这些分类转换成数字——0、3 ~ 5、12 ~ 24、52、365——它们不会是均匀分布的。

最精确的计量尺度是**定距计量**（interval measures）和**定比计量**（ratio measures）。在这两种计量中，我们可以确定不同的值，把它们排序，并给每个值一个数字。每个值之间的距离是相等的。主要的区别在于 "0" 这个数字在定距计量中没有实际的意义。最经典的例子是空气温度，0 华氏度并不表示完全没有温度。同样地，民意调查机构在大群体调查中有时会使用 "感情温度计"（feeling thermometer）。他们可能会问人们对某一候选人、某项政策或政府某方面有什么感受，让他们按照从 0 ~ 100 的分值来给自己的感受打分。一般来说，50 分意味着不冷不热，而 0 分表示非常冷淡，100 分表示非常热情。但 "0" 并不表示没有感情，事实上，那种感情相当强烈，但是是消极的。看一看人们对公众人物或国会的感情温度计分数，你会发现很多人都愿意说 "0"。

在实践中，定比尺度计量比定距尺度计量更常见，任何可以用美元或百分比表达的计量都被认为是定比计量。为竞选活动提供 0 美元意味着没有给钱；战争期间 0% 的民众伤亡人数意味着没有平民死亡。定比计量中的很多 "0" 也是有意义的。在大多数情况下，如果可以计算，我们就可以用定比计量，比如几个月的战斗、几页的规章制度、议会的票数、贸易协议条数。[17] 正如"比率"（ratio）这个术语所暗示的那样，我们可以精确地比较每次计量的不同值。一场选举中 60% 的选民投票率是另一场选举中 30% 投票率的两倍。给一个候选人捐赠 1000 美元，是捐赠 150 美元的 6.7 倍。相比之下，当我们使用定序计量时，我们只进行多或者少的基本比较。

你或许可以想象一下，为什么许多政治学家热衷于使用定距计量和定比计量。一个原因是，很容易对这些计量进行统计分析，这一点我们将在第七章中看到。要记住的一个假设是，所有的值都应该是等距分开的。向上或向下移动一个单位就意味着相同的变化量。2014 年，自由之家组织按照各国对政治权利的保护程度对各国进行了排名，美国（得分为 1）和秘鲁（得分为 2）的差距与安哥拉（得分为 6）和白俄罗斯（得分为 7）的差距相同。表面上看，那似乎是 4 个完全不同的政体。我们确定这样的精确度是有保证的吗？当我们按照受教育的年限测量教育时，我们会认为从 8 年级到 9 年级与从 11 年级到 12 年级（大概能拿到高中文凭）是一样的。[18] 显然，不是每个人都对这种认识满意，这就是政治学家在某些情况下更喜欢采用定序计量的原因。例如，对大学毕业生、高中毕业生、高中辍学者加以分类研究，而不是计算接受教育的年限，显然更有道理。自由之家甚至把那些感觉计分过于精确的国家划分为 3 个一般类别——自由、部分自由、没有自由。美国和秘鲁都被贴上了自由的标签，而安哥拉和白俄罗斯则属于没有自由。

也有一些情况是精确的数据实在难以获得。以政治腐败为例。假设我们因为实际或者研究的需要，需要知道十位公职人员如何利用职务谋取私利。向一个高度腐败的政府提供大量的外国援助可能是不明智的。当一个政府的政治腐败没有被报道，或者没有统计出来的时候我们该怎么来衡量腐败程度？政府内部可能缺乏强大的"监督"机构。向公职人员发送调查问卷，询问他们的腐败行为的程度，这似乎是不可能的。如果当地媒体人觉得发布官员腐败的报道会使他们处于危险之中，依靠他们可能也不会有什么帮助。一种合理的选择也许是，从有腐败问题的国家的政治专家那里收集腐败估算，然后将这些国家划分为高度腐败、中度腐败、轻度腐败或不腐败。有时候，定序计量是我们能采用的最好的办法。[①]

　　如果每个案例在一个计量尺度中有相同的观测值，那么我们就有了一个**常量**（constant）。我们可以只用 3 个值——议会、总统，或者两者混合——定类地测量立法与执法的关系这个概念。一项仅限于美国的研究可以把每一个案例都划归为总统类别，使其成为一个常量。如果在研究的案例中采用了两个或两个以上的不同的值，测量的值就是一个**变量**（variable）。在一项有关美国和欧洲的跨国研究中，因为不同的国家在不同体制下运转，那么立法和执法之间的关系就是一个变量。理论上，一个概念可以是常量，也可以是变量，这取决于我们研究项目的性质和范围。在实践中，政治学家处

---

① 二分计量(dichotomous，有时称为"虚变量")分类起来很是棘手。乍一看，它们似乎是定类的，因为它们只能有两种可能的值。"这个国家同意按照《京都议定书》的规定限制他们的温室气体排放吗？是的／不是。""这个人来自美国的哪个地区？南方／非南方。"一些分析师把这些测量视为定序的，认为这两个值形成了一个连续统一体，比如从是到不是。而有些人把二分测量法当作比测量，因为所有的值之间的距离都是相等的。假定在这两个值之间是单倍行距，它们就必须是相等的。因此，二分测量法应该小心处理。(有时候你似乎无法运用它，可离了它又不行。)——原注

理的大多数都是变量。

这些内容听起来技术性相当高，更像是会计学而不是政治学。如果我们在描述政治概念时没有遵循这些步骤，会发生什么情况？我们的研究很有可能，说好听点是无法令人信服，不好听就是我们草率或懒惰。如果我们的问题设计得很糟糕，那我们就有很大的风险获得一个粗糙的答案。假设一个研究美国政治的学生想要分析总统效力（presidential effectiveness），在没有明确定义这一概念或明确其维度的情况下，他就直接比较比尔·克林顿（Bill Clinton）在减少国家赤字上的成功、乔治·W.布什寻找奥萨马·本·拉登的失败，以及奥巴马总统打击野生动物走私的行政命令，那他就像是忘记了苹果与橙子的区别，忘记了不同类型的事物是不能相比较的——这简直是在把海龟和恐怖分子做比较。那他就莫名其妙地把国内事务与外交事务、需要国会合作与不需要国会合作的总统行动、政策产出（行政命令）和政策结果（更低的赤字）混杂在一起，通通放在"总统们做的事"这个模糊的标题下进行研究了。为了让这一比较有系统性和公平性，研究者应该首先定义"总统效力"这个概念，接着合理地将这个概念分为几个独立的维度，然后他会为每个维度上的每一个案例提供证据。因此，如果处理经济问题是总统效力的一个维度，而预算赤字规模是这个维度的一个测量标准，那么研究者不仅要引用克林顿的赤字，也要引用布什和奥巴马的赤字数据。

确定测量的质量

胡乱搭建一座房子很容易。对一个概念胡乱测量一下甚至更容易，因为需要花费的时间更少。没有人能阻止我把政治宽容定义为"个人支持言论自由的程度"，然后测量人们对电视剧《南方公园》（*South Park*）未经审查的剧集的反应。然而，这个定义的维度似乎过于单一，具体的测量听起来像个笑话。如果政治学家有一些标准（即使是《南方公园》的总编剧也没有），那才是真正有用的。

正如前面提到过的，政治学家们注定会在许多概念的定义上争论不休。然而，他们的具体测量方法可能更容易评估。对政治学家来说，一个好的测量是**可靠的**（reliable）和**有效度的**（valid）。可靠的测量方法会在重复运用后给我们同样的、一致的读数。举一个日常生活中的例子：我称体重的秤，今天称是 200 磅，明天称是 225 磅，第三天称可能是 185 磅，这个秤就不是很可靠。如果我确定了民主的某些指标并把它们应用于测量中国的民主，那么我得到的结果应该与另一位运用相同指标测量中国民主的研究员所得到的结果高度相似。我们的判断分歧越大，我们的测量就越不可靠。这个测试叫作**评分者间信度**（inter-rater reliability），或者**编码员间信度**（inter-coder reliability），在社会科学研究中经常会用到。一组学者，或者他们的研究生助理，甚至他们的本科生助理，会接受使用一种测量方法的训练，然后对给出的案例进行编码。这些在非洲的开发项目看起来完全成功、部分成功、不成功，还是效果适得其反？又或者，在保护公民自由方面，按照从 1～7 来打分，你会给这些国家怎么排名？编码者测量的数据一致的次数越多，测量就越可信。

　　格拉斯哥昏迷量表正是因为这个原因受到了质疑。医学专业人士在评估每个病人时必须做出一系列判断，测量病人的语言能力时可能得确定病人的词语选择是不当（言语得分3）还是含糊不清（言语得分4），不是医学专业人士的我就很难用这种差别来测量我自己的语言。运用这一量表所接受的训练水平也存在差异，比如神经学家较之重症护理护士就更加训练有素。由于这些原因，以及其他一些原因，很多临床研究已经发现格拉斯哥昏迷量表缺乏评分者信度，并提出了替代的测量方法。[19]

　　另一种测试信度的方法是看这种测量是否在不同的时间点得出相同的结果，这被称为**重测法**（test-retest method）。比如，在调查公众对死刑的态度时，如果你周一的调查和周四的调查得出的答案是一样的，那么这个调查就是可信的。当然，这种方法需要假定我们所测量的内容不会随着时间的推移而改变，而这种假定可能是相当可疑的。如果你的昏迷得分连续两周每天都是9分，这似乎是可靠的测量。但是如果你的潜在条件确实改变了，那么评分就没有效度，也就是说，不准确了。如果你的治疗真的需要修改，那么这类测量误差可能是灾难性的。假设，过去几十年某项对中国民主的研究采用了同一种测量方法，每年得出的结果也都一样，它似乎是可靠的，但也可能是无效的，民主的真实水平可能已经上升或下降了。事实上，编码员间信度测试也可能产生无效的测量。参与某个研究项目的每个人对于如何测量一个概念可能意见一致，但可能他们测量得都不准确。总之，有信度的测量不一定有效度。①

---

① 一个月内每天称体重，秤上都显示125磅，这个秤可能是可信的，但是没什么效用，边都挨不上。——原注

因此，政治学家们更担心的是他们测量的效度。一种有效的测量同时也是可信的，无论谁在使用或者什么时候使用，它都是准确的。学者们有几种方法来确定一种测量方法是否有效。第一种是**表面效度**（face validity），它需要一个简单的测试：这个看起来对吗？我没开玩笑，这个测试就是这样的。在一些研究中，甚至最后是作者在问："这在我看来是正确的吗？"答案往往是一个简单的"是"，而非长长的论证。当作者依赖于表面效度时，他们是在诉诸我们对某一概念的常识或共识。他们声称，从表面上判断，这种测量方法看起来很准确。假设，在一个项目中，研究者想要测量美国人的政治知识，方法是让一些美国人说出尽可能多的现有国会议员的名字，最多可达 535 人。我们会说，"哇，这似乎很傻啊"，或者我们会表现得礼貌些，提出这项研究表面效度差的可能性。

内容效度（content validity）是一个更严格的标准，它需要确定一个概念所有的主要属性，并为每个属性提供至少一种测量方法。格拉斯哥昏迷量表的设计者认为昏迷有 3 个主要属性——运动、言语和睁眼——并为每一个属性创建了一个测量标准。只要我们同意这三者是正确的维度，那它们的整体测量就有内容效度。假设民主有两个基本维度——竞争性和包容性，我们至少需要两个测量标准。当然，我们不知道这些指标会有多准确。内容效度更多的是对一个测量方法的全面性、综合性的检测。

如果一项测量的内容太大或太小，测量则可能缺乏效度。例如，民主的"最大化"指数可能要包含太多测量内容，除了争议性和包容性两个指标，它可能还需测量每个国家的经济不平等和劳资谈判。现在我们似乎将一个政治概念与经济成分混杂在一起，按照我们对民主的定义，经济成分可能与民主并不相关。更糟糕的是，我们越是用不同的测量来填塞我们的概念，以后我们测量这些概念间的关系就越难。使用一个最大化指数，我们可能无法检验民主与经济不平等之间的关系，因为后者已经深深嵌入我们对民主的测量内容之中。实际上，我们创造了一种部分同义反复的恒真命题，一种依照定义即为真的关系。另外，因为一个概念的关键属性或维度的缺失，"最小化"方法也会缺乏内容效度。基于几个竞争性指标但没有任何包容性指标的民主总指数将没有内容效度。[20]

证明**建构效度**（construct validity）需要做更多的工作，它要求把我们对概念 A 的测量值 A 与相关概念 B 的好的测量值 B 进行比较。这两种测量关联越紧密，测量值 A 具有的建构效度就越高。一个具体的例子可以帮助说明建构效度。在《让民主运转起来》一书的第三章中，帕特南为意大利地方政府的机构表现设计了一种测量方法。他综合多种成分建立了一个指数，为每个地区政府打分。帕特南为了测试他的指数的建构效度，将这个指数与意大利人对他们地方政府的满意程度的调查进行了比较。这些调查不属于帕特南的指数部分。我们可以认为这两个一般概念是机构表现和感知机构表现。在很大程度上，这两项测量是密切相关的。在帕特南的测量中表现优异的地方政府，与最让公民满意的政府是相同的，这是帕特南的测量的建构效度的极好证明。[21]

当我们读一篇政治研究报告，或者设计自己的研究的时候，要制定一个心理清单，这时我们有几个问题要问自己。其中的几个问题突出了测量误差的潜在来源，实际上任何类型的实证研究都会受到测量误差的困扰。不论研究的主题是什么，是阿拉伯国家的民主障碍，或者美国的福利制度，或者中非的种族冲突，或者民主和评论，或者欧洲对移民的态度，问题都是一样的：

关键概念定义清晰了吗？这些定义从何而来？对于同一个概念，我们能否找到或设想其他合理的定义？

这个一般性概念有正确的属性或维度吗？

分析单位是什么？

需要采用哪个或哪些计量尺度？这个尺度更精确或更不精确可以吗？为什么可以或为什么不可以？

每个概念的测量（包括任何总指数或量表）是有效的吗？解释一下。

描述关系

有时候我问我的学生，家庭治疗师、亨利八世国王、卧底间谍和政治学家有什么共同点。他们茫然地沉默一番之后，说："他们都是骗术大师？"好遗憾，没有一个学生猜到正确的答案，或者至少猜到我想到的答案：他们都对各种关系感兴趣。这个答案通常会引起一种嘲讽的微笑，夹杂着隐约的嘘声。但我这个不太高明的玩笑确实指出了一个重要的事实：政治学家们是在不断分析各种关系。他们想要了解政治世界的那些众多而又不同的部分是如何相互联系的。

政治学家们偶尔也从事探索性的研究，他们最初几乎不知道要探究哪些关系。在这种情况下，他们可能表现得更像文化人类学家，让自己陷入陌生的环境中，等待模式的出现。更常见的是——本科生所做的几乎所有研究都是如此——他们对哪些关系值得分析已经有了一些想法。在第一章中，做文献综述的过程已经帮助我们把注意力集中在相对较少的描述性假设或因果性假设上了。

这些假设的目的在于囊括某个政治现象的多个实例。这些假设都是归纳，对于任何实例或案例可能或多或少是真的。因此，当政治学家问"发生了什么事"时，他们首先关注的是模式。他们的答案将会包含特定案例，甚至可能只有一个案例的证据（这会在第五章中讨论）。但是这个证据通常会解释某个更大的模式。

当政治学家们试图描述概念之间的关系时（例如民主与自然资源、宽容与教育），他们就问自己两个基本问题：每个概念的测量相关吗？它们表面上的关系是虚假的，或者说是捏造的吗？如果我们对第一个问题回答说"是"，对第二个问题回答说"不是"，那么我们就自信地说存在一种描述性关系。回答第一个问题需要一种验证方法：我们需要证据来证明这些概念确实是相关的。回答第二个问题必须有一个证伪过程，也就是说我们需要尽力排除掉相反的描述。第一个问题通常比第二个问题更容易回答，解决好两者都很重要。

相关性（correlation）是一个统计学术语，但我们也可以直观地理解其基本观点，不论是处理精确的数字还是更一般的类别，它都适用。问题是我们测量的值在一些案例中产生共变的范围，这不是一个用是或不是就能回答的问题，我们想知道这些值产生了多少共变。除此之外，这意味着我们的假设需要有一个方向。假设各国间劳力压制和经济增长相关，或者战争的持续时间与地理有关，这都还不够，我们的假设需要比这更具体。

当两个测量之间存在**同向关系（正相关）**（direct relationship）时，其中一个测量所取得的较高的值与另一个测量的较高的值相关，较低的值也同样相关。研究经常发现民主程度与经济发展水平同向相关。当然也有例外——我首先想到的是巴林和新加坡，但这一模式在大多数国家都成立。当一个测量的较高的值与另一个测量的较低的值有关系时，就会出现**反向关系（负相关）**（inverse relationship）。如果进行个人调查，我们可能期望发现收入与支持累进税制之间的反向关系。如果没错的话，最富有的群体往往最不支持累进税制。[22] 也有可能我们最初的假设会引导我们期望没有这种关系，在这种情况下的假设被称为**"零假设"**（null hypothesis）。先前的研究可能会引导我们相信年龄与支持死刑之间没有关系，而我们可以用一个或更多国家的证据来检验这个假设。如果这个假设成立，那么年轻人和老年人应该持有相似的观点。①

同向关系和反向关系两者都是线性关系，是政治学家寻找并使用的主要类型。然而，相关关系也可以是**非线性的**（nonlinear）或**曲线性的**（curvilinear），并且仍然表现出共变。在美国，投票率与年龄之间的关系看起来有点像一个倒放着的碗：在20多岁的时候，选民投票率会较低，之后稳步上升，在五六十岁的时候达到顶峰，然后在他们70多岁、80多岁时又开始下降。这种模式是规则的但

---

① 这些关系有时被描述为积极（positive）关系和消极（negative）关系，而不是正向关系和反向关系。然而，这些术语包含了一种可能引起误导的规范性成分。如果我讨论种族多样性与内战可能性之间的积极（positive）关系，一些读者可能会认为我赞成这种关系。正向和反向的表述要相对中性一些。——原注

不是线性的。政治领域还可能有 U 形关系。对某一政党的支持率在高中辍学者和读研究生的人中可能会很高，但是在高中生和大学毕业生中却很低。虽然统计学家已经开发出了测试非线性关系的方法，但是运行这些测试需要一定程度的训练，而这正是许多本科生所缺乏的。另一种方法——绘制数据图——可以提供存在曲线性关系的有力线索。否则，当实际情况中没有线性关系存在的时候，我们可能会得出结论，认为没有关系存在。

如果我们在同时研究许多案例（20～25 个，或更多），测定共变的标准方法则依靠相关系数等统计数据（见第七章）。毫不奇怪，在 2012 年的美国总统大选中，民主党和共和党候选人的感情温度计呈现出强烈的负相关。一个人对奥巴马的感觉越热烈，他对罗姆尼（Romney）就越不感冒。然而，一个人的政治意识形态和他对国会的感觉之间本质上没有任何关系。[23] 在较少的案例中，我们直勾勾地瞪着数据来判断这两种测量大多数情况下是正相关还是负相关。共变并不需要是完美的——政治学家研究的是规律，不是自然界的铁律——所以也有例外。不过，有时候这些例外的力量大得足以让人们对整个关系表示质疑。

在我研究的社会政策领域，有一种传统观点认为美国的福利制度有两个明显不同的层面：较高层面的社会保险项目，规模大、慷慨、政治影响力大（例如社会保障）；较低层面公共援助项目，规模小、资金不足、易受政治影响（例如公共住房）。仔细观察，你就会发现异常情况开始多起来。在较高层面的 5 个项目中有两个——失业保险和劳工赔偿险——不太符合这个模式。较低层面的两个最大的项目——医疗援助制度以及劳动所得税扣抵制度——也不符合。此外，通过税收代码运行的许多社会项目无法轻易划入任何层面。我们可能需要某种更好的方式来描述美国福利制度的结构。[24]

排除一种关系的最简单的方法之一就是其中一种测量表现出很小的变化，甚至变为常量。国际关系专业的学生可能想知道什么样的国家签署了有关温室气体排放的条约《京都议定书》（Kyoto Protocol）。也许签署这一条约直接关系到一个国家的收入，或者是它的制造业的规模，或者是其左翼政党的力量。然而，检验这些关系中的任何一个都是很困难的，因为实际上地球上的每个国家——富国和穷国、左翼和右翼——都签署了这项条约。也许更聪明的做法是研究什么样的国家同意设定有约束力的排放目标，这个数字要小得多。同样的原因，有人在分析内华达州（Nevada）、内布拉斯加州（Nebraska）、北达科他州（North Dakota）的交通死亡率时，可能找不到车祸与限速有多大的关系，因为这 3 个州的法定最高限速都是每小时 75 英里①。

检查共变关系不是那么复杂，更大的问题是**虚假关系**（spuriousness）。尽管两种测量结果可能是正相关或逆相关，但它们的关系也许是我们没有考虑到的第三个因素造成的幻觉。一个经典的例子是冰激凌销量与溺水死亡人数之间的正向关系，这听起来好像可以开始对本杰瑞冰激凌（Ben&Jerry's）提起诉讼，但是这种关系真正反映的不过是夏天的高温与更多的冰激凌销售和更多的游泳相关。本章的开头提到了政治领域一种虚假关系的可能性——民主

---

① 1 英里 ≈ 1.61 千米。——编者注

与伊斯兰教相关，还是地区与民主以及伊斯兰教有关？政治学家们并不担心在他们所研究的因素之外，还可能有一些其他因素也是相关的。我们的假设总是对现实的简化。真正需要担心的是，那些其他因素中的某一个可能几乎推翻我们认为自己已经观察到的关系。图 2.1 举例说明了那两类问题之间的差异。第一个例子是一般因素 A 和 B 之间的关系，不是虚假关系。第二个例子是完全虚假关系，第三个是部分虚假关系。

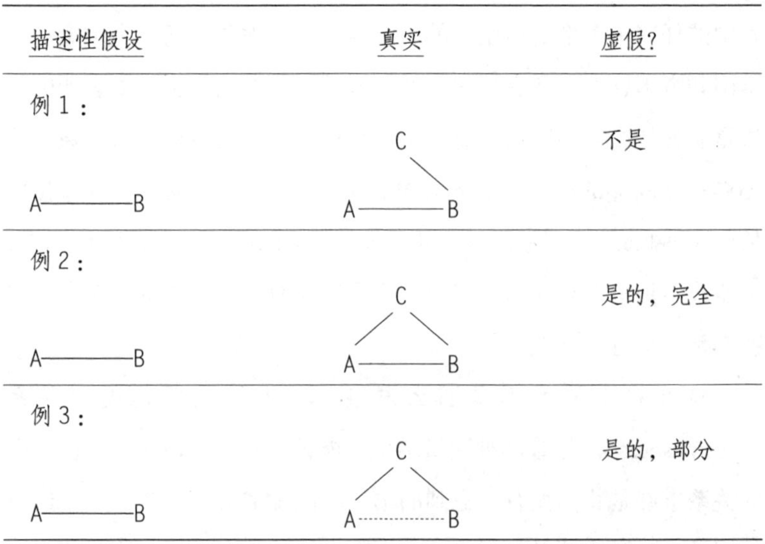

描述性假设	真实	虚假？
例 1：	C A———B	不是
例 2：	C A———B	是的，完全
例 3：	C A┈┈┈┈B	是的，部分

图 2.1 虚假关系

你要理解我们是多么想避免虚假关系，请想象一下《菲尔博士》（*Dr. Phil*）脱口秀的某一集。对于那些不熟悉电视心理学家的人来说，菲尔·麦格劳（Phil McGraw）博士专门研究混乱的离婚案、不守规矩的青少年、情感虐待，诸如此类。在一期节目中，一对四十多岁的夫妇蒂姆和莱斯莉走上舞台，坐在菲尔博士的对面。他们的四个孩子（年龄从 8 岁到 16 岁）坐在附近的沙发上。莱斯莉告诉她的孩子们，她有一些难以理解的事情要说，也许菲尔博士可以帮助他们弄懂。她开始叫着每个孩子的名字，并告诉他们，她真的真的很爱他们，然后这个节目就变得有趣了。"孩子们，我今天想告诉你们的是，蒂姆和我还没有结婚，也从来没有结过婚。"孩子们看起来都糊涂了。"事实上，蒂姆甚至不是你们的亲生父亲。"观众们发出一阵惊呼。蒂姆低头看着地板。菲尔博士把他的头歪向一边。"你们的父亲实际上是吉姆牧师，他在一个小教堂工作，我们有时去那里，就在必胜客旁边。"菲尔博士向前探着身子，眼睛睁得大大的。几个孩子都快要哭了。"孩子们，吉姆牧师恰巧也是蒂姆的父亲。"那时候，一切都乱了套，菲尔博士试图阻止两个年龄最大的孩子打他们所谓的父母。

整个场景令人极度悲伤，但是什么让关系变得虚假呢？孩子们相信他们和他们的父母有一定的关系。但事实上，他们几乎没有想到还有第三个人和他们的父母以及他们有一种强大的关系。莱斯莉和蒂姆在很多方面仍然扮演着父母的角色，所以他们和孩子的关系并不完全是虚假的（类似于图 2.1 中的例 3）。即便如此，牧师吉姆在某种角度上确实从根本上改变了他们的关系，孩子们在情感上可能留下了终身的伤痕。另一方面，菲尔博士的收视率也有了很大的提高。

我们中间没有任何人想要发现自己的关系是虚假的，包括政治学家也是如此。对许多本科生来说，认识到要提防虚假关系是一个重大进步。然而，学生们习惯上会表明两种测量发生了共变，然后就此打住不再深究了。他们往往满足于一个貌似合理的答案，而没有对这个答案严加审查。他们需要采取下一步行动，就是形成一种健康的怀疑态度——实际上就是问："可能是这样，但还可能是什么呢？"

虽然这是个基本的问题，但可能会带来一连串无穷无尽的答案。比如，在我们注意到民主与伊斯兰教似乎相关后，我们可以核查民主与地区、殖民统治历史、公民社会活力、收入、自然资源依赖等的联系。我们会发现存在如此之多（甚至可以说太多）的可能性。我们清楚地认识到，我们一般无法验证我们的描述中的虚假关系可能存在的所有来源，我们需要找到一些方法来平衡我们的职业性怀疑与这种认识。

好的文献综述又在这里派上用场了。在综述中我们不是仅仅介绍一种假说，而是双方的假设，之后我们可能会得出这样的结论："关系存在于 A 和 B 之间，而不是 A 和 C 之间。"当然，我们还没有检查过 D 和 E，以及 F（更不用提 G 和 H 了），这可能会让我们的解释复杂化或遭到破坏。至少我们认为有两个强有力的替代因子——B 和 C，并且找到了足够的证据来剔除其中之一。考虑到期刊文章或课堂作业的页数限制，这可能是我们能做的最好的事情。

还有一线希望，一旦我们意识到政治生活的复杂性为虚假关系创造了很多机会时，我们就可以适当地谦虚。我们开始使用像"暗示"（suggest）和"表明"（indicate）而不是"证明"（prove）这样的动词来描述我们正在分析的关系。我们用"大概"（probably）和"有可能"（likely）这样的词语对我们的主张进行限定。也许其他学者已经找到消除一些虚假关系来源的好方法，让我们向他们寻求帮助。换句话说，我们可能不需要寻找 A 和 D 之间的关系，它不存在。也许在总结自己的研究项目时，我们可以呼吁人们做更多的研究来探究那些我们没来得及探究的可能的相关因素。

排除相反的描述或解释，是政治科学探求真理的必然过程。这一过程的正式名称叫作"证伪"（falsification），在下一章中我们会再次遇到这个词。政治学家要对 A 和 B 之间存在关系变得越来越有信心，一种方法就是通过寻找证据来反驳可能存在与 A 和 B 相关的其他因素（C，D，E ……）的说法。虽然，出于很多原因，包括几乎无限多的混杂因素，我们对自己或其他人的研究结果永远不可能有百分之百的信心，但这并不意味着我们应该停止证伪的努力。通过勤奋加之一些创造力，学者们可以逐渐更好地理解种族冲突、民主化等重要政治难题。证伪不可避免地是一项集体的事业，一项需要奉献大量的时间和精力的事业。

延伸阅读一　构建指数

假设我们正在仔细地测量概念，以便将它们纳入描述性或因果性假设中。我们认识到，在政治学中，大多数"大"概念都需要采取多种测量。然而，一个实际问题是，分别进行每一项测量可能会非常麻烦。例如，假设我们对民主的概念有 7 个测量值，我们想要分析民主与读写能力之间的关系，我们可能需要报告定期选举和读写能力的测量结果、政党竞争和读写能力的测量结果、成人选举权和读写能力的测量结果、新闻自由和读写能力的测量结果等等。作为作者或读者，如果所有这些测量都可以合并成民主的一个总体指数，那对我们来说就简单多了。

政治学家一直是这样做的，他们通常的策略就是创建一个总和指数。到目前为止，社会科学家已经为民主政治、失败国家、人类发展、性别赋权、全球火力、政党竞争、文化多样性、政府信任、贸易开放，以及许多其他的概念创建了指数。因此，了解指数是如何建立的对我们来说很有必要。在实践中，有些指数是快速而容易地组合在一起的（也许太容易了），而另一些指数则更复杂。尽管如此，有下列 5 个相同的基本步骤：

第一步：定义一个一般概念。

第二步：确定该概念的关键属性或维度。

第三步：为每个属性或维度确定至少一个测量值。

第四步：选择一个通用的分析单位，并将每个测量值转换为该单位。

第五步：选定聚合规则将这些测量值合成一个总和指数。

虽然前 3 个步骤看起来很熟悉，但我要讲讲步骤 2 和步骤 3 中的一个窍门。当建立一个指数时，一些政治学家运用统计技术，比如要素分析以确保所有的测量值与那个一般概念都是真正相关的，如果一些测量值不相关，可能会被从指数中剔除。同样的技术也可以确定彼此高度相关的单个测量值，这意味着其中一个值也可以被剔除。最后，这些技术可以帮助确定我们的概念是否有一个或多个潜在的维度。

第四步和第五步需要解释一下。许多指数和其他因素一样，是以定距或定比计量表示的。如果某些因素是定序的，作者可能会将每个标记的值转换为一个数字以方便聚合。比如，美国国家选举研究所已经研发出一个政府信任的指数，可能的得分从 0 到 100 不等。这个指数的一个部分基于一个有关联邦政府信任的问题，这个问题的回答选项是：几乎总是信任、大多数时候信任和只在有些时候信任。为了形成一个指数，这些类别分别被赋值100、67和33（如果回答"从不信任"则分值为0）。性别赋权的指数可能包括关于一个国家对女性的态度的诸多问题。假设其中一个问题是：在管理国家方面，女性是否和男性一样有能力？答案选项有：强烈同意、同意、不同意和强烈反对。这些回答可能被转换成数字1、2、4和5（我们会为3留出个空，对应一个中间选项，既不同意也不反对）。在这两个例子中，我们在测量的每一个测量值之间的间隔都做了某种假设。

政治学的通常做法是将指数的每个部分同等计算（步骤5）。我们只是将这些值相加或平均来得出一个总数。一些指数偏离了这个做法，作者可能觉得指数的某些部分比其他的部分更重要，应该得到更大的权重。在建立民主指数的时候，有些人可能会说，党派竞争比预算过程的透明度更重要，因此应该权重更大，但具体应该大多少是很主观的事（2倍？3倍？1.5倍？）。格拉斯哥昏迷量表不明显地给了运动反应更大的权重，其最高得分为6，相比之下言语反应得分为5，睁眼反应得分为4，这代表了另一种主观判断。不管一个指数是如何聚合而成的，即使每个因素得到的权重相等，读者也会应希望你对每个部分的权重给出合理的解释。

最后一点是指数（index）与量表（scale）之间的区别。这两个术语有时可以互换使用，但它们并不一样。"量表也是多项目测量，但是其项目的选择和组合比通常使用指数时完成得更系统。"换句话说，创造一个量表比创建一个指数需要花费更多的工作和预先考虑。研究政治行为的学生经常用量表来测量某种态度或感觉的强度。较为知名的方法有李克特量表（Likert scale）和哥特曼量表（Guttman scale）。

注 释

1. 当然，创建的指数并不是万能的。任何指数都可能存在结构性问题，例如，Dan Hough, "Here's This Year's (Flawed) Corruption Perception Index. Those Flaws Are Useful," *Washington Post* (January 27, 2016), available at https://www.washingtonpost.com /news/monkey-cage/wp/2016/01/27/how-do-you-measure-corruption-transparency-international-does-its-best - and - thats - useful/; Munck and Verkuilen, "Conceptualizing and Measuring Democracy."。有些指数既能揭示事实，也能掩盖事实，例如，Joe Soss, Sanford F. Schram, Thomas P. Vartanian, and Erin O'Brien, "Setting the Terms of Relief: Explaining State Policy Choices in the Devolution Revolution," *American Journal of Political Science* 45, no. 2 (April 2001): 378–395。

2. 这些步骤类似于 Munck and Verkuilen, "Conceptualizing and Measuring Democracy"。

3. Janet Buttolph Johnson and H. T. Reynolds, *Political Science Research Methods*, 7th ed. (Thousand Oaks, CA: CQ Press, 2012), p. 152.。

◎ 练习: 检查

1. 在日常生活中从概念转到测量。在下面的文章中，确定核心概念、主要维度和具体测量方法。如果作者创建了一个总和指数，那么每个测量值权重是否相等？

Malcolm Gladwell,"The Order of Things,"*New Yorker*, February 14,2011; available at http://www.newyorker.com/reporting/2011/02/14/110214fa_fact_gladwell?currentPage=all.

Randy Nelson,"Meet the New Vegas:The 10 Most Sinful Cities in America," available at http://www.movoto.com/blog/top-ten/sin-cities/.

Ryan Nickum, "The United States of Fear: Which American States Are the Scariest?" (July 15, 2014),available at http://blog.estately.com/2014/07/the-united-states-of-fear-which-american-states-are-the-scariest/.

2. 从政治科学中的概念转到测量方法。在下面的文章中，确定核心概念、主要维度和具体测量方法。如果作者创建了一个总和指数，那么每个测量值权重是否相等？

Sarah Binder, *Stalemate*: *Causes and Consequences of Legislative Gridlock*

(Washington, DC:Brookings Institution Press,2003),chapter 3.

Michael Coppedge and John Gerring et al., "Conceptualizing and Measuring Democracy:A New Approach," *Perspectives on Politics* 9, no. 2 (June 2011): 247–267.

Michael P.McDonald and Samuel L.Popkin, "The Myth of the Vanishing Voter," *American Political Science Review* 95, no.4 (December 2001):963–974.

Jeffrey Mondak and Mitchell Sanders,"Tolerance and Intolerance,1976–1998," *American Journal of Political Science* 47, no.3 (July 2003):492–502.

Gerardo Munck and Jay Verkuilen, "Conceptualizing and Measuring Democracy:Alternative Indices," *Comparative Political Studies* 35, no. 1 (February 2002):5–34.

Robert D. Putnam, *Making Democracy Work: Civic Traditions in Modern. Italy* (Princeton, NJ:Princeton University Press,1993),chapter 3.

Taylor B.Seybolt,Jay D.Aronson,and Baruch Fischoff,eds.,*Counting Civilian Casualties: An Introduction to Recording and Estimating Nonmilitary Deaths in Combat* (Oxford,UK:Oxford University Press,2013),multiple chapters.

Deborah Stone,"Making the Poor Count," *American Prospect* 17 (Spring 1994):84– 88.

Craig Volden and Alan E. Wiseman, *Legislative Effectiveness in the United States Congress:The Lawmakers* (New York:Cambridge University Press,2014),chapter 2.

3. 描述政治学中的关系。这些作者认为主要的模式是什么？他们是否考虑或排除了任何其他描述？

Jack Citrin and David O.Sears, *American Identity and the Politics of Multiculturalism* (New York:Cambridge University Press,2014),chapter 3.

Christopher Howard, *The Welfare State Nobody Knows: Debunking Myths about U.S. Social Policy* (Princeton, NJ:Princeton University Press,2007), chapter 2.

Arend Lijphart, *Patterns of Democracy:Government Forms and Performance in Thirty-Six Countries* (New Haven,CT:Yale University Press,1999),chapter 12.

Alfred Stepan with Graeme B. Robertson, "An 'Arab' More Than 'Muslim' Electoral Gap," *Journal of Democracy* 14, no.3 (July 2003):30–44.

◎ 练习: 建构

1. 你将如何完成下表?

习题表 2.1

概念	概念性定义	操作性定义
对政府的信任	个人对政府官员和机构的信任程度	
儿童友好	国家为不满 16 周岁的公民提供收入、饮食和医疗服务的基本标准	
官僚机构的能力		反映该机构预算规模,全时机构雇员的人数以及机构的高级官员任期的平均时间

2. 下面是对政治知识这个概念的一种操作化定义，你可以怎样改进这个定义？

习题表 2.2

概念	政治学知识	
定义	"公民参与政治所需的真实信息"	
概念	**政治知识**	
维度	国内事务	外交事务
具体测量	能够任命副总统、首席法官、白宫发言人	能够说出联合国秘书长以及德国总理的名字
	能够定义公民权利	能够定义独裁主义
	多久读一次国内杂志 / 报纸	多久读一次国外杂志 / 报纸

3. 下面每一项，应该用定类、定序、定距还是定比测量？

（a）人均收入

（b）对堕胎的看法（绝不允许；只有在强奸、乱伦或者对女性有危险的情况下才允许；如果确实需要才允许；总是允许）

（c）英国的党派认同（保守党、工党、自由党、苏格兰民族党、社会民主党、绿党及其他党派）

（d）穆斯林占总人口的百分比

（e）国会议员的意识形态，从 –1（最自由）到 +1（最保守）

（f）认为提供健康保险是政府的一项基本职能（强烈同意、同意、不同意、强烈反对）

（g）种族多样性指数，从 0 到 100

（h）核导弹数量

（i）婚姻状态（单身、已婚、离异、分居、寡居）

4. 为以下的每个概念建立一个指数（延伸阅读一），要解释这个过程中每一步你做出某种选择的原因。

（a）教师素质

（b）社区生活质量

（c）总统的伟大

（d）军事力量

（e）对环境保护的支持

5. 假设你所阅读的一篇文章或一本书声称以下概念直接相关，请说出至少一个可能会导致这种关系部分或完全虚假的其他概念。

（a）人均收入和选民投票率

（b）国内主要语言群体的数量和内战的可能性

（c）教育水平和对种族平等的支持

（d）派遣士兵参加联合国维和任务的国家数目和任务成功完成的情况

第三章　为什么

2010 年 3 月 26 日，这本应是维罗妮卡·德鲁吉（Veronique deRugy）职业生涯的高光时刻。社会学家被邀请到国会做证的机会并不多，然而，她被邀请去了那里，向众议院交通和基础设施委员会提交她的研究报告。那天听证会的主要目的是评估《2009 年美国经济复苏与再投资法案》的最初影响，这个法案更广为人知的叫法是复苏法案或刺激法案。该法案被认为能帮助美国摆脱严重和痛苦的经济衰退。听证会上的一些发言人讨论了具体的公路或公共交通项目。发言人包括肯定会从这些项目中获利的地方官员和组织的代表，德鲁吉是唯一的学者，她来此是要解释为什么某些地区得到的刺激资金比其他地区要多。她明确指出政党政治是造成这些差异的最重要的因素，民主党代表的国会选区比共和党代表的选区获得的资金要多得多。[1]

德鲁吉在国会山的时间似乎过得相当顺利。她用一份简短的陈述总结了她的研究成果，并向委员会提交了她的报告全文。委员会主席、来自明尼苏达州的民主党众议员詹姆斯·奥伯斯塔（James Oberstar，D-MN），要求德鲁吉阐明她的数据来源，并重复她的主要发现。在他的倡议下，他们甚至用法语交谈了一会儿。^①他确实质疑，在决定援助分配的问题上政治是否真的比经济需求更重要，而德鲁吉回答说她已经用不同的方法和不同的统计测试测量了失业率，而经济需求每次都不能解释结果。众议员奥伯斯塔问德鲁吉是否有任何证据表明资金是故意输送到民主党选区的，而她很明确地表明她在解释决策的影响，而不是意图。委员会里没有其他人对她的分析提出质疑。从听证会的记录判断，与会者的大部分注意力都集中在其他发言人身上，那些人讨论了具体项目在他们家乡州的影响。

几天后，德鲁吉的职业声誉受到了严重打击。她的研究引起了内特·西尔弗（Nate Silver）的注意，他是一位声名显赫的分析师，使用统计数据分析政治（和体育）。他对德鲁吉的报告不以为然。西尔弗在他自己的网站 FiveThirtyEight.com 的一个帖子上，指出德鲁吉的研究"有明显的错误"。他说，德鲁吉最大的错误如此"显而易见"，以至于"令人难以置信"。修正这个错误需要"也就五分钟"时间。西尔弗完全不知道怎样解释一个博士怎么会犯如此糟糕的错误，他提出可能她的研究从一开始就带有"故意的偏见"[2]。《新共和国周刊》（*New Republic*）的乔纳森·柴特（Jonathan Chait）很快就跟进这个故事并贴出了一个简短的报道，"一个拙劣的案例研究"[3]。在不那么有教养的公司里，德鲁吉可能会被称为无耻的骗子。

---

① 根据《华盛顿邮报》2010 年 3 月 27 日刊登的翻译稿，众议员奥伯斯塔告诉德鲁吉："诺曼底的牡蛎是世界上最美味的牡蛎。"这句话自然终止了人们对明尼苏达州污水处理厂的讨论。——原注

德鲁吉到底做错了什么？她的数据来自劳工统计局、人口调查局，以及联邦政府的其他机构，所有这些都是可信的来源。德鲁吉明确表示她的调查结果适用于合同和拨款，不适用于同样是刺激政策一部分的减税。（按照国会选区来分配减税几乎是不可能的）。为了显示透明度，她把她的数据发布到她工作的乔治梅森大学的一个公共网站。她使用了众所周知的软件包 Stata 来进行相关性和多重回归分析，这些都是标准的统计技术。

像一位优秀的社会科学家所应做的那样，德鲁吉测试了相反的解释。她仔细考虑了经济需求影响了资金分配这一假设，而这个假设是复苏法案的设计者们相信将会发生的情况。然而，她对失业和收入的测量毫无统计显著性。在经济衰退中遭受重创的地区得到的援助，一点儿也不比那些受创轻微的地区多。德鲁吉还测试了在国会的资历或领导职位是否影响了联邦资金的去向，是否任期长的议员和委员会主席为他们的选区赢得了更多的援助。她发现刺激基金和这些测量之间也没有任何关系。她还仔细地限定了她的结论，指出这种影响的准确程度很难精准描述，她所能确定的是，国会选区的党派倾斜对刺激资金的分配有影响，有利于民主党。尽管她的研究结果可能让奥巴马政府和议会中的民主党人在政治上感到尴尬，但这并不能说明这些研究结果就是错的。

除非她忘了控制一些可能起到了影响作用的非常重要的因素，而这正是纳特·西尔弗的观点的核心。[4] 德鲁吉没有注意到接受援助最多的地区都有一个共同点——其中绝大多数地区包含了州首府。排在前两位的援助接受者一个是加州第四国会选区，州府萨克拉门托（Sacramento）就在这个选区；另一个是纽约州第 21 选区，包括了州府奥尔巴尼（Albany）。她名单上的第三名来自得克萨斯州（Texas），即得克萨斯州的州府奥斯汀（Austin）。第四名是佛罗里达州（Florida）的州府塔拉哈西（Tallahassee），等等。[5] 按照西尔弗的说法，这里没有什么重大的秘密或阴谋。来自许多联邦政府项目的援助先是送到各州首府，然后州首府在整个州内分发。此外，州首府往往是少数族裔多、教育水平较高或政府工作人员较多的城区。因此，包括首府在内的选区很可能会选举民主党人到议会。在西尔弗看来，任何对美国政治有基本了解的人都会知道，州首府可能与联邦政府援助以及政党有关。

这个故事就如何解释政治结果给我们提供了一些教训。本章后面我会再回到这故事。最明显的教训就是虚假关系的潜在威胁，这种威胁笼罩在描述性和因果性的论证上方，而且可能相当严重。从表面上看，州首府—联邦援助—政治党派之间的关系听起来很可疑，就如同前一章提到的夏天—冰激凌—溺水死亡人数这种关系。下面我们将看到，我们从中得到的另一个教训，是相关性与因果关系之间的区别。

这一事件也显示了政治研究中的几个一般性教训，尤其是它向人们表明，我们的工作是多么引人注目和容易引起争议。我相信，德鲁吉在 3 月 26 日早上醒来的时候，完全没有预料到自己会遭到像纳特·西尔弗这样的人如此公开的讽刺。他提出的问题不是基于对交通和基础设施委员会的证词，时间也不是在国会通过并且奥巴马总统签署历史性的《平价医疗法案》的同一周，那个时候，华盛顿的每个人仍然闹哄哄地在谈论医疗保健。然而，她还是被深深刺伤了。政治对很多人来说是一件严肃的事情，不仅仅是一场游戏，而且每个从事政治研究的人都应该预料到他们的工作会遭遇挑战。[6]

创建因果假设

正如在第二章中提到的，因果假设是政治学的基本内容。大多数政治学家的重要工作就是探究为什么事情以这种方式发生。"事情"（things）故意用的复数，政治学家们寻求政治世界的模式的解释，即使单个案例研究也通常是在某种模式的背景中加以分析的（在第四章和第五章中讨论）。这些解释通常被称为"理论"，它们的范围从涵盖广泛现象的宏大理论（例如国际关系的现实主义理论）到较小的理论（例如最高法院的裁决）。政治科学中的理论如果不包含至少一个因果关系的一般性陈述，就不能称为一种真正的理论。[7]

因此，创建和测试因果论证是需要培养的基本技能。让我们从一些基本的词汇开始吧。在小学的某一时刻，我们的科学课老师向我们介绍了**自变量**（independent variable）和**因变量**（dependent variable）这两个概念。你也许还记得学校科学展览会上，一个孩子在完全相同的两盆土壤里种了完全相同的种子，并浇上同样多的水，但是把一个花盆放在壁橱里，另一个放在窗户边，看哪个种子会生长得更快。这里的自变量是阳光，因变量是植物生长。这个学生可能预计阳光照射多的种子生长得更快，而且他会预料到阳光促进种子生长，而不是相反。

政治学家们差不多以同样的方式思考自变量和因变量。因变量是我们希望解释的某种结果，是一个因果关系中的那个果。当我们问："为什么有些国家比其他国家更民主？"那么民主程度差不多就是我们的因变量。[1] 当我们问："联合国维和行动中为什么有的行动比其他的行动更成功？"我们的因变量就是维和行动的成功程度。德鲁吉的研究中的因变量是给予每个国会选区的刺激资金。

自变量是被认为会引起因变量的值发生某种变化的那些因素。因为这时我们仍在努力想要提出好的问题，我们不能确定我们的自变量是否真正会对我们的因变量造成某种影响。比较政治学的学生或许会问，自然资源、收入、宗教或教育（这些自变量）对世界各地民主程度有什么影响。国际关系的学生在解释不同维和任务的相对成功或失败时，可以研究派遣人员的国家数目、本地居民对当地政府的支持或其他因素。就像科学博览会上的孩子，政治学家们也许能够操纵他们的自变量的值，这是一个真实实验的标志之一（在第四章中会讨论）。更有可能的是，政治学家们不论观察到什么值，都得处理。

路径（path）或**箭头图**（arrow diagram）可以是一种简化和阐明因果论证的有用方法。因果假设最基本的形式可以画成 A → B，A 表示自变量，B 表示因变量。这个箭头图可以通过标明这种因果关系被认为是同向的还是逆向的而得到完善，通过这个图：

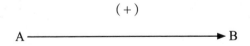

$$(+)$$

$$A \longrightarrow B$$

　　我们正在做一个有根据的猜测：更多的 A 导致更多的 B，也许更多的收入导致更高的投票率。或者，受教育程度低一点会导致政治容忍度低一点。这其中任何一种假说都反映了 A 与 B 之间的同向关系。另一方面，如果我把符号 + 改成 −，

　　那么我会假设 A 的增多会导致 B 的减少，呈现逆相关。按照资源诅咒假说，对石油的依赖程度越高，通常民主程度就越低。

　　在现实中，已发表的研究中很少只有单一自变量和单一因变量。德鲁吉的统计回归模型中有几个自变量和一个因变量，因为她想知道是哪些原因对结果的影响最大。塞兹和西特林探究了对欧洲人（见第一章）移民态度的各种影响。另外一些学者可能有单个的自变量以及两个或更多的因变量。研究日本福岛核灾难的人，可能想要调查此事如何影响日本公众对核能的看法，以及它如何影响日本原子能机构的行为。当我们添加更多的变量时，我们的路径／箭头图自然会变得更加复杂。

　　如果你像我一样经常看电视，你也许会记得为直播卫星电视做的一个系列广告。这个系列广告的第一个讲有个小伙子和他的有线电视公司有点纠纷，然后他的问题就变得失去了控制。在一则广告中，他的愤怒导致他在壁球场上发生事故，最后他躺在了医院里，一只眼睛戴上了眼罩，这个眼罩又导致他在乘坐公共汽车时与几个流氓发生了冲突，最后的结果是小伙子躺在了路边的沟里。这个故

事的意思是要人们从有线电视转向直播卫星电视。这个意思对我完全没有影响，因为我所看到的都是**中介变量**（intervening variable）。这个系列广告里的小伙子对有线电视公司的愤怒与他躺在沟渠中之间，每一件事都是不折不扣的一个中介变量，它们是连接自变量和因变量的步骤，在构建因果论证中非常重要。"为什么我们会在 B 的值中看到变化？因为 A 吗？为什么？A 如何导致 B 的？"中介变量帮助我们弄清楚，例如深埋于地下的巨大的石油储备是如何抑制民主的，在这个过程中肯定还有其他的步骤。[8]

图 3.1 展示了绘制因果论证图的一个简单方法和一个复杂一点的方法。在这两种方法中，假设的目的是解释为什么有些人更支持同性婚姻。对同性婚姻的支持是我们的因变量，它可以用定序水平测量（可以有四个值，从强烈支持到强烈反对），或者用定比水平测量（可能从 0 到 10）。这个论证的一个简单版本可能只重点把教育程度作为自变量，假定更多的教育会导致更大的支持，这是一个正向相关。这个论证复杂一点的版本引入了三个自变量——年龄、教育程度和宗教虔诚。我们的新假设是，年龄和宗教虔诚两者都与我们的因变量逆相关，老年人和那些参加宗教仪式的人往往更不太可能支持同性婚姻。此外，更复杂的图中引入了几个中介变量，来表明受教育程度如何影响对同性婚姻的支持。一般来说，更多的教育可能会导致更大的宽容，这可能会增强对同性婚姻的支持。受教育程度更高的人，可能与"出柜"的男／女同性恋者有更多的日常接触（比如在工作中），这可以增加他们对同性婚姻的支持。这里的大部分假设都可以从我们的文献综述中看到，在这个阶段，所有的一切都是有根据的猜测。我们仍然需要为每一个假设收集证据，

也就是，为每一对由因果箭头连接的变量收集证据。

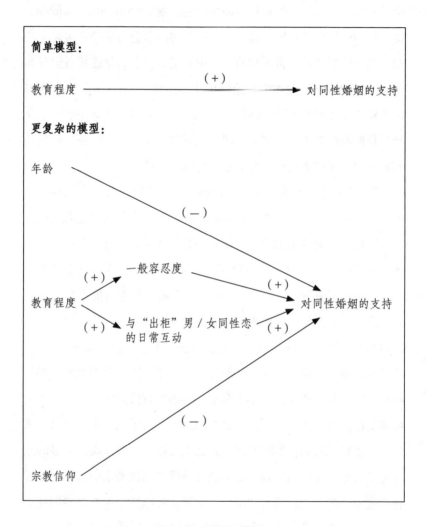

图 3.1　因果论证图解

通过增加更多的自变量（比如党派偏见、收入、种族／族群划分）以及更多的中介变量，可以很容易地使图 3.1 变得更加复杂。我们可以很容易地找到许多已发表的研究，在这些研究中政治学家们已经为他们的解释创建了比这里所展示的更为复杂的图表。同样地，我们可以在这个图表的两个部分之间再画上一个图，也许用年龄和教育程度作自变量，只有一个中介变量。我们的解释可以用无数种形式呈现。

我们的因果性解释应该有多简单或有多复杂，并没有一个广泛接受的标准。许多政治学家认为分析"杠杆"是一个优势；最好的解释使用几个自变量来解释大部分的结果。[9]如果三个因素解释了因变量变化的一半，那就重点关注这三个因素，忽略所有影响较小的其他因素。有一些学者希望让他们的解释更加全面，即使因此会增加复杂性。他们不满足于只讲半截故事。如果我们需要探究一个既定结果的 6、7、8 种影响因素，那就这样做吧。在某种程度上，这些差异反映出对一个好解释的特征存在主观判断，这就使得那些差异很难解决。

时间和空间的实际考量可能迫使我们做出选择。学生们经常告诉我，他们计划在自己的研究性论文中调查所有的复杂因果关系。虽然我会为他们的雄心壮志喝彩，可我还是会问："真的吗？就七八页？在感恩节之前？"例如，图 3.1 中那个复杂一点的论证，在这样的约束条件下就很难分析。每个箭头表示一种因果关系，我们需要为所有 6 种关系提供良好的证据。这需要大量的工作。当然，我们可以通过专注于其中的一些关系来巧妙处理这个问题，并吁请其他研究人员帮助完成这个论证。但是，我们必须注意，不要承诺我们做不到的事情。

检测因果假设

一旦我们确定一个或多个值得研究的因果假设，我们就需要设定接受或拒绝这些假设的某种标准。对于描述性假设，我们问两个问题，一个关于共变关系，另一个关于虚假关系，以便弄清楚 A 和 B 是否相关（已经在第二章中讨论过）。确定 A 是否确实导致 B 看起来像是一项更苦的差事，而且确实如此。然而，政治学家们对确立一种因果关系需要做多少工作意见不一。[10]

一些学者说，A → B 形式的因果假设，需要通过三个测试。第一，研究者需要在 A 和 B 的值之间建立共变，模式可以是同向的或逆向的，而共变的程度很少会是完美的。让这一测试失败的最简单的方法是，如果 A 是常量，那么 B 就是一个变量，或者相反。第二，研究者应该尽可能地证明它们的关系不是虚假的。第三，研究者必须确定 A 在 B 之前发生。[11] 然而，另外一些学者提出了第四个测试：研究者必须明确指出一个将 A 和 B 联系起来的"可信的因果机制"。[12] 这些意见分歧很重要，但重要性不应被夸大。在定义因果关系时，大多数政治学家都会认同："一个原因增加了一个事件发生的概率。"[13]

在我看来，这四个测试都需要做，我一会儿解释理由。一些政治学家（特别是那些做实验的政治学家）主张做三个测试，他们也有道理。从这一点看，一个好的解释是能为未来的行动提供可靠指导的解释。我们可能不明白确切的因果机制，但我们能够自信地说，A 的变化通常会导致 B 的变化，这一知识也许就能够让社会以理想的方式去改变 B。

很久很久以前，人们就知道了阳光促进植物生长。尽管他们一点都不知道光合作用这一机制，但他们却非常清楚种植庄稼需要充足的阳光。如果他们一直等到完全理解了把阳光转化成植物生长的生物和化学反应之后才去种庄稼，他们早就饿死了。在不远的过去，精神病学家发现某些抗抑郁药物似乎对强迫症（OCD）有疗效。医生给患有强迫症的患者开具了这些药物，但并不了解这些药物到底是如何减轻强迫症症状的，除了知道它们对大脑中的血清素水平有影响。在他们看来，看到一种因果规律就足以让他们开具处方。

政治学中有一个比较著名的实验，发生在 1998 年康涅狄格州纽黑文市市长选举期间。[14] 研究人员艾伦·格伯（Alan Gerber）和唐纳德·格林（Donald Green）测试了增加选民投票率的不同方法。他们最有力的一个发现就是，面对面的拉票活动比直接邮寄竞选广告或打电话更有效，人际接触要比非人际接触更有效。实验设计使格伯和格林非常自信他们已经确定了选民投票率的一个影响因子。在他们的文章的结尾，他们承认他们不了解将人际接触与投票率联系起来的机制。他们提供了一些可信的建议，比如提高选民对政治的兴趣或义务感，但都没有测试过。尽管如此，作者们还是声称他们的研究结果"对于那些想要扭转选民投票率衰退趋势的人具有很大的实用价值"[15]。也就是说，为了领会人际接触对提升投票率是有效的，人们不必明白它到底是如何起作用的。

相比之下，许多社会科学家认为，好的解释还必须通过第四个测试——可信的因果机制的鉴定。[16] 如果没有这个测试，建立的就该是相关关系而不是因果关系。然而，政治学家们对怎样才能算作"可信"存在分歧。在一些人看来，可信的因果机制只是需要听起来合理（类似于建立测试的表面效度，这在第二章中已讨论过）。在某种程度上，这是格伯和格林在选民投票率研究中所做的事情，我们还会在接下来的章节中读到更多类似的实验。另一些学者认为因果机制必须满足更高的标准，它们需要实证性证据支持，只是有根据的推测是不够的。简单打个比喻，你告诉系主任说你本学期成绩糟糕是因为你长期患病，而事实上你从医生那里开的诊断书上说你就是白细胞增多，这就是两者之间的差别。

如果我们对因果论证只做 3 个测试，我们可能最终会接受一些相当奇怪的解释。那些关注职业橄榄球的人可能听说过华盛顿红人队与美国总统选举之间一种非同寻常的联系。如果红人队在选举日之前赢了他们的最后一个主场比赛，白宫的执政党将会继续掌权。如果红人队输了，执政党将败选。1940 年至 2012 年，这一模式在19 次总统选举中有 17 次都被证实是真的。[17] 虽然不是百分之百相符，但是在社会科学的世界里，这是一种很强的相关性。这虚假吗？尽管经济状况或者选民的党派倾向可能会影响选举结果，但是认为它们也在影响红人队的进攻，甚至影响其比赛，这似乎也太牵强了。我绞尽脑汁地想，但实在想不出有哪个因素能让红人队和某个政党每隔 4 年在秋季的两周时间里同时获胜。时机？好吧，那场关键比赛刚好在选举日前进行，所以我们不担心因果关系的箭头指向错误的方向。3 次因果关系测试，3 次测试都通过。因此我们可以自信地认为，华盛顿红人队有助于决定总统选举的结果。

真是疯了！

事实上，生活中和政治上都有大量令人不可思议的巧合。在1990年至2009年，产蜜蜂群和青少年因持有大麻而被拘留之间的关系几乎是完全相反的。每年蜂群都会减少一定的数量，青少年被拘留人数也以相似的数量增长。这事你怎么看？你知道吗，1999年至2010年间，肯塔基州从渔船上跌入水中溺水而死的人数与该州的结婚率几乎是完全正向相关的。[18]红人队和总统选举之间的关联也是一个例子。不可思议的巧合可能是有趣的，也可能很怪异，但它们不具备构成因果关系的条件。

当然，这些例子相当荒谬。但即使是我们在研究更典型的关系，比如自然资源与民主之间，或者公共舆论与公共政策之间的关系，我们的解释应该包括一个因果机制。否则，声称我们的自变量的变化像施了魔法似地让因变量产生变化，这会让我们陷入尴尬的境地。政治学是建立在实证性证据的基础上的，不能依靠魔法。

因此，在政治学中当我们问"为什么"这个问题时，我们的答案应该清除4个障碍，而不是3个。

· 自变量和因变量之间值的共变
· 仔细检查虚假关系
· 正确的因果顺序
· 可信的因果机制

我们将需要证据来清除每个障碍，有时候这很简单，但很多时候却不简单。当我们问"发生了什么"时，我们面临的前两个障碍是一样的（见第二章）。后两个是新的，它们帮助我们实现从相关性到因果关系的大跳跃。在我们更加细致地探究这两个增加的障碍之前，我想就前两个障碍做一下简要扩展。

尽管我们在第二章中了解了共变和虚假关系，但是这里的难度更大。描述性概括只是要求 A 和 B 相关。在某种程度上，因果概括则相反，它意味着责任。A 的变化可能要为 B 的变化负责，有了责任就有可能有了功与过。事情不只是发生，而是某人或某事使它们发生。结果，利害相关方会关注我们的解释。我们的研究将会受到更严格的审查。所以在我们开始指责责任方之前，看看是否存在其他的解释是明智的行为。

假设，你在大学里的整个学期或者半年工作表现不佳，你被叫去见主任或导师。你还没来得及解释你为什么这样，对方就说："我敢说你脑袋不怎么灵光。"这话好伤人。是的，愚笨可以是你表现不佳的原因，但其他（不那么伤人的）因素也能解释你的表现不佳。你希望这个人认为你工作表现糟糕的主要原因可能是生病、处理家庭问题或因为其他的任务压得你喘不过气来。同样，在德鲁吉开始指责民主党官员之前，她或许应该更努力地寻找导致刺激资金分配问题的其他原因。我怀疑这就是西尔弗认为她的研究是故意带有偏见的理由。也许一旦她找到一直在找的答案，她就没有疑问了。[19]

德鲁吉接下来所做的值得称道。她认真严肃地看待西尔弗的批评，并且再一次分析数据，把几个新的自变量纳入数据中，州首府就是其中之一。仅仅一周后她就发表了她的研究结果，以学术标准来看，这简直是闪电般的速度。[20] 在第二版中，德鲁吉发现民主党的国会选区获得的刺激资金依然比共和党选区多，尽管差距比她向国会报告的那次要小很多。州首府和贫困这两个新变量都起到了作用。州首府所在地区接收到的资金比其他地区要高得多，这是西尔弗的论点。此外，贫困率和刺激资金之间的正相关意味着经济需求似乎确实有一定的影响力。在之前的版本中，德鲁吉测试了失业的影响并发现它与援助分配之间没有什么关系。最后，从她的统计分析中可以很清楚地看到，地区的党派构成与其他因素相比，比如它是不是州府所在地，其影响相对而言不大。此外，她的新模式在解释说明刺激基金的区别方面比她最初的模式要好得多。然而，这些改进意味着德鲁吉再也不能讲述党派的影响这样简单的故事了。

乍一看，寻找虚假关系的过程似乎没有尽头，我们可能总是在想会不会还有什么其他什么因素影响着我们所发现的关系。我在前一章提到要保持一点谦逊和谨慎，在这里也同样适用。尽管如此，我们还是能够减少可能带来麻烦、尚未发现的变量的数量。因为我们现在正试图建立因果关系，我们只需要担心在我们的因变量之前发生的变量，而且两者之间存在一种可信的因果联系。如果要描述与支持同性婚姻有关联的因素，假设这个列表中可以包括人们打迷你高尔夫的频率这一因素。然而，因为没有可靠的因果机制存在，为了解释这种支持，我们可以从列表上删除迷你高尔夫这一因素。基于同样的理由，我们可以把很多很多变量从因素列表中删除。这就是上面提到的 4 个障碍没有按 1、2、3、4 排序的原因之一。在实践中，甚至在我们寻找共变关系之前，就可以通过寻找因果机制或者因果因素之间的正确顺序来检验我们的解释。[21]

要了解测试因果假设发挥作用的过程，那就去读这篇有关资源诅咒比较重要的研究文章：迈克尔·罗斯（Michael Ross）写的《石油会阻碍民主吗？》（"Does Oil Hinder Democracy？ "）[22]。这篇文章读起来很有挑战性，因为罗斯使用的统计技术是大多数本科生（甚至一些老师）还没有学习过的。不过，他使用的总的方法相当直接。他提出的一个核心问题是，即使考虑了其他也可能很重要的影响因素，石油与民主是否依旧有因果关系。除了石油，罗斯还考虑了其他的因素——其他矿产、伊斯兰教、收入、地理（用几个方法测量），以及以前的民主状况。列出的当然不是全部因素，例如他没有考虑是谁拥有这些石油，但罗斯确实列出了几个可能的怀疑对象。他不是在盲目地寻找难以置信的巧合，他只测试了那些可能会影响一个国家民主水平的变量。要进入他的列表，每个变量都必须带有一个可靠的因果机制。

对于每一个自变量，罗斯都有一套明确的预期。"如果 A 确实引起了 B，那么我们就应该能够观察到……"基于以前的研究（如文献综述），我们会预料石油和其他矿产，以及伊斯兰教都与民主逆相关。然而，收入和以前的民主状况应该与民主正相关。罗斯的统计分析发现，所有这些因素都与民主在预期的方向上发生了共变。他还怀疑甚至在控制了其他相关变量之后，石油依然会对民主有负面影响。事实证明确实如此，这让我们更坚信这种关系不是虚假的。最后，罗斯估计这种关系不仅仅存在于中东和非洲这两个资源诅咒研究集中的区域，而是在世界各地都存在。来自 100 多个国家的证据证明确实如此。（罗斯对他的因果假设甚至做了更多的测试，这些我将在下面讨论。）

如果要找一个规避了浮夸的统计数据的例子，那就看看罗伯特·帕特南对 20 世纪后半叶美国公民参与度下降的解释。[23] 帕特南考虑了许多潜在的原因，使用了与罗斯相同的方法，如果 A 真的导致了 B，那么我们能观察到什么？居所流动性是帕特南考虑的一种可能性，也许美国人这一阶段迁移更为频繁，因此更不能或更不愿参与他们的社区活动。这是一个可信的因果机制，我们会预期这种关系是逆向的，也就是居所流动性越大，公民参与度越低。然而，美国人口普查局的数据显示，美国人在 20 世纪 90 年代不太可能频繁移居，但这个阶段的公民参与比 20 世纪 50 年代要低，那时候公民参与较高。由于自变量和因变量没有按照预期的方向发生变化，所以帕特南把居所流动性排除在原因之外。①

福利的增大是另一个可能的原因，这种增大可能削弱了普通公民参与社区活动的需求。如果政府把生病的、贫穷的、饥饿的和无家可归的人照顾得好，那么我们其他人只操心自己就好。帕特南推断说，如果这是真的，那么我们应该看到一个清晰的模式，即在美国，社会福利预算更大的州，公民参与率较低，而预算较少的州参与率较高。在州层面，帕特南在这些变量之间没有发现明确的正向或逆向关系模式。他尝试了第二种方法，把美国和其他富裕的民主国家相比较。② 结果，证据显示，福利越大，公民参与越多，而不是更少。因此，帕特南把福利增大这个因素也排除在了原因之外。

---

① 因此，创建和测试假设的过程常常涉及归纳推理和演绎推理的结合运用。——原注

② 熟悉有关医学的电视剧《豪斯医生》(House) 的观众会认识到这一过程。面对一个棘手的病例，豪斯医生考虑了许多可能的诊断。每一种都有典型的症状，如果病人没有表现出大部分症状或者所有这些症状，那么这个诊断就被排除掉。——原注

帕特南积极地证伪，努力通过排除可能的因素来让我们接近更好的解释。对于居所流动性和福利增大这两个因素，具有决定性意义的测试是看这两个自变量是否与公民参与这个因变量按照预料的方向发生共变。

本章讨论的新测试涉及的是因果顺序和因果机制。很多时候，我们相当容易就能弄清楚我们的自变量 A 是否确实在某个因变量 B 之前发生。如果我们试图解释一个过程的结果，比如制定一条法律或条约的结果，我们会预料这些影响会在法律或条约生效之前出现。任何只在法律或条约颁布后发声表示支持的公职人员一般不会被视为一种因果影响因素。延展的进程也许包含某种类型的反馈环路。某个利益集团可以在某一时刻推动一项法律的通过，而这项法律的通过可以在稍后的时间里增强这个集团的力量，于是这更使得集团去保护它最初努力想要通过的法律。在这种情况下，由于果后来变成了因，我们会仔细地追溯最初的因果顺序。总之，我们会像历史学家或侦探一样思考，密切关注到底是谁做了什么，什么时候做的。

或者，如果我们在某一时刻进行案例比较，比如民意调查，我们可能会比较包括一些不可能由因变量引起的自变量。图表 3.1 中的假设性解释把年龄作为一个自变量，这就让人很难想象对同性婚姻的支持怎样会让人变得更年轻或更老。因果箭头必须只能指向一个方向。塞兹和西特林调查欧洲人对移民的态度时，其中一个自变量是性别。一个男人是更喜欢还是更不喜欢移民政策，都不会把他从男人变成女人。一些统计技术，比如时间滞后变量的使用，也可以帮助我们把因和果区分开来。

　　然而，有时候因果箭头的方向是模糊的，让我们回到图 3.1，就教育程度与一般宽容度之间的关联性提出一个重要的问题：是更多的教育让人们变得更宽容（现在的路线图就是这样显示的），还是更宽容的人会寻求更多的教育？我们可以想象箭头指向任一方向，甚至可能两者都指向，这意味着我们可能需要不止一个方向的证据。研究者（或读者）不应该轻率地假设唯一可能的关系是更多的教育导致更大的宽容。[24] 还有一个外国援助的例子。一些研究发现，外国援助促进了受援国的经济增长。这听起来让人充满希望。然而，另一些研究表明，一个国家的经济发展增加了其优先获得援助的可能性，捐助者们更愿意投注在表现优秀者身上。[25] 这种援助的影响部分地取决于因果关系的箭头所指的方向，这类争论没有一个是纯学术性的。我们可以想象有一大批政府和非政府组织希望促进宽容或经济发展，要做到这一点，他们需要知道哪些因素导致了宽容和发展，以及哪些因素是由它们引起的。

　　在日常对话中，我们把这叫作鸡和蛋的问题（就像在问"先有哪一个"）。政治学家，尤其是那些有统计爱好的政治学家，称之为"**内生性**"（endogeneity）。在我们的行业中，内生性与虚假关系排名在前，是一个能让你的研究变得一团糟的大问题。在因果论证中，**内生变量**（endogenous variable）的值，受整体模式中其他变量的影响，而**外生变量**（exogenous variable）的值由模式之外的因素决定。图 3.1 中呈现了一个可以解释为什么有些人比其他人更支持同性婚姻的模式。在这个模式中，年龄是外生变量。与教育、宗教信仰或支持同性婚姻的任何关联，都不会触发某人的年龄变化。支持同性婚姻是内生变量。正如我之前所提出的，教育和一般宽容度可以是外生性的或是内生性的。我们需要设计一些测试来确定哪一个先出现。如果我们怀疑因果关系是双向的，可以增加一个从宽容度到教育水平的箭头来修正我们的路径图。当然，所有这些都意味着当我们在因果假设中添加自变量和中介变量时——无论是同性婚姻、联邦援助分配，或者其他任何主题——在我们理清因与果的方向时，我们就增加了必须测试和验证的关系的数量。这一事实会影响论据的构建与检验。①

解释的最后一个障碍是因果机制。正如约翰·杰林（John Gerring）所指出的，近年来社会科学家们已经变得非常迷恋于因果机制——以至于他们可能没有注意到这个概念有多重含义，有时这些含义甚至是相互矛盾的。[26] 解决这些分歧超出了本书的范围。目前，需要问的主要问题是：自变量的变化怎样通常导致因变量的变化？本质上，我们问的是中介变量，以及它们与自变量和因变量之间的联系。

医学研究人员一直在努力解决这种问题。例如，多年来，医生们一直怀疑长期的持续的压力会增加心脏病发作或中风的概率，但压力是怎样影响身体的，他们还不十分清楚。最近的一项研究指出，白细胞是这个因果链条中的关键因素。长期不断的压力可能会使身体产生更多的去甲肾上腺素，这个变化似乎触发了白细胞的增

---

① 内生性问题并不局限于政治学。在很多体育运动中，我们不难发现替补队员的上场时间与他们团队的获胜直接相关。在我们认为这些替补队员导致他们的球队取得胜利之前，我们可能会问，他们是否只是在首发队员已经确保领先优势之后才进入比赛。替补队员可能因为他们的球队要赢了才进入比赛，而不是相反的情况。同样，格莱美获奖歌手可能会把他们的成功归功于伟大的词曲作者，或者他们的成功可能让其他人为他们谱写伟大的歌曲。——原注

加。当太多这类细胞在体内循环时，它们会引起血管炎症，促进脂质斑块形成，当斑块从血管壁脱离出来并流向心脏或大脑时，可导致血管栓塞。这可不妙。[27] 了解完整的因果链和因果机制能使研究人员开发出能够破坏链条的药物，以减少心脏病发作和中风的数量。如果没有这方面的知识，医生们只会告诉人们减少他们生活中的压力，这当然是有帮助的，但可能不如每日服用一片药可行。

当罗斯分析石油对民主的负面影响时，他认为至少有 3 种可能的因果机制。其中一个因果机制是，自然资源丰富的国家也许不用向普通民众征收高额税收，就能够为政府提供资金。而税负较轻的民众可能也不会指望他们的政府负责或行事透明。他们可能不会大力要求推行民主制度。罗斯为这种机制找到了证据，他不是仅仅把它作为一个可能性提出。正如在第一章中提到的，卢昂和维因塔尔认为给经济和政府带来问题的是政府对石油的所有权和控制，而不是石油本身。在他们看来，从 A 点到 B 点的路径贯穿政府的财政政策，包括对税收的选择。因此，他们的机制与罗斯测试的机制有些相似。罗斯还研究了大量的资源财富是否能让政府资助一支具有镇压性的军事力量，用以定期地打击任何呼吁民主改革的人。那是一种完全不同的机制，而且似乎也与他的数据相吻合。[28]

图 3.1 中假设的例子表明，更高的教育程度可以促进一般宽容，导致对同性婚姻更大的支持。为了提供一个完整的解释，我们仍然需要弄清楚教育是怎样促进宽容的。现在我们面临两个挑战。第一，我们需要开始使用宽容的概念，这就提出了我们在第二章中遇到的概念和测量问题。中介变量可以和我们的自变量和因变量一样，只作为抽象和具有挑战性的变量处理。第二，我们需要确定因

果机制。高中或大学里某些课程有意识地倡导宽容吗？某些作业，比如论证赞成或反对某一立场，能让学生思想更开放吗？也许普通的大学生活可以让个体接触到各种各样的人，这些经历挑战了他们原有的刻板印象和偏见。当然，通过其他的途径也可能会达到此目的。

在我看来，德鲁吉对刺激资金的研究中缺乏对因果机制的研究。她不能确切地告诉我们，民主党代表的选区是怎样设法获得比共和党代表的选区更多的资金的；她没有任何能证明民主党国会议员同意克扣共和党竞争对手的会议记录；她没有提到州一级的民主党官员是否为了获得救济卖力游说；她也没有采访国会领导人或奥巴马政府成员，询问他们的刺激资金发放意图，这些选择可能都不可行。然而，如果没有某种可信的因果机制，德鲁吉的发现可能不能算作一个惊人的巧合，就像红人队比赛结果与总统选举结果的关系那样。但它可能比真实的解释更接近于一种激发性相关。而激发性相关可能就掩盖了一种虚假关系。下一章我们谈到不同研究设计的优点和局限性时会回到这个问题上。一般来说，像她这样的统计比较，可能很难精确定位因果机制。

在德鲁吉和西尔弗之间的龃龉发生后几个月，两个来自佐治亚州立大学的政治学家对因果机制提供了更深刻的见解。[29] 在回顾了文字记录后，贾森·雷夫勒（Jason Reifler）和杰弗里·拉扎勒斯（Jeffrey Lazarus）发现国会的共和党人普遍反对刺激法案中的支出方式。他们更倾向于减税，这包含在刺激计划中，但是——这是重要的一点——它不在德鲁吉的分析之内。因此，民主党人在刺激计划的支出部分的设计花了很多精力，并且他们在德鲁吉的分析中占据了显著位置，就讲得通了。此外，仔细阅读该法案就会发现，它将支出指向特定的政策，比如医疗保健和K-12教育计划等，这些都是民主党人经常支持的政策。更重要的是，许多主要的卫生保健机构和大型公众学校系统都位于城区，那里的人都倾向于选民主党人进国会。现在我们更能理解政党是如何影响刺激资金的分配了，而这个解释似乎并不那么卑劣或阴险。

到此我已经阐明，你在心里为建立和检查因果论据要列的清单应该包括好几项。自变量和因变量总是需要确定的，并且它们的关系要确定一个明确的方向。确定这种关系的有效性需要4个独立的测试。通过其中两项测试——共变和虚假关系测试——就足以建立相关性，但是不能建立因果关系。为了证明后者，我们还必须测试因果顺序和因果机制。这些测试将帮助我们理解因素A是如何导致了结果B。当测试因果机制时，我们必须得决定需要多少证据来证明某些因素真正"可信"。不管我们怎么决定，我们都应该密切关注一个或多个中介变量。

为因果关系的复杂性做准备

有些人喜欢简单的因果故事，比如说找到快速减重30磅的食物或药丸，成为百万富翁的三个简单步骤；他们认为苏联的解体是因为美国总统罗纳德·里根，坚信只要制止非法移民，大部分国内问题都会消失；他们指责小野洋子（Yoko Ono）使甲壳虫乐队解散了。

总的来说，政治科学家不是这种人，他们的解释很少归结为一个单一的原因。他们完全愿意相信政治行为模式有多种原因，而且相信因与果之间的联系往往是难以捉摸或复杂的。然而，很少有政治学家坚持认为所有事物都是同等地与其他事物联系在一起，让可能的原因几乎无穷无尽。他们倾向于相信某些原因比其他的原因更重要，研究者们要一起弄清楚哪些原因是最重要的。即使他们的研究只发现了一个原因，他们通常也会承认他们还没有审查过的其他因素可能导致了所研究的结果。[30]

当我们检验因果假设时，我们应该为比 A → B 更复杂的答案做好准备。当罗斯分析石油对民主的影响时，他发现在其他可能的原因不变的情况下，石油确实对民主有负面影响。他还发现即使石油原因不变，其他几个原因同样很重要。帕特南在对公民参与率下降的解释中，把大部分责任都归咎于电视。此外，他觉得不断上升的离婚率"是犯罪的帮凶，而不是罪魁祸首"[31]。更多女性加入劳动大军很有可能促成离婚率的下降，对此观点他仍然持开放态度。我认为，帕特南排除某些原因，然后对剩下的部分按照重要程度粗略进行排序，这是一个很好的典范，你做自己的研究的时候也要记住这一点。

复杂性会超过两个和两个以上不同的原因，很有可能我们的自变量之间的相互作用就是很重要的原因。阳光可以帮助植物生长，只要这些植物也能得到一定量的水。对于大多数植物，如果没有水，或者只有少量的水，它得到多大的阳光都没有用，照样会枯萎死掉。[32] 因此，阳光对植物生长的影响，部分取决于水。在支持同性婚姻的假设例子上，受更多教育也许会促成更大的支持，但其影响可能会受到性别制约。如果男性进入大学时带有更多的刻板印象和偏见，那么上大学对男性的影响可能比对女性影响更大。[33] 塞兹和西特林发现，身份和信息的交互作用在欧洲对移民的态度上产生了重大影响。不是简单的 A→B 关系，而是像这样的东西：

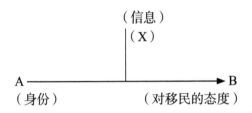

像这样的交互作用在政治中很常见，这意味着我们读到的解释以及我们自己构建的解释可能是有特定语境的。当埃伦·伊默加特（Ellen Immergut）试图解释 3 个欧洲国家健康政策的不同时，她发现医疗行业与制度设计的相互作用是决定性因素。瑞士的医生们比法国或瑞典的医生们更有能力限制国家医疗保险，因为瑞士把大量的"否决点"制定在政治体系中。尤其是，瑞士的医生依靠公民投票以尽量减少政府干涉的范围，这在他们的国家是非常普遍的。通过全民投票，他们可以推翻或威胁说要推翻官方批准的政府干预的任何扩大。相比之下，瑞典的医生在政治体系中则几乎没有什么否决权。当民选官员提议政府更多地干预卫生保健时，医生们很难阻止他们。法国的医生们在体系中的否决权比瑞典大，但比瑞士小。因此，医生们的权力依赖于他们所处的政治环境。[34] 可以想见，这样的相互作用会促使研究人员限定他们的因果论点。A 可能会导致 B，但在一些案例中的影响力可能比在其他案例中要大。

分析起来，一个同样令人烦恼的问题是，多个且通常不同的路径导致同样的结果。换句话说，自变量和中介变量的不同组合可能对同一因变量产生相似的效果。这一情形的正式名称叫作**"等效"**（equifinality）[35]。我们在日常生活中都可以看到这种问题。虽然一些体育运动团队的成功，是因为他们签约或购买了已成名的球星，但其他团队也可以通过挑选和培养年轻的人才取得同样的成功。一些大学生在一个学期里两门课不及格，可能是因为他们患上了某种慢性疾病，而另一组学生"挂"掉两门课程可能是因为重大的家庭变故（例如父母离婚）。这些因素不需要相互作用就已经很强大了。如果一所大学想要帮助这些学生，他们需要认识到两种因果路径。采取措施减少校园内慢性传染性疾病的传播对那些需要心理咨询的学生并不会有帮助。

等效在政治上也可能出现。伊丽莎白·斯坦利（Elizabeth Stanley）和约翰·索耶（John Sawyer）在他们对结束战争的研究中，讨论了两种不同的因果路径。第一种是大多数学者所认同的："一旦所有的交战方都对战争产生了类似的期望，战争才能终止。"[36]通常，当交战方之间出现力量失衡，且继续交战的结果变得清晰时，这种情况就会出现。换句话说，必须至少有一位现任领导人改变他对继续战斗所带来好处的看法。作者提出了基于战争中领导人发生变化所引起的第二条因果路径，他们称之为"国内联盟的转变"。这样的转变可能起因于政变、领导人死亡或选举。他们用一些相当复杂的统计技术，收集了包括第二次世界大战以来 78 个不同国家、27 场战争的证据，对这两种理论进行了检验。斯坦利和索耶发现，正如大多数学者所预料的，力量的不平衡确实有助于缩短战争的时间，最著名的因果路径就是最常见的路径。战时内部联盟的改变也有类似的效果，尽管效果要小，但意味着还有第二条因果路径。这里更普遍的教训是，我们不能仅仅因为成功地找到了一条通向特定政治结果的因果路径，就假定我们找到了唯一的路径。

用解释做预测

与哲学和数学相比，政治学是相对年轻的学科，它的年龄最好是用几十年而不是几个世纪来衡量。尽管如此，政治学家们研究和写作已经很久很久了，这些努力大都是为了建立更好的解释。有人会认为，到现在为止，有些解释应该很完善了，一些传统观点应该已经解释了哪些因素如何导致了哪些政治结果，并非总是这样，但是经常如此。

理解事情发生的原因可以让我们对将要发生的事情做出聪明的预测，也许还能够预测未来。在学术圈之外的人看来，这正是学术研究有意义、有趣甚至重要之处。记者们开始问我们谁会赢得下一次总统选举，投资者想知道在未来的几年里哪些国家最有可能政治上不稳定，政府官员希望我们帮助他们搞清楚下一次恐怖袭击将从何而来。终于，政治学家们真正感到被人们需要了。

现实情况是，大多数政治学家都不愿预测未来。或者至少，他们不愿预测结果。他们可能会预测一些过程，那些总是缓慢变化的过程。例如，尽管政治学家们可能不会预言美国哪一个州会是下一个提高最低工资的州，但他们可能预言，政党政治起着决定性作用（不用想就知道，这根本算不上大胆的预测）。也有一些例外，一些政治学家确实预测选举，他们不仅预测胜利者，还预测得票率。[37] 美国国防部、挪威奥斯陆和平研究所这类组织投入相当大的精力，试图预测世界各地未来的冲突。然而，总体而言，政治学家们并不认为预测结果是他们工作的一部分。

预测未来似乎有点为人所不齿，因为任何一个傻瓜都能做出好的预测。假设，2000年秋天，你正住在美国。在9月的美国政治科学协会年会上，几个学者预测了即将到来的总统大选的结果，都说阿尔·戈尔会入主白宫。他们的统计模型显示，戈尔在两党选票中赢得了 52.8% ~ 60.3% 的大众选票，这足以赢得总统选举团的选票。[38] 但是你有特别的预测天赋。一旦华盛顿红人队在10月30日输掉对阵田纳西泰坦队（Titans）的主场比赛，你就会确定乔治·W.布什一定将赢得选举。你的预测是基于一种自1940年以来每一次选举中都被证明是对的模式。你可能是对的，那些受人尊敬的政治学家可能是错的，这证明好的预测可能来自惊人的巧合。再设想这样一个例子：一个当地的气象学家因为气压计压力下降而预测马上会有一场暴风雨，但他却无法解释他的气压计的变化怎样或为什么会与天气变化有关。这种关系不是巧合，我们期待一个专业的天气预报员了解因果路径中的每一步。简单说，有人可以预测什么事会发生而不知道为什么会发生，大多数的政治学家真的想要一个好的解释。

考虑到我们的解释的现状，预测未来似乎没什么希望。在统计学意义上，许多解释只占了因变量中总变差的一小部分。德鲁吉提交给国会的分析只解释了刺激资金分配中总变差的不到5%。某个政治模式中，更易被人接受的解释可能占到变差的四分之一或三分之一。在很多案例里，大部分的结果都是由我们不理解的系统因素造成的，或者是随机发生的。在我们了解得很少的时候，要做出好的预测就非常困难。政治学中还有一些解释依赖变量之间的相互作用，这让它们具有高度的偶然性："X 也许很快就会发生，只要在因素 A 的值上升的同时，因素 C 的值下降、因素 D 和因素 E 的值一起增加、因数 G 的值基本保持不变。"这个问题可能解释了为什么几乎没有政治学家预测到苏联的崩溃、阿拉伯之春的发生这两个具有重要意义的事件。[39] 而且，等效带来的威胁意味着，当事实上变量的两种、三种或更多种组合会产生同一个结果时，我们可能认为只有一种组合会导致那个结果。

因为人类的本性，预测未来也似乎毫无希望。等待我们预测的观众通常想知道具体事件的结果，然而我们的解释是为一般模式设计的。如果一个解释不能在第一次做出精准的预测，人们可能就会很快抛弃它。此外，将预测结果公开发布出来可能会导致关键人物改变他们的行为。如果有人预测针对美国的下一次恐怖袭击将来自也门，那么那些全副武装的恐怖分子可能会从也门转移到另一个国家。如果有人预测，众议员艾琳·法尔-赖特（Eileen Pharr-Wright）将在下次选举中落败，她和她的支持者们可能会加倍努力争取胜利。预测日食和月食的科学家们不会有这个问题。①

考虑到这些困难，政治学家们预测过去会容易得多。事实上，我们一直都在这样做。在局外人看来，这像是作弊，但政治学家将动词"预测"以两种方式定义。它可能意为"预测未来"，这是

---

① 所以，虽然政治分析也许不像脑部手术那么复杂，但它可以比天体物理学更难。——原注

大多数人对"预测"的看法。它也可以意为"提前宣布"。当政治学家检验假设时，他们提前宣布他们期望发现的东西。如果假设 X 是真的，那么它会预测接下来的结果。例如，一篇文献综述根据 1960 年至 2000 年的证据，确定经济因素往往会影响美国大选，然后预测说在 2008 年的选举中经济也很重要——这些是都已经发生的事情。目标是将现有的理论运用于一个或多个新的案例。一篇文献综述可能会介绍两种相互矛盾的对于内战原因的解释，然后找出每种解释对已经开始（也可能已经结束了）的某个内战的预测。预测过去的一个好处是，我们可以马上评估这些预测的准确性。如果有人预测未来，我们可能需要一段时间才能知道预测是否正确。

从这个讨论中我们可以推断，政治学家永远不应该试图预测未来，或者读者应该总是对这种预测嗤之以鼻。我认为这不是正确的方法。预测对整个社会都很有用，它们给我们的解释提供了一种检验方法。我这里再一次给出建议，要继续保持适度的谦逊和怀疑态度。至少，可信的因果机制应该是显而易见的，因此应该对未来的预测抱有一定的信心。换句话说，大选预测者可能会预测候选人 X 将在即将到来的选举中获胜，并表示他对这一预测有 70% 的把握。或者分析师也许预测某国在未来 5 年内发生内战的可能性很小，但这一可能性比其他大多数国家都要大。这一类的陈述有助于传达一定程度的不确定性，这适用于对政治的预测。

本指南的这一部分旨在帮助读者提出一些有关政治的好问题。好奇心当然有帮助，但还需要更多的东西。到现在为止你应该列出了一个完整的清单，其中包括 3 个基本问题——谁关心？发生了什么事？以及为什么发生？—— 既聪明又系统的问题。上面那些不同的例子表明，比较政治学、美国政治、国际关系和公共政策方面的专家会问这些问题。在本指南的第二部分，我们将从问题转向答案。第四章和第五章将介绍研究设计和挑选分析案例的其他方法。那些希望找到一个正确方法的读者可能会失望，我的观点是，所有的研究设计和所有的案例选择方法都有其优点和缺点。在第六章和第七章中，我们将仔细研究政治学家使用的主要证据、文字以及数字。不管我们如何精致地设计一个研究项目，缺乏高质量证据终究会让我们的努力功亏一篑。

◎ 练习：检查

1. 下面的论文和章节涵盖了广泛的主题，你可能对它们一个都不很了
解。有些严重依赖统计证据，有些则不然。尽管如此，你仍然可以确
定自变量、因变量和所有中介变量，并指出它们之间的关系是否是正
相关或逆相关。你可以评估它们的因果论证的主要优点和缺点。换句
话说，它们把本章中讨论的四个障碍解决得怎么样？（注意：如果你
想要巩固第 1 章和第 2 章的内容，你也可以描述一下这个研究如何建
立在过去研究的基础上，并分析那些关键概念是如何被测量的。）

Alan Abramowitz, "Forecasting in a Polarized Era: The Time for Change
Model and the 2012 Presidential Election," PS: *Political Science and
Politics* 45, no. 4 (October 2012): 618–619.

Frank R. Baumgartner and Bryan D. *Jones, Agendas and Instability in
American Politics* (Chicago: University of Chicago Press, 1993), chapter 4
(regarding nuclear power).

Stephen Biddle, Jeffrey A. Friedman, and Jacob N. Shapiro, "Testing the
Surge: Why Did Violence Decline in Iraq in 2007?," *International Security*
37, no. 1 (Summer 2012): 7–40.

Dara Kay Cohen, "Explaining Rape during Civil War: Cross-National

Evidence(1980–2009)," *American Political Science Review* 107, no. 3 (August 2013): 461–477.

Omar G. Encarnación, "International Influence, Domestic Activism,and Gay Rights in Argentina," *Political Science Quarterly* 128, no. 4 (Winter 2013/2014): 687–716.

Michael C. Horowitz and Allan C. Stam, "How Prior Military Experience Influences the Future Militarized Behavior of Leaders," *International Organization* 68, no. 3 (June 2014): 527–559.

Ellen M. Immergut, "The Rules of the Game: The Logic of Health PolicyMaking in France, Switzerland, and Sweden," in *Structuring Politics: Historical Institutionalism in Comparative Analysis*, ed. Sven Steinmo, Kathleen Thelen, and Frank Longstreth (New York: Cambridge University Press, 1992), pp. 57–89 (this is a much-condensed version of the book by Immergut mentioned in this chapter).

Cindy D. Kam, "Risk Attitudes and Political Participation," *American Journal of Political Science* 56, no. 4 (October 2012): 817–836.

Robert D. Putnam, "Tuning in, Tuning Out: The Strange Disappearance of Social Capital in America," PS: *Political Science and Politics* 28, no. 4 (December 1995): 664–683. 这篇文章有一个简短版本 "The Strange Disappearance of Civic America," *American Prospect* 24 (Winter 1996): 34–48。

Michael Ross, "Does Oil Hinder Democracy?," *World Politics* 53 (April 2001): 325–361.

◎ 练习：建构

1.把以下这些路径／箭头图转换成 3～4 个简单的句子。

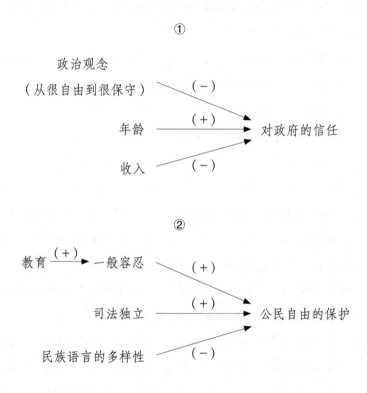

①

政治观念
（从很自由到很保守）　（－）

年龄　　（＋）　　对政府的信任

收入　　（－）

②

教育　（＋）　一般容忍　（＋）

司法独立　（＋）　　公民自由的保护

民族语言的多样性　（－）

2.为以下每一个因果论证创建一个路径／箭头图。

① "我们就公民成为政治活动积极分子的过程所建立的模式同样是全面的……我们对参与过程的概念基于两个主要因素：参与政治生活的**动机**和**能力**……我们还考虑了第三个因素。如果被要求

参与，那些既有动机又有能力成为政治活动积极分子的人更有可能参与。因此，我们认为，发布政治参与要求的**招募网络**是促成因素"。资料来源：Sidney Verba, Kay Lehman Schlozman, and Henry E. Brady,

Voice and Equality: Civic Voluntarism in American Politics(Cambridge, MA: Harvard University Press, 1995), p. 3。

② "在这篇论文中，我们提出，民主国家的领导人对其民众所负有的更大责任给他们带来了强大压力来减少战争的人员损失。在对一个新的国家间战争(1900年至2005年)死亡数据集的分析中，我们发现民主程度高的国家遭受的军队和平民死亡要少得多。我们认为，民主国家主要通过采取四项具体的外交和军事政策来限制其战争损失。第一，在战争时期，民主国家比非民主国家拥有更高的军事能力。第二，在战争期间民主国家更有可能通过加入更强大的国家间联盟来增强自己的国家能力。第三，在战场上，民主国家比非民主国家更有可能运用将自己的伤亡降至最低的军事战略。第四，民主国家更有可能在与本国领土不相邻的战场上作战，从而保护本国平民免受战争的伤害。"资料来源：Benjamin A. Valentino, Paul K. Huth, and Sarah E. Croco, "Bear Any Burden? How Democracies Minimize the Costs of War," *Journal of Politics* 72, no. 2 (April 2010): 528–544。

3. 对于下面的每一对自变量和因变量，利用一个或多个中介变量提出一个合理的因果路径（第一个是给你的例子）。在每个案例下，假设自变量与因变量直接相关。

自变量	中介变量	因变量
收入	选民认为选举结果对自身收入的影响程度；自由时间	投票率
年龄		政治知识
教育水平		对美国的支持
有组织的劳工的力量		福利国家的规模
国内语言的数量（大于1000人使用的语言）		内战的可能性
民主的程度		经济发展的水平
经济发展水平		民主程度

第二部分

如何获得好答案

· · ·

第四章　选择一个研究设计方案

在本书的前言中，我把一项政治分析的研究设计比作房屋蓝图，提出了房屋检查员和房屋建造者的比喻。在某种程度上，这种类比是正确的。房屋通常需要外部框架、电力系统和管道系统等多个蓝图。通常，不同的专家被请来建造墙和屋顶，给整个房屋布线，安装所需的净水管道和下水管道，建造房屋需要团队的合作努力。在某种程度上，政治学家的工作方式与此类似，每个研究人员专攻某一特定的设计。他们其中一些人精通做实验，其他人则擅长统计比较或详细的案例研究。有一些研究人员可以胜任两种设计，就像一些承包商同时可以处理电气和管道系统问题一样。偶尔，你会听说有人自己一个人可以建造整座房子，或者有一位政治学家精通多种设计方法。不过，大多数情况下，解决政治学谜题需要团队合作和劳动分工。

房屋建造者和政治学家都在实际的约束下工作。他们的预算有限，这就意味着他们没有经费把工作做得完美无缺。在很多情况下，他们需要在他们想要完成的事情与能够完成的事情两者之间进行权衡。地块的物理轮廓或社区标准可能排除掉一些房屋设计，某些政治难题可能也不宜运用所有可能的研究设计。此外，最终成品的大小——一篇期刊文章、一个章节、一本书或一所房子——在很大程度上取决于别人的接受程度和支付的价钱。

这些是相似之处。然而，与房屋建造不同的是，政治科学研究没有单一的建筑师或权威的总承包商，没有人负责。对于研究民主和平、资源诅咒、美国福利状况、选民投票率或者任何其他政治难题的政治学研究者来说，没有明确的可使用的设计图。相反，不同的研究人员对最终产品都抱有不同的而且往往是相互竞争的设想（有些人可能根本就没有设想）。具有讽刺意味的是，权力和权威是政治科学中两个最基本的概念，然而却没有人负责组织我们研究，没有一个人。缺乏自上而下的控制可能会产生一些真正有独创性的见解，它也可能导致人浮于事、管理漏洞和一定程度的混乱。房屋建筑与政治科学的另一个基本区别在于相关人员的职业自我。很少有管道工会坚持说管道是一所房子最重要的部分，好的房屋需要的也就是一个水槽、一个浴缸和几个厕所。相比之下，一些政治学家认为，他们自己的研究设计显然是解决政治难题最好的方法。如果你遇到他们其中一个忠实信徒，我的建议是，想象你住在一个有很好的室内管道设施但别无他物的房子里是什么感觉。

在这一章中，我对研究设计更多采取了"和平共存"（live-and-let-live）的态度。（这种立场的奇特名称是"多元主义方法论"。）任何单一的设计都不可能对任何重大政治问题给出完整的答案。不同的研究设计具有各自独特的优势和劣势。因此，这一章的大部分内容将专注于突出最常见设计的优缺点。幸运的是，一个设计的优点通常能够帮助弥补另一个的缺点。

尽管存在差异，但所有这些设计都依赖于比较。比较，也许是政治学家获取知识的最重要方式。当我们使用描述性或因果性假设时，我们分析两个或多个变量之间的关系。我们弄清楚这些变量是否共变，也就是说，把一个变量的值与其他变量的值相比较。为了检查是否有虚假关系，在其他变量不变的情况下，我们看看 A 与 B 之间的关系是否仍然成立。关于因果序列和因果机制的问题需要随着时间的推移而进行比较。我们会定期把我们分析的结果与之前相同或相似问题的研究结果进行比较。即使是单一案例研究的作者也可以找到进行比较的方法。政治学家们向裘力斯·恺撒（Julius Caesar）致敬，也遵循他的座右铭：我来了，我看到了，我比较了（veni, vedi, compari[①]）[1]。

好的研究设计的特点

我们想要选择一个研究设计来帮助我们回答谁关心、发生了什么，以及为什么发生这三个问题。传统的教科书告诉我们，要挑选的设计必须使我们研究的内部效度和外部效度最大化，这听起来像是一条完全不同的建议，但还真不是。[2] 具有高水平**内部效度**（internal validity）的研究设计会给我们信心，让我们相信正在研究的案例的结果是准确的和正确的。换句话说，内部效度指的是我们有能力弄清楚到底发生了什么、为什么发生，或者两者都搞清楚。如果 A 与 B 之间的关系是描述性的，那么我们就需要坚信 A 和 B 的值发生了共变，我们就可以排除混淆变量。如果我们的假设是因

---

① 此处三个词为拉丁语。——编者注

果关系，那么内部有效的设计允许我们清除在前一章讨论过的 4 个障碍，包括因果秩序和因果机制。

假如我们正在分析美国各州的枪支拥有权与犯罪之间的关系，作为一个简单的描述性命题，如果犯罪是以因入店行窃而被逮捕的人数来衡量，把暴力犯罪排除在外，那么这种关系就很难让人相信。同样，如果我们不能控制其他潜在的相关因素，比如贫困率或每个州的警察人数，我们的读者就会对任何所谓的关系持怀疑态度。基于某个州一年的证据，就认为枪支拥有权的扩大使犯罪减少，这种因果关系很难让人相信。一个比较好的设计可以追踪一个州许多年的情况，让我们看到关键变量的值的变化，弄清楚枪支拥有者数量增加之后犯罪率是否下降。或者，我们可以在许多年里跟踪全部 50 个州的状况，进行跨州、跨时间的比较。不管用哪种方法，我们还需要揭示枪支的增多如何导致犯罪减少，比如，我们是否有证据表明，当枪支更加普及时，潜在的罪犯们更担心被他们的受害者反杀，所以他们自己的犯罪减少了。

外部效度（external validity）指的是我们将研究结果延展到更大的案例群体的能力，这些结果在我们特定的研究范围之外也成立。在某种意义上，外部效度与第一章提出的"谁关心 / 那又如何"等问题相关。确立一项研究的更大意义，常用的方法就是宣称这些调查结果可以用到其他案例上。当罗伯特·帕特南撰写关于意大利地方政府的表现的文章时（第一章讨论过），他声称世界各国政府都面临着类似的挑战。他暗示说，搞懂了为什么艾米利亚-罗马涅大区一直运转得那么好，你也许就能帮上开罗和莫斯科了。[3]回到枪支与犯罪的例子上来。与对阿拉斯加这样一个情况极其特殊的州所做的研究相比，对俄亥俄州这样一个相当典型的州所做的历史案例研究会有更大的外部效度。我们可以合理地推断，在俄亥俄州发生的事情在其他州也发生过。外部效度就是有信心地进行推断，但是这些推断不必局限于别的国家、州或城市。一个设计得很好的对性别平等态度的研究，可能也适用于种族平等的态度研究；分析劳工罢工组织的研究也可能适用于社会运动研究。

大多数政治学家认为，内部效度与外部效度之间存在权衡。实验室实验可以被精心设计以提高内部效度。实验的结果会让我们确信，一个自变量的变化触发了因变量的变化。然而，确保内部效度可能需要很多人为的条件，以至于我们怀疑实验结果在现实政治世界中是否有效。医学研究人员一直面临这个问题，他们可以证明一种新药能够杀死他们 1/3 的实验老鼠身上的癌细胞，但是他们不确定同样的药物在人类身上是否同样有效。内部效度，有；外部效度，谁知道有没有？同样的原因，囊括了许多国家、持续了许多年的关于资源诅咒的大规模研究，可能就是因为基于如此大量的案例，以至于我们对研究的外部效度感到自信。然而，同样的研究也可以测试相对较少数量的假设，这取决于从每个案例中可以收集到什么样可比较的数据。也许关键变量在研究中被忽略了，让其内部效度受到质疑。[4]

这并不是我们要关注的唯一权衡。建立一个因果假设的内部效度需要 4 个不同的测试，而很少有研究设计能够成功地通过所有的测试，观察性研究尤其是这样。大群体（large-n）的案例比较，可能会很好地检测变量之间的共变以及检查出虚假关系，而小群体

（small-n[1]）的案例研究更适合确定因果机制。研究 100 个案例，要比研究一两个案例通常更容易排除掉相反的假设。

为什么混合方法研究／多重方法研究在政治学家中风靡一时，这些权衡就是一个重要原因。现在公开发表的研究越来越多地基于两个或更多的研究设计，由同一个学者或学术团队进行，目的是发挥每一个设计独特的优势并弥补每个设计的缺陷。实际上，很少有大学生具备在他们的研究中使用多重设计所需的时间和技能，研究生和教授们更有可能这样做。尽管如此，我们所有人都可能读到多重方法研究的例子，而作为崭露头角的"检查员"，我们需要了解如何以及为什么设计这样的研究项目。在本章结尾，我会提供几个例子。

研究设计的一般类型

在 20 世纪，当我接受成为一名政治学家的训练的时候，主要是在定量与定性研究设计之间选择，也就是说，基本上是在大规模统计研究与小规模案例研究之间选择。在那时，这两种研究设计之间的差异似乎非常大，以至于一些政治学家担心这个学科正在分裂为两个敌对的阵营。现在那类摩擦已经平息，那种分类似乎也不再有什么用（如果曾经有用的话）。因为首先，它们没有阐明共变、虚假关系、内生性和因果机制等问题，以及其他分类研究设计方

---

① 字母n是样本中案例数的常用速记，n指的是案例所有的群体(尽管一些研究将样本的规模称为n)。在下一章中我们将了解更多关于群体和样本的信息。——原注

法。此外，它们制造了一种误导，让人们认为政治学家要么使用数据要么使用文字，而实际上他们经常两者都使用。所谓的定量设计可以通过一种叫作内容分析（见第六章）的技术，将书面文档转换成数字。一般认为的定性设计可能依赖数字来衡量公众对某个政策的支持度，或者追踪某个社会项目上的花费在长时段的变化。我告诉你，我都不知道遇到多少次，学生问我在他们的案例研究中是否可以包含数字。（我的脸上露出痛苦的表情，随后我说："是的，当然可以。"）

为了获得更好的方法，我们可以求助于那些励志演说家，那些衣着光鲜的家伙，他们告诉我们：我们可以使自己的梦想成真，也可以让自己随波逐流；我们可以做司机，也可以做乘客；做下命令的人，或者接受命令的人；做创造者，或者被创造者（出于某种原因，这个口号从未流行起来）。所有这些人都告诫我们要更多地控制我们的生活，而控制就是把实验性研究设计与观察性研究设计区分开的东西。[5]运用实验性设计（experimental design）时，研究人员对他们的研究中发生的事有相当大的控制权。他们可以把实验对象随机分配成两个或更多的小组，其中一个成为对照组，他们还可以操纵一个或多个自变量的值。这两个步骤对于隔绝自变量 A 对因变量 B 的影响是十分必要的，如果处理正确，实验的内部效度得分就很高。那些激励大师是对的，更多的控制权是好东西，非常好的东西。

在**观察性设计**（observational design）中，研究人员缺乏这种控制。他们都必须处理政治世界给他们的任何案例，必须观察给他们的任何变化。政治学家们经常处于这种境地，因为政治世界中的大多数事件都完全不适合实验。正如第一章所提到的，比较政治学中对资源诅咒的各种研究集中在单一的国家、少数几个国家或者100多个国家。那些学者根本无法控制一个特定国家的石油量，或随机地把关键资源指定为公共还是私人所有。相反，他们必须观察这些国家的石油收益中现存的差异、穆斯林占人口的比例、资源的公有权和私有权，以及任何其他的自变量，然后试着将这些变量与观察到的经济发展或民主差异联系起来。同样地，我们没有办法随机地将人们分配到不同的性别、种族、宗教或年龄组，我们必须观察这些特征。尽管一些观察性设计能近似于真实实验中的控制水平，但总是达不到标准。好的方面是，观察性设计可能具有良好的外部效度，因为它们是基于真实世界的行为。

　　另一种我们对选择进行考量的有用方法是，区分**变量导向的设计**（variable-oriented design）与**案例导向的设计**（case-oriented design）。这里主要的区别是分析的广度与分析的深度：是对许多案例有少许了解，还是对少许案例有许多了解。[6] 你也许会把这看作是高中辅导员与精神病医生之间的区别。前者可能负责300个学生，每年与每个学生见面20分钟，而后者只有少数几个病人，但需要一次又一次地会面。高中辅导老师可能知道你的名字、年级和上大学的计划，但其他事就知道不多了；精神病医生也许知道父母的过度保护是如何限制了一个患者从失败中恢复的能力，知道深爱的祖父母的死亡如何给一个患者的青少年时期蒙上阴影。

　　从事实验的政治学家都是变量导向的，他们想知道刻意改变自变量 A 的值对因变量 B 的值影响有多大。在第三章讨论的有关投票率的实验中，格伯和格林（以及他们的许多研究助手）没有试图去结识潜在的投票人，也没有就家庭、学校、工作或国际事务与潜在的投票人进行长时间的讨论。他们研究的潜在投票人成千上万，这样做是不现实的。格伯和格林最想知道的是每个人是被别人通过邮件、电话亲自联系过，还是根本没有被别人联系过，以及他们是否投了票。使用观察数据和统计技术比较许多案例的研究人员也是变量导向的。罗斯（同样在第三章）在他的研究里并不想深陷每个单一国家的细节中，他只是想知道关于每个国家的一些情况，比如它们对石油的依赖以及它们的民主水平。[7]

那些进行案例研究的人更偏爱分析深度而不是广度（这些学者可能没有从与他们的高中辅导员简短的会面中学到多少东西）。在政治学领域，这类研究人员希望能找到变量之间的相互作用。他们相信因果链可以有很多连接，记录这些连接需要花时间，他们不会对内生性或等效感到惊讶。毫不奇怪，这类研究内容更容易写成250页的著作而不是20页的期刊文章。埃伦·伊默加特在《健康政治》（*Health Politics*）一书中，分析了3个国家几十年的政策制定（见第三章），因为她想证明的是制度否决点如何影响了政策形成，而且因为这些否决点在国与国之间存在不同，并且有时随着时间而发生变化（例如在她的法国案例中），她不得不让自己深入这3个国家的历史中。[8]

就内部效度而论，变量导向的设计在测试共变和虚假关系上有一定的优势。这些优势可能根植于通过实验获得的大量的可控性变量中，或者可以被统计分析的更大量的潜在混杂变量中。这些研究中的变量通常以定距或定比测量表达，比如人均收入或选民投票率的百分比。[9] 因此，结果往往是相当精确的。例如，我们可能会知道，自变量每增加一个单位，通常因变量的值就下降 5 个百分点。对它们而言，案例导向的设计在确定变量的因果顺序和确定它们的因果连接方面非常有用（例如任何中介变量）。在某种程度上，变量导向的设计有利于确定因果效应，而案例导向的设计则有利于因果机制。这些都是一般的趋势，而不是固定不变的规则。如果你读过罗斯对资源诅咒的统计分析，你就会知道他测试过 3 个不同的因果机制。[10]读过伊默加特的书，你就会看到在她的 3 个国家案例研究中，她是如何拒绝接受对卫生政策差异的另外几种解释的。

本章的余下部分更为详细地讲解了 3 种研究设计——实验、大群体统计比较、小群体案例研究。因此，我们有一种实验性设计和两种观察性设计（其中一个是变量导向的，另一个是案例导向的）。每一个实际上都代表了一个设计类别，读者将会遇到每一类别的主要成员。这些绝不是政治学家使用的唯一的设计，但它们可能是文献中最常见的设计。[11]尽管我很想讨论更多的研究设计，但我的写作受到严格的约束。我签的本书的合同字数限制在 85 000 字，如果我超过这个限度，我所有的版税就会自动地捐赠给北卡罗来纳大学教堂山分校。我从小在弗吉尼亚大学附近长大，后来又毕业于杜克大学，我一定不能让这种情况发生。

实　验

几乎每个读过本指南的人都会在某个时候做一个实验，也许是有关植物种子、果蝇或者简单的化学反应的实验。他们基本的想法就是弄清楚，如果你控制因素 X（比如阳光），结果 Y（比如植物生长）会是怎样的。出于类似的原因，越来越多的政治学家在他们的研究中使用实验性设计。[12]实验很有吸引力，是因为实验性设计比观察性设计检验因果假设更果断（实验很少用来开发或测试描述性假设）。对有些人来说，实验也很有吸引力，是因为它限制了研究人员仔细翻查观察的数据，避免了他们因寻找某种模式而可能忽略了其他的模式。一旦实验建立起来，研究人员就应该开始实验并报告所得出的任何结果。简言之，实验性设计具有一定的机械性。

　　尽管实验细节各不相同，但一个典型的实验要从招募参与者开始。[13]这些人可能或多或少需要参与一些，比如大学的课程，或者他们可能本身就是志愿者。然后他们被随机（例如通过抛硬币）分配到其中的一个小组。**随机分配**（random assignment）是至关重要的，因为它有助于确保小组在各个方面都是相似的。根据研究的不同，"相似"可能意味着所有的小组都是男女、自由主义者和保守主义者、就业者和失业者，或其他许多因素的相似混合体。[14]为了确保随机分配正常进行，在实验开始前研究人员可能会对所有参与者进行调查，询问他们各种关于人口统计的问题和意见，然后对结果进行跨组比较。

　　一旦参试者被分配到不同的小组，研究人员就要对一组进行实验，而另一组不需要接受实验。[15]实验是自变量。在药物实验中，实验常常是通过针、药片或口服液进行的。政治学实验操作起来有一点儿不同（如果它们的操作方式相同的话，可能会更有趣）。政治学实验可能包括观看某个特定问题的新闻，或阅读一个假定的需要帮助的穷困家庭的故事。参试者可能会接触到某些鼓励他们去投票的请求，或因为正确回答了政治问题而得到奖励。有许许多多可能的实验方法。不接受实验的组称为"对照组"。如果实验做过不止一次，那么这个过程必须标准化，对每个参试者都给了相同的指令，实验中的每一步都是按照同样的顺序进行的，如此等等。在实验结束时，研究人员会测量实验组和对照组的一些因变量，这可以是对气候变化的看法、社会项目上的支出意愿、选民投票率，诸如此类。实验组和对照组之间无论观察到什么差异，都会归因于实验。[16] 毕竟，随机分配让我们确信，除了随机因素，各组之间唯一相关的差异就是实验变量。因此，实验解决了格伯和格林所说的"未被观察到的混杂因子问题"[17]。现在你明白为什么用正确的方法所做的实验有如此高的内部效度了吧。

上面描述的实验被称为**组间设计**（between-subjects design），因为它容许我们比较受试小组。另一种类型的实验依赖于**组内设计**（within-subjects design）。在这个类型的实验中，一组受试者通常被给予两种或更多的实验。假设因变量包括把钱花在外国援助上的意愿，那自变量就是有关受助者的信息。实验者最初可能不给参与者有关受试者的信息，并且测量国家预算参与者们愿意给其他国家提供多少资金。第二次迭代将给同样的参与者提供有关受援国平均预期寿命的信息，然后测量参与者愿意给多少资金。在最后的迭代中，同样的参与者会被告知在这些国家中有一个特定的贫困的人，然后问他们会给多少预算。实验者因此就可以确定信息在一个人对外国援助的支持上是否产生了很大的影响，如果有影响的话，那是什么样的信息产生了影响。从某种意义上讲，在这种类型的实验中，同样的人群既可以充当对照组，也可以充当实验组中的受试者，这有助于确保这两组的相似。[18]

实验听起来很有权威性，是无可非议的，穿着白色实验外套的专家们不可能是错的。然而，实验有潜在的弱点。传统的观点是质疑它们的外在效度，那是明智之举。有时，它们的内部效度也值得怀疑。考虑到随机分配的基本重要性，我们可以从检查问题开始。尤其是当我们研究规模小的实验组或对照组的时候，我们应该确保这些小组人数确实是相等的。如果你打过扑克，从一副牌中随机抽取牌，一堆里抽 5 张，另一堆也抽 5 张，你知道偶尔一堆里可能都是红牌或都是黑牌。同样的结果也会发生在自由主义者和保守派中，男人和女人身上，或一个小规模的实验中其他政治相关的属性上。[19]

其他类型的问题也可能会浮出水面。如果一个实验延续了一段时间，实验组或对照组的一些成员中途退出，那么这种耗损会对内部效度造成威胁。那些留下来的人可能与那些离开的人就有了系统上的差异，从而会使因果效应失真。[20]一个延续的实验也为一些影响参与者的外部发展创造了可能，这个问题通常被认为是发展变迁的威胁。想象在受试者内设计中，参与者们连续六周每周一次收到有关气候变化的特定的科学信息。如果联合国碰巧发布了一份那六周期间气候变化的重要报告，研究人员不知道参与者对气候变化的观点的任何改变是源于那份报告，还是源于他们精心编写的信息。对于更长期的实验，比如测量特许学校或者是"先行者计划"对教育成就的影响，我们可能会担心受试对象的成长这个问题。也许受试对象变得更聪明的原因是他们长大了，而不是因为他们进了更好的学校。任何包含预先测试的实验，都有可能冒着把研究目的泄露给参与者的风险，这可能会导致参与者修改他们的行为。[21] 这样的问题大多在受试者内设计中比受试者间设计中更常见。把实验组和对照组放在一起，可以帮助检测发展变迁与成熟过程对内部效度的威胁。实际上，对照组帮助我们回答虚拟的问题，例如没有这种实验会发生什么事？

对外部效度的威胁主要来自两个方向。首先，仅仅因为实验使用的是随机分配，并不能保证受试者代表的是一个更大群体的随机抽样。最明显的例子是各种社会学家在大学生身上做的实验，仅仅从州立大学一群二十几岁的孩子身上我们能总结出什么？其他种类的抽样也受到怀疑。一个有关媒体的更著名的实验对象是几十名给康涅狄格州纽黑文市的一则报纸广告写求职信的志愿者。[22] 尽管参与者不是大学生，但我们依然需要极大的信心才能相信他们代表了一小部分典型的美国人。许多被设计来分析冲突与合作的实验创造了普通公民玩的游戏，我们可以合理地怀疑当选的官员和老道的外交官们是否会以同样的方式玩这些游戏，他们的行为是最终让我们感兴趣的东西。

其次，实验的设计可能不会非常接近真实的政治世界，这种实验方法也许是不自然的。在上面讨论的媒体实验中，在耶鲁大学校园的一个特殊房间里，研究者付钱给参与者，让他们观看一个特别的新闻，周围都是陌生人，就像我们平时看新闻一样。在另一个实验中，研究人员试图确定政治知识的惯常调查是否有缺陷，因为调查对象在回答问题之前，研究人员没有给他们什么思考的刺激。这些调查可能低估了人们对政治知识真正了解的程度。因此在实验中，一些人正确回答一个问题便得到一美元。[23] 就我个人而言，我很想生活在这样一个世界里，但是以我的经验，知道哪个政党控制着美国参议院所得到的奖励并不是那么切实或直接。也许更重要的是，当政治生活的大部分是由多元变量的相互作用决定的时候，很多实验设计是用来隔绝单个变量效果的。[24]

这种环境对外部效度的威胁力有很大的影响，**实验室实验**（laboratory experiment）可能是最脆弱的。参与者通常来自附近地区，他们可能有其他共同的特征，比如上同一所大学，或者需要实验者为他们的时间支付费用。参与者的绝对人数往往很低，室内实验的整个设计，从它的实际地点到被试者的实验都是相当武断的。参与者知道他们正在被观察，这可能会导致他们行为异常。因此，在进行另一种研究之前，一些研究人员会选择利用实验室实验来检验他们的想法。要回答一些研究问题，实验室实验可能仍然是首选。例如，最近的实验使用了功能性磁共振成像机来观察人类大脑对某些假设情境或视觉信号做出的反应。例如，什么样的种族图像激活了杏仁核——大脑中情感和记忆中心的一个小区域？[25]这样的实验操作起来花销巨大，而且测试对象的数量通常是两位数，而依靠脑电图测量大脑活动的实验可以是一种更便宜的选择。

相比之下，**基于调查的实验**（survey-based experiment）则建立在一个更大的具有代表性的参与者样本基础上。这些实验可以纳入传统的全国性调查中，例如500人可以被问及他们对气候变化的看法，同时另外500人在发表他们的意见之前被要求阅读一篇关于气候变化的科学短文。或者，一半的参试者可以被告知一位假设需要帮助的白人母亲的情况，另一半被告知的是假设需要帮助的黑人母亲的情况，以确定参与者是否因为这个母亲的境况更多地责备其中一个母亲，或者他们是否更倾向于政府对其中一个母亲的帮助。由于随机分配，我们可以确信，这些受试小组之间的任何差异都是由于我的第一个例子中信息的有效性，或者由于第二个例子中的种族问题。这个设计的一个真正的优势是，参与者没有得到两个情境，所以不怎么会意识到自己在被测试。调查软件的进步和对全国范围内的样本采集更容易使得这些类型的实验更可行。以我专业的观点看，一些调查实验实在太酷了。[26] 尽管如此，他们仍然容易受到批评，即人们对民意测验组织所说的任何东西，并不能精确估量他们真正将如何行为（这是调查研究通常关注的问题）。[27]

现场实验（field experiment）应该可以克服对外部效度的这两种威胁。这类实验在更自然的环境下进行，如活动、选举、官僚机构和各种公共项目。我们不必从一个在小心控制的实验室中发生的事情进行推论，或者从混乱的政治世界发生之事的民意调查中得出推断。我们现在正处于这个世界之中，不仅这个场景很真实，而且实验参与者以及结果也都很真实。[28] 与实验室实验相比，现场实验的参与者较少意识到有人在观察自己。① 如果你想知道在提高选民投票率上，面对面拉票是否比直接通过电子邮件或电话拉票更有效，那么在选举期间做一个实验，实验中以不同方式联系潜在的选民。如果你想知道在发展中国家如何赋予女性权利，那就开展一个实验吧，在一些村庄进行的实际开发项目需要女性的参与，但在类似村庄的类似项目中却不做这一要求。[29] 通过许多这样的实地实

---

① 因此，现场实验可能会产生一些政治学家高度重视的东西——对政治现象的不引人注目的测量。——原注

验，研究人员能够从那个群体的代表性样本中提取大量村庄、投票选区、登记的选民等数据进行研究。这些研究中的 n 通常是几百或几千，而不是几十。因此，现场实验具有非常好的外部效度和内部效度，这有助于解释为什么许多政治学家正寻找新的方法来使用这种研究设计。

这种方法会有什么问题呢？一方面，在现场实验中，研究人员可能无法控制实验的进行。那样，他们可能会依靠第三方，例如非政府组织提供的选举观察员。那么我们必须相信第三方在选举期间会和另一方采取相同的行动。如果不这样，内部效度就可能受到影响。同样地，另一方面，进行现场实验也可能需要一些主办机构或政府的合作。这就创造了一种可能，即这些实体组织只允许使用他们相信会起作用的实验，或者实验只允许在所知的能接受改变的领域进行。例如，在开发项目中，可能一个国家中只有受教育程度较高或稳定的地区才被认为适合现场实验。这种对实验或实验对象的"预筛选"会危害实验的外部效度。[30] 最后一点，现场实验通常都花销巨大，研究人员通常需要来自大学、基金会、非政府组织或政府的资金支持。政治学家们想要进行现场实验的想法很多，而那些组织没有能力或意愿去资助他们的每一个好主意。

请记住一切实验——实验室实验、调查或现场实验——同样都面临着伦理道德约束。他们必须尊重如"没有伤害"等原则并获得行业审查委员会的允许。虽然我们可能想了解不同的医疗保健系统是如何应对流行病的，我们也不应把高质量和低质量的保健系统随机分配到不同的国家。为了弄清枪支与犯罪之间的关系，我们不应在某些州给公民随机分发 .457 口径马格南手枪。举一个现实中的恰当例子：虽然政治学家们喜欢在选举期间进行实验，但他们也不应该进行可能会影响这次选举获胜者的研究。来自斯坦福大学和达特茅斯学院的 3 名学者最近未能注意到这个警告，这让他们很尴尬。[31]

大群体统计比较

正如本章前面所提到的，政治世界的许多部分都是经不起实验检验的。我们必须使用我们能观察到的任何数据，无论是定性的还是定量的，但是我们仍然需要我们的研究设计尽可能多地拥有内部效度和外部效度。我们仍然想要弄清楚到底发生了什么，以及为什么发生，我们仍然希望我们的发现能够为一些更大的问题提供启示，无论是理论上还是实践上的。我们可能会寻找"自然实验"，在这个实验中，除研究人员外，实验对象已经被随机分配到不同的实验小组中。多年来，加州已经根据依照字母表随机抽取的字母，列出了全州范围内的公职候选人名单，让学者们研究选票上的位置是否会对赢得选票的份额产生影响。[32] 我们可能会发现"准实验"（严格来说，那不是实验）中，自变量的观察值似乎是随意分配的，没有任何有意识的意图。前言中波斯纳对契瓦人和图姆布卡人的研究就是一个例子，在这个案例中，每一组都有一些成员生活在赞比亚，同一组的其他成员生活在邻近的马拉维。[33] 这样的例子可以让我们控制许多（但不是全部）混杂变量的影响。然而，大部分时间里，自然和环境对我们并不是那么体贴。

几十年来，政治科学中的主要研究设计利用观测数据进行许多案例的统计比较。这在美国政治的研究中尤其如此，因为美国政治中公共舆论、各种运动和选举、立法行为以及公共政策等的统计分析都非常丰富，越来越多的有关国际关系的期刊文章依赖于这种设计。[34] 在进行政治行为比较研究的学者之中（假如他们可以获得民意调查或可信的投票数据），这种设计很常见。对于社会和经济政策的跨国比较研究也是如此。在某些情况下，统计资料与百分比和平均值一样是基本要素；在更多情况下，研究人员使用**多元回归分析方法**（multiple regression analysis）的某种变体。

与实验一样，大群体的统计比较有着不同的方式，**横截面设计**（cross-sectional design）比较的是一个单一时间点上的多个案例，民意测验就是一个经典的例子。大多数民意调查给我们成百上千人的回答，每个个体都被认为是一个独立的案例。我们可以寻找个人收入和对政府的信任之间的关系，性别和对国际贸易的看法，正规教育和党派偏见，或者任意数目的其他的变量之间的关系。关于枪支和犯罪的研究，我们可以收集美国所有 50 个州在某一指定年份关于枪支所有权、贫困率、警力的规模，以及谋杀率的数据。因此我们将对 50 个案例进行比较。

传统观点认为，大群体统计比较的外部效度强于内部效度。具体来说，这对横截面设计意味着什么？当使用描述性或因果性假设时，我们需要变量的值在某些常规模式下发生变化的证据（直接或逆向的关系）。对成百上千的个体，甚至 50 个州，我们可以用第七章讨论的一些统计技术来检测共变。问题是要清除第二个障碍——检查虚假关系和混杂变量。在关于枪支和犯罪的假设研究中，我们可能需要数据来分析一些其他因素，比如贫困。由于缺乏对实验的真正控制，我们以保持受控制的其他变量的影响来替代统计控制。说得更简单点，我们可以在 C 受控情况下，判断 A 和 B 之间的关系。不需要花太多精力去确定更多的因素（嗨，那是文献综述），即可能因国家而异以及与犯罪有关的因素，比如失业、18 岁到 30 岁所占总人口的比例，也许还有惩罚的严重程度。不幸的是，即使假设我们收集了这些额外的变量的数据并使用了正确的统计技术，我们的研究仍然容易受到那些可怕的"未被观察到的混杂因子"的影响。[35]

现在我们有两个选择——放弃，或者谨慎地继续行事。只要我们找到不同的研究设计，或者是一个不同的难题，而不仅仅是在桌子下面蜷缩成一团，第一个选择实际上是可行的。谨慎地继续研究我们控制尽可能多的其他变量，不夸大我们的发现①。这也是一个相当好的选择，尤其是在使用描述性假设的时候。

对于因果假设，横截面比较并非令人满意的方法，要确定依靠简单概括形成的变量的因果顺序本来就很困难。如果我们有些变量涉及的或多或少是固定的特征，如种族和性别，那么我们可以克服这个问题。我们不会争论是不是个人对国际贸易的看法使他们成为男性还是女性，对国际贸易的态度在这里应该是因变量。但在许多情况下，因果顺序可能是双向的。一个州失业的增加可能导致更多的犯罪，因为人们变得更加渴望生存。如果企业倒闭，犯罪的增加可能导致更多人失业。一个人的党派关系可能会使该人更加信任政府，反之亦然。换句话说，内生性（在第三章讨论的）正在抬起它

---

① 你瞧，这又是一个需要谦逊的地方。——原注

丑陋的头。

时间序列设计（time-series design）可以帮助补救这个问题。研究人员每隔一段时间收集给定案例的数据，并比较这些观察值随着时间变化的结果。因此，给我们 40 个可能的案例（也就是，哪个州、哪一年）观察，我们也许就可以追踪枪支所有权、犯罪率以及俄亥俄州在 1970 年至 2010 年的几个其他变量。这样我们就可以观察到，枪支拥有率的增长是否先于犯罪率的下降，以及在俄亥俄州的贫困率或警官数量上是否也呈现同样的趋势。有了足够的统计培训我们就可以建立多元回归方程，其中一些自变量在时间上已经滞后了。移民问题在许多国家都是一个紧迫的问题，一些学者认为，当经济疲软时，公众对移民的反对就会增加。为了验证这个假设，我们可以选择一个在公民对移民态度上民意调查的历史比较悠久的国家，看看在公众舆论变得更加消极之前，通货膨胀或失业率是否常常恶化。我们或许会研究其他可能与民意有关的趋势。在这两种情况下，我们仍然没有消除未观察到的混杂因素问题，但我们至少在证明因果关系上迈出了一步。

这个设计的一个有趣的变体是间断的时间序列，其基本思路是选择一段被某种重大变化所打断的时间。例如，从 2004 年开始，俄亥俄州允许成年人在某些情形中携带隐藏的武器。为了确定这条法律对犯罪的影响，我们可以收集 2004 年之前的几年和之后的几年里的数据。2004 年后犯罪率下降了吗？如果我们注意到一个国家的移民数量激增，我们可以看看移民潮之前和之后几年的公众舆论。在某些方面，这个设计近似于组内实验设计。

然而，只在一个州或国家进行实验，可能会限制我们设计的

外部效度。结果，政治学家越来越依赖**时间序列横截面研究设计**
（time-series cross-sectional research design）。现在做的是跨越时间和
空间的比较。[36] 这是罗斯在测试资源诅咒时所使用的方法，他收
集了 1971 年至 1997 年 113 个国家的年度数据（这意味着在他的统
计分析中，n 大于 2000）。同样地，当卡伦·亨德里克斯（Cullen
Hendrix）和温迪·王（Wendy Wong）分析了政权类型和"点名
羞辱"（被媒体和非政府组织）对人权尊重的影响时，他们收集了
157 个国家 30 多年的数据。《不平等的民主》（*Unequal Democracy*）
是对美国不平等更有力的分析之一。在许多方面，作者拉里·巴特
尔斯（Larry Bartels）把美国国民选举研究每两年进行一次的民意
调查汇集在一起。[37] 这个设计的许多其他已经发表的例子都可以引
用（它们需要比在统计学入门课程中教授的更复杂的技术）。

　　对于实验的支持者来说，所有这些大样本观测设计都有不足之
处，因为统计控制不能像真正的随机分配一样有效。例如，研究人
员可能会得出结论，即使移民和他们的来源国实际数目不变，较高
的失业率仍然降低了公众对移民的支持。但是研究人员无法确定他
们是否在统计分析中漏掉了一些东西，比如个人的党派关系，有可
能会抵消或缓和这种关系。因此，该研究的内部效度受到影响。对
于案例研究的支持者来说，这些大规模的统计比较缺乏大都是由于
他们对因果复杂性和因果机制关注太少（他们对实验也是如此批评
的）。人们往往搞不清楚，统计回归模型中某些自变量的变化会如
何有规律地引起因变量的变化。这也是一个内部效度问题。（这在
第三章中讨论过，这种批评的力量取决于人们是否相信清晰的因果
机制对于好的因果论据来说是必不可少的。）

小群体案例研究

从科研的历史看，案例研究一直是研究设计中最不被尊崇的一种。使用这种设计的学者有时被鄙视为说书人，甚至被更糟地当作记者。看看政治科学中有多少著名的研究是基于这种设计，案例研究的这种低下的地位让人困惑。[38] 也许对于每一项伟大的研究，我们都可以举出一些案例研究设计低劣却莫名得以发表的例子。如果本科生和研究生所做的案例研究的质量不可靠损害了这种设计的声誉，我不会感到意外。然而，杰出的学者们仍在继续发表案例研究，教授们继续布置案例研究给他们的学生阅读和研究，所以我们应该认真对待这个设计，了解它能做到什么、不能做到什么。

正如约翰·吉尔林（John Gerring）所指出的，对于案例研究的意义，学者们的意见并不总是一致。不过，我觉得他的定义很有道理："一个案例研究可以被理解为对单个案例的深入研究，这项研究的目的至少在某种程度上是为了阐明一个更大等级的案例（一个群体）。案例研究可能融合了几个案例……然而，在某种意义上，它将不再有可能集中地调查那些案例了。"[39] 这个定义的几个部分值得注意。深入研究的重要性就是我之前所说的分析深度。案例研究学者们宁愿挖一个一英尺宽十英尺深的洞，也不愿刮掉整个球场一英寸的灰尘。换句话说，他们宁愿对一个重要的案例了解许多，也不愿对许多案例只了解一点点，这其中有些案例微不足道，或者只是稍微有趣。通常涉及两到三个案例，那么使用这种设计的学者可以进行**单一案例研究**（single case studies）或**比较案例研究**（comparative case studies）。[40] 吉尔林认为案例研究有可能回答描述性或因果性问题。他鼓励我们去考虑我们研究发现的更广泛的意义。换句话说，案例研究设计可以帮助我们弄清楚发生了什么，为什么发生，以及谁关心等问题。

案例研究中最容易发现的问题是它们的外部效度。坦率地说：我们怎么可能从一两个案例中归纳出结论来呢？我们能否只通过反复听歌曲《爱我吧》（*Love Me Do*）就能理解甲壳虫乐队？我的答案等到下一章再谈。这里我们将看到谨慎的案例选择是如何让我们做出适度但重要的推论的。但是现在值得注意的是，并不是所有的案例研究都是设计出来首先应用于其他案例的。一些学者希望他们的案例研究将加深我们对一般政治学理论的理解。[41] 通过确定一个新的中介变量，或者通过清楚地追踪连接自变量 A 和因变量 B 的两条不同的路径，学者们使用各种研究设计对各种政治难题进行研究，所以案例研究也许丰富了他们的后续工作。你可以想象一下在医学研究上发生的一些类似的事情。科学家可能会研制出一种新药，来抗击影响一小部分人的一种非常特殊的癌症，那种药物可能对其他癌症不起作用。然而，通过靶向某些蛋白质，药物的作用方式可能为正在研究其他癌症的研究人员提供重要线索，这可能是一个非常有价值的见解。[42]

从表面上看，案例研究设计似乎也不可能促进内部效度。如果你研究的案例发生在 2000 年的俄亥俄州，你将很难证明枪支和犯罪之间的任何关系（就如同几何学一样，一个政治数据点可以位于无限多的趋势线上）。应对这个问题的一种方法是，区分案例和该案例中的观察结果，理解这一区别至关重要。那些创建案例研究的人有时会找到每个案例中使观察次数最大化的方法。在俄亥俄州的案例中，该策略可能意味着在市县级别收集 2000 年的相关数据。那样，我们可以在大群体的研究之中模仿横截面设计。有了更多的时间和努力，我们可以连续几年收集相同的数据，如此就近似于时间序列横截面设计。更多的观察会给我们更大的能力来测试共变、虚假关系和因果顺序。通过继续研究像俄亥俄这样的州，我们也许能够（或多或少）把各种相关因素保持为常量，比如各州的政治文化、法官是任命还是选举的，以及州长的正式权力，等等。我们也许认为它们对犯罪可能没有影响。总之，更多的观察会增强我们设计的内部效度。

为了国家、地区、省份或州等这样的地理实体，我们可以"拆解"一个案例。为了一项立法，或许可以通过分析多个委员会的辩论和投票这样做。然而，并不是每个案例都适合以这种方式拆解。所需要的数据可能得不到，或者在较低的分析水平之下做不出关键决策。我们最终能问的是一个不同的且不太有趣的问题。在这种情况下，通过给案例研究增加历史维度而增加观察值可能仍然有用。研究人员可能会增加另外一两个案例加以比较，我们可以把俄亥俄州与另一个在许多方面与它相似但犯罪率相当高或相当低的州配对，然后试着解释为什么这两个州的结果如此不同。伊默加特对 3 个欧洲国家卫生政策的分析就是一个明显的例子，说明比较两三个案例可以颇具启发性。在下一章中，我将就选择一个案例还是几个案例进行深入研究提供一些指导。

我最喜欢的一个案例研究叫作"增兵测试"（Testing the Surge）[43]。诚然，我对中东或美国外交政策知之甚少，但我想，当我见到一个好的案例研究时，我能识别出来。作者想要解释为什么 2007 年之后伊拉克暴力事件急剧下降，一些分析师认为增兵（大部分士兵来自美国）是主要原因，其他人则指出"安巴尔觉醒"（Anbar Awakening）是一种涉及当地逊尼派教徒的更为本土的原因。一些观察人士认为，到 2007 年，伊拉克的主要地区都是同种族的人，这就减少了他们打仗的需求。为了检验这些相互矛盾的解释，作者在 2007 年前后几年内分别从该国的多个地区收集了证据（时间序列横截面设计）。作者发现增兵和安巴尔觉醒之间是有相互作用的。具有这两个因素的地区的暴力下降幅度，比只有一个因素或其他因素的地区下降幅度要大得多。一个案例可以有许多观察结果。

案例研究设计可以做的不仅仅是模仿与之相关的更大群体的案例研究设计。这个设计也很好地揭示了因果机制，但并非完全靠统计比较的优点。许多案例研究都依赖于过程追踪（process tracing）来确定和测试一些自变量可能影响某种结果的方式。过程追踪其实就是回答我们应该回答的"怎样发生"这个问题，来弄清楚"为什么发生"这一问题。

> 过程追踪的特征……就用多种类型的证据来验证一个单一的推论……过程追踪通常涉及长因果链，不是 $X_1 \rightarrow Y$（大群体交叉案例研究）的多个实例的研究，而是检查单向实例 $X_1 \rightarrow X_2 \rightarrow X_3 \rightarrow X_4 \rightarrow Y$。（当然，这个因果关系路径可能会更长、更曲折，并有多次转换和反馈回路）。[44]

过程追踪本质上是历史性的，就像政治画卷随着时间的推移展开一样，政治分析也是如此。自变量几乎从来不即刻产生因变量，因此过程追踪要求在每个案例内都要仔细分析。任何因果链的断裂，任何缺失的连接都会威胁到因果假设的效度。相反，当我们测试共变和虚假关系时，我们通常会比较交叉案例，而几个例外并不一定是什么大不了的事。

根据我的经验，本科生写的案例研究在过程追踪上往往很薄弱，这是一个严重的缺陷。一个典型的案例研究可能会尝试检查利益集团 J（例如金融业、枪支所有者）是否对法规 Z 的通过有所帮助，这是一个因果论证。论文中提供的主要证据，比较了 J 集团也许在法规 Z 通过前的一两年说的它想要的东西，以及该法规的最终的内容。到目前为止一切顺利，但两条简要说明并不足以证明因果关系。另外，重要的是证明集团 J 的成员在这个问题上发出的是一个声音；证明集团 J 也许通过竞选捐助、立法证词或努力塑造公共舆论，让其偏好得以体现；证明一旦 J 意识到此法律可能颁布，不会改变它的立场转而拥护 Z；还证明立法机构的工作人员要求 J 帮助起草已变成 Z 的重要部分的法案；证明立法机关的重要成员改变了主意以回应 J 的努力；或者证明具有类似偏好的其他利益团体游说效果不如 J。连接因果链中的连接不仅仅是张贴在 J 网站上和法律文本 Z 上的立场文件，我们还需要通过历史学家和政治学家对报纸和杂志文章、政府文件、个人访谈、民意调查、活动捐赠记录，以及来自其他利益集团网站的资料进行二次研究。[45] 听起来是不是工作量很大？欢迎来到过程追踪，戴上一双结实的工作手套开始挖掘吧。

案例研究肯定有其局限性。就像任何观察设计一样，他们不能像实验设计那样完全解决未观察到的干扰因子的问题。如果案例内部或案例之间的观测次数相当小，那么案例研究设计和大群体的统计比较一样，都无法检测到共变和混杂变量。案例选择不充分可能是毁灭性的，这使得下一章对那些打算写作或阅读案例的人（即我们大多数人）来说成了必不可少的阅读材料。然而，在对的人手中，案例研究可以提供帮助我们了解发生了什么以及为什么发生的材料。

我为这种设计做最后一点辩护。政治学家们大部分的职业生涯中都在担心测试描述性或因果性假设，本指南的大部分都是指向这些同样的目标。然而，这些假设不是由神的信使发出的，总得有人提出这些假设。这些人通常是个案研究者，他们细致而持续的挖掘揭示了以前不可见的关系。一旦其他学者进一步调查，这些关系可能变得虚弱或不典型，但至少我们的研究有了一个貌似合理的出发点和方向。案例研究可以帮助我们形成假设，并且可以为检验假设提供必要的描述性证据。[46]

合并研究设计

本章要传达的主要信息之一，就是不同的研究设计都有各自的优点和缺点。由此，如果我们真的想要了解政治学中的任何重要难题，就应该准备进行广泛的阅读。关于民主和平论的文献给我们提供了一个很好的例证。许多经典研究都是基于大群体的统计比较，覆盖了许多国家和许多年份。作者们研究了许多因素——政府形式、富裕程度、国际贸易、地理毗邻性、军事能力——这些都可能会影响国家之间的矛盾冲突。一个广泛认可的结论是，民主政府不会彼此开战。[47] 在回顾这篇文献时，安德鲁·本内特（Andrew Bennett）和亚历山大·乔治（Alexander George）指出："统计研究更有能力证明非虚假的民主和平是否存在，而不是回答为什么可能存在。"[48] 相关的系列研究，往往基于历史案例研究，其出现目的是处理因果联系。[49] 如果民主制度很重要，那定期选举到底是如何减少民主国家互相争斗的可能性的？如果民主价值观至关重要，那么哪一个重要，怎样重要？虽然有关民主和平论的实验似乎不可能进行（"对不起，加拿大，你已被随机分为专制政权"），但是有几个这样的例子。最近的一项基于调查的实验发现，即使其他因素可控，比如军事联盟和军事力量，就民主与非民主国家而言，美国和英国的普通公民不太支持针对民主国家的军事打击。因此，民主国家不会彼此争斗可能因为当选的领导人正在悉心听取选民的意愿。[50] 总之，为了理解民主和平论与政治学上许多其他文献的意义，我们需要熟悉不同的研究设计。

政治学家之间浮现的一个新兴趋势是在一个单一的研究项目中采用两个及以上的设计。这种策略被称为**"多方法研究"**（multimethod research），或者，不太常用的叫法——方法论的**三角测量**（methodological triangulation）。采用第二种或第三种研究方法可以帮助测试初始方法发现的结果，或者解决第一种方法不能很好解决的问题。[51] 如果仅仅是因为作者需要更多时间来引进他们的数据和方法以发展他们的论点，那么在书中组合方法可能比在期刊文章中更容易完成。例如，爱德华·曼斯菲尔德（Edward Mansfield）和杰克·斯奈德（Jack Snyder）使用统计比较和案例研究来证明，虽然已建立的民主国家可能不会相互争斗，但新的民主国家容易发生战争。凯特琳娜·利诺斯（Katerina Linos）在她的政策传播研究中，把许多富裕民主国家的统计比较与希腊、西班牙和英国的案例研究相结合。尼古拉斯·温特（Nicholas Winter）进行了最初的实验并对民调数据进行了统计分析，以分析某些问题框架是如何刺激种族和性别态度的。[52] 学术期刊里也有例子。在一个开创性的关于战争期间的强奸案的研究中，达拉·凯·科恩（Dara Kay Cohen）对过去30多年来的86场重要内战进行了统计分析，紧接着是西拉·莱昂内（Sierra Leone）的一个案例研究。为什么？用凯·科恩的话说，因为"虽然统计分析论证的是强迫招募的极端形式和强奸之间的相关性，但这些变量之间关系的性质最好通过案例研究来确定"[53]。

实际上，对多方法研究兴趣的日益增长可能是喜忧参半的事。尽管它可能通过对学术问题提供更多细致和完整的答案使读者受益，但它也为我们这些研究者提高了标准。只上几个学期的统计课程已经不够了，现在我们需要增加进行实验或案例研究的专业知识。幸运的是，没有人真的指望像我这样的中年政治学家会增加新技能。所以，祝你们好运，孩子们！

◎ 练习：检查

1. 在阅读下面列出的一些研究时，确定作者在比较政治生活的哪些特征，以及如何比较（例如，是随着时间的推移比较、跨国比较，还是个人之间比较）。然后评估研究的内在效度和外在效度，指出研究的优缺点。最后，在此研究上，下一步你会做什么？

实　验

Andrew Beath, Fotini Christia, and Ruben Enikolopov, "Empowering Women through Development Aid: Evidence from a Field Experiment in Afghanistan," *American Political Science Review* 107, no. 3 (August 2013): 540–557.

Alan S. Gerber and Donald P. Green, "The Effects of Canvassing, Telephone Calls, and Direct Mail on Voter Turnout: A Field Experiment," *American Political Science Review* 94, no. 3 (September 2000): 653–663.

James L. Gibson and Amanda Gouws, "Making Tolerance Judgments: The Effects of Context, Local and National," *Journal of Politics* 63, no. 4 (November 2001): 1067–1090.

Shanto Iyengar, Mark D. Peters, and Donald R. Kinder, "Experimental

Demonstrations of the 'Not- So-Minimal' Consequences of Television News Programs," *American Political Science Review* 76, no. 4 (December 1982): 848–858.

Mona Lynch and Craig Haney, "Capital Jury Deliberation: Effects on Death Sentencing, Comprehension, and Discrimination," *Law and Human Behavior* 33, no. 6 (December 2009): 481–496.

Markus Prior and Arthur Lupia, "Money, Time, and Political Knowledge," *American Journal of Political Science* (January 2008): 169–183.

大群体统计比较 [1]

Jack Citrin and John Sides, "Immigration and the Imagined Community in Europe and the United States," *Political Studies* 56, no. 1 (March 2008): 33–56.

M. Steven Fish, "Islam and Authoritarianism," *World Politics* 55, no. 1 (October 2002): 4–37.

James L. Gibson, "The Truth about Truth and Reconciliation in South Africa," *International Political Science Review* 26, no. 4 (October 2005): 341–361.

Rodney E. Hero, *Faces of Inequality: Social Diversity in American Politics* (New York: Oxford University Press, 1998), especially chapter 5.

Edward D. Mansfield, Diana C. Mutz, and Laura R. Silver, "Men, Women, Trade, and Free Markets," *International Studies Quarterly* 59, no. 2 (June

---

① 这些文章都不需要高度复杂的统计知识来理解。——原注

2015): 303–315.

Pippa Norris, "Does Television Erode Social Capital? A Reply to Putnam,"
PS: *Political Science and Politics* 29, no. 3 (September 1996): 474–480.

Vesla M. Weaver and Amy E. Lerman, "Political Consequences of the
Carceral State," *American Political Science Review* 104, no. 4 (November
2010): 817–833.

小群体案例研究 [①]

Frank R. Baumgartner and Bryan D. Jones, *Agendas and Instability in
American Politics* (Chicago: University of Chicago Press, 1993), chapter 4
(regarding nuclear power).

Stephen Biddle, Jeffrey A. Friedman, and Jacob N. Shapiro, "Testing the
Surge: Why Did Violence Decline in Iraq in 2007?," *International Security*
37, no. 1 (Summer 2012): 7–40.

Justin Crowe, "The Forging of Judicial Autonomy: Political Entrepreneurship
and the Reforms of William Howard Taft," *Journal of Politics* 69, no. 1
(February 2007):73–87.

Ellen Immergut, "The Rules of the Game: The Logic of Health Policy-Making
in France, Sweden, and Switzerland," in *Structuring Politics: Historical
Institutionalism in Comparative Politics*, ed. Sven Steinmo, Kathleen

---

① 许多优秀的案例研究长度都有一本书那么厚了。这些建议阅读的期刊文章和
书籍章节的优点就是都比较短。——原注

Thelen, and Frank Longstreth (New York: Cambridge University Press, 1992), pp. 57–89.

Sarah Elizabeth Parkinson, "Organizing Rebellion: Rethinking High-Risk Mobilization and Social Networks in War," *American Political Science Review* 107, no. 3 (August 2013): 418–432.

Daniel N. Posner, "The Political Salience of Cultural Difference: Why Chewas and Tumbukas Are Allies in Zambia and Adversaries in Malawi," *American Political Science Review* 98, no. 4 (November 2004): 529–545.

Kurt Weyland, "The Arab Spring: Why the Surprising Similarities with the Revolutionary Wave of 1848?," *Perspectives on Politics* 10, no. 4 (December 2012): 917–934.

◎ 练习：建构

1. 假设你想研究媒体曝光和政治宽容之间的关系。你会如何设计一个实验、大群体的统计比较、小群体的案例研究来提供一些见解？每种设计主要权衡的是什么？

2. 现在假设你的兴趣在于分析经济状况和移民法之间的关系，你能设计一个好的实验来阐明这个问题吗？简要阐述。

3. 在撰写一份关于 20 ×× 年税收改革的案例研究时，你计划提出以下因果论证，这个论证中自变量和中介变量是什么？在这个因果链中的每一步都需要什么样的证据？

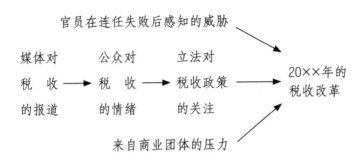

第五章　选择案例

我的遗憾之一就是从来没看过里基·杰伊（Ricky Jay）的现场表演。他在视频网站（YouTube）上的视频剪辑非常棒，我还有一张 DVD 纪录片，是根据他的职业生涯拍摄的《骗术》（*Deceptive Practice*）。[①] 然而，亲自去看他现场表演会更好，因为里基·杰伊是有史以来最伟大的魔术师之一。他不用烟雾和镜子就能让大象在舞台上消失，他也没有把女人锯成两半。杰伊特别擅长近景魔术表演，尤其是纸牌魔术。在重复洗牌后，他可以让纸牌变成任何组合——全部是 Q，全部是黑桃，A—K—Q—J—10 顺序牌，等等。他可以快速洗整副牌，牌面朝下，任何时候只要观众中有人喊"停"，他就能拿出一张 A。里基·杰伊是世界上你最不想和他玩扑克牌的人，但却是你最喜欢坐在他旁边的人之一，坐上一个小时只是想看大师工作。最重要的是，他已经形成一种有文化色彩的、有趣而又自嘲的舞台表演模式，里基·杰伊是一位真正杰出的表演者。

表演环境很重要。首先，里基·杰伊重复洗了几次牌，然后

---

① 是的，我承认任何还在收集 DVD 的人都明显是"老了"。——原注

给自己发了四张 A，我们很喜欢这个把戏，并对他的技巧感到惊叹。然而，当政治学家们选择一个特定的案例或一组案例来测试一个论点时，我们可能会担心他们会给自己"发一手好牌"。就像里基·杰伊和他的牌一样，这些专家通常对他们的主题（如选举、恐怖主义、司法决策、贸易政策等）比我们其他人要了解的多得多。他们也许会故意选择某些案例并忽略其他案例来骗我们接受或拒绝一个假设。[1] 研究人员同样可能不自觉地选择那些使他们的结果产生偏差的个案，无论是蓄意的还是偶然的，不当的案例选择都会危害政治科学研究的效度。

本章的目的是指出一些好的和不恰当的选择案例的方法。到这个阶段为止，我们已经确定了调查的一般假设并选取了研究设计方案，现在我们需要分析一些具体的案例。我们可能会选择一场内战、几次金融危机、所有的欧盟成员国、1348 个人、国会里数千的唱名投票——几乎所有的可能性。一些关于案例选择的更好讨论为读者提供了一系列的策略。[2] 当然列举出这些策略是一个好的开始，它可能有助于将这些策略分成几个有意义的类别。本章中，为了促进研究的外部效度，我将讨论选择案例的不同方法，比如分析整个案例群体或随机样本。然后，我将讨论提高内部效度的策略，比如在因变量中有意选择大的变量。这些并不是仅有的可用策略，学者们在论证他们的案例选择时，经常会提到不止一个策略。我们将看到，这其中的一些策略对于一个研究方案设计比对另一个更有意义。关键的一点是，这一行业的每个人都意识到公开和明智地选择案例的重要性。否则，观众可能会认为他们是在和一名玩牌老手打交道。

选择案例以提高外部效度

你可能不会根据我们的穿着方式了解到什么，但政治学家可是一个相当有野心的群体。我们希望我们的研究能够清楚准确地揭示政治世界的重要特征，这件事比早点下班回家重要（嗯，至少在下午 5 点之前）。从逻辑上讲，确保我们的发现得到广泛应用的最直接的方法是分析案例的整体。研究每一个选民，或者每一场战争，或者每一项对民权法的改变，这听起来令人生畏，但也确实如此，对时间、金钱和精力的实际考虑通常会妨碍我们对整个群体进行分析。我真的可以问丹麦的每个成年人对下届选举的态度吗？不可以。即使在一个拥有现代化基础设施的相对小的国家，这样做的成本也是不允许的。我能找出自从单一民族国家出现以来每一次不同国家间战争的所有原因吗？没有更发达的大脑和更长的寿命，想做到这一点是不可能的。相反，我会采访一些丹麦成年人作为样本或分析一部分战争样本，然后从小的子集到一些更大的案例群体进行推断。

推断是有风险的，我们的归纳结果可能最后被证明是错误的。解决这个问题的一种方法是把我们的研究群体缩小，这样我们就可以分析每一个案例。然后，确定案例群体的大小取决于我们如何定义核心概念（见第二章）。选择案例变得既是一个实践也是一种概念练习。假设我们对社会主义国家政党的作用感兴趣，尤其是我们想知道这些政党是如何招募和提拔他们的领导人的。如果我们相信，随着时间的推移，社会主义国家在本质上是相似的，那么我们就有相当大的群体可以研究。一定数量的抽样调查似乎是不可避免的。尽管如此，研究人员可能会争论说21世纪的社会主义国家与20世纪的大不相同。也许苏联的解体是一个历史性的转折点，现在，我们或许可以研究整个群体的政党政治。同样，国际安全专家可能会说，世界大战在许多方面与地区或边境战争不同，而且拥有现代武器的战争与那些用步枪或大炮作战的战争也是截然不同的。因此，现代世界大战的概念将会有两个案例群体，即第一次世界大战和第二次世界大战。一场世界大战之后，领土边界是如何以及为何要重新划定，在现代，这项研究提出的问题可以从案例的整个群体中得到证据。我们分析这种群体的能力在于我们让读者相信我们已经正确地定义了一般概念，而其他潜在相关案例不属于这一类。很有可能，一些读者会反对。

弄清楚我们能否处理全部案例群体，也取决于我们研究的更为重大的意义（第一章中已讨论过）。让我们回到美国各州的枪支和犯罪的例子上。可以想象，从1960年联邦调查局开始公布州一级的犯罪数据以来，每年都有人分析所有50个州的情况。这个研究人员可能使用时间序列横截面的设计进行了大群体的统计研究，在其他可能的影响因素受控的前提下，来确定枪支的可获得性是否与犯罪率有关。如果作者打算只对1960年以来有关美国犯罪的文献做出贡献，那么这项研究可能包括案例整个群体，而且这项研究会有一个善于接受但又有些限度的受众。另外，如果作者把这项研究放在国家层面更广泛的政策制定的背景下，更大的文献可能包括来自教育、税收和医疗保健的例子，这些研究将在文献综述中被引用。因此，犯罪会是政策案例研究大群体中的一个样本。或者，如果作者想为有关犯罪的跨国文献做点什么，那么美国可能是众多国家案例中的一个。过去这些国家的研究会在文献综述中出现，无论是哪种方式，这个项目的受众范围，都要比把这些案例当作整个群体对待要广泛得多。

鉴于以上讨论的实践性和概念性问题，政治学家很少分析整个群体。他们通常分析样本，而且必须小心地选择那些样本，不好的样本很容易导致错误的结论。在医学上，抽取血样是非常简单的。从食指上取下的一个小样本，会让我们看到一个人的健康状况图，从其他手指取的也是一样。过去的研究告诉我们，血细胞在整个身体中都相当一致。在烹饪中，厨师只需要品尝一到两匙汤就知道它是否可以装盘了。但在选民、环保法规、人道主义使命、边境战争、商业游说团体等中，很难找到任何政治生活的特征像血细胞或汤那样一致。

理想情况下，我们希望样本能反映更大的群体。对于那些计划处理更多案例的研究者们来说——对观测数据进行统计比较，或者做一项调查或实地实验——或许最常见的策略是选择一个随机样本。研究者们有不同的方法来生成随机样本，但我们基本的直觉是，不加区别地选择许多案例会减少偏差样本的概率。这是一种避免里基·杰伊问题的经典方法，我们不允许研究人员决定选择哪些案例。尽管一个随机样本极少看起来非常像大群体案例，但只要我们选择的案例数量合适，它就会相当接近大群体。 例如，一份随机的 1500 个美国人的样本可以准确做到误差范围为正负 3 个百分点。这一群体很可能是一个具有代表性的混合，包括男性和女性、自由主义者和保守主义者、受教育较少或较多的人等。如果我们的样本中有 12% 的人认为奥巴马出生在非洲，被激进的女同性恋素食主义者抚养成了一个穆斯林，那么我们就可以确定在全部调研群体中真实的数字是在 9%～15%。[1] 考虑到美国有 3 亿多人口，我们的样本可能看起来很小。尽管如此，随机选择的一个中等规模的样本通常比一个更大但非随机的样本能告诉我们的东西更多。（这一点上你可以相信我，或者你可以选修一门关于概率和统计的入门课程。）

在大多数行业中，随机性是挫败的源泉，或者是危险的迹象。如果老师随机给学生打分，那么最好和最差的论文得到 A 的机会就同等，你可以想象一下学生的反应。如果公共汽车以随机的速度向随机的目的地行驶，想象一下会带来什么伤害。但是，政治学家们在进行研究时，找到了利用随机性以便于他们研究的方法。我们已经看到了随机分配如何有助于实验的内部效度（第四章）。在这里，案例的随机抽样可以提高实验或观察研究的外部效度。

一些研究项目依赖于一个**简单随机样本**（simple random sample），在这个样本中，群体的每个子集都有相同的被选中的机会。例如，最近有一篇论文分析了律师在最高法院出庭的行为，作者首先确定了从 1994 年至 2010 年经过法庭辩论以及判决的每一个合法案例的群体规模。此研究的总群体为 1469 个案例。然后，他们调用 Stata 软件包中的样本指令来为他们随机选择案例。这个指

---

[1]　相当自信并不意味着绝对肯定。事实上，根据概率定律，我们有95%的把握确信这个例子中的真实值在9%～15%。我们仍然有可能选择一个非同寻常的样本，而真实的群体数据可能少于9%或超过15%。不太可能，但也有可能。（注：比这个规模小的样本会有更大的误差范围，如400人，误差范围在正负5个百分点。）——原注

令可以自定义，他们要求 25% 的群体，给了 370 个案例。对于这个样本，作者收集了有关最高法院的裁决以及律师简报中引用的司法条文的详细证据。尽管数据收集过程仍然需要时间和精力，但相比收集法庭案件整个群体的证据，这样更有效地利用了研究人员的时间。[3]

其他项目则依赖**系统性随机样本**（systematic random sample）。想要调查某大学里学生的研究者可能会从校园电话号码簿中取样，并与其中的每 10 人或每 20 人中的一个取得联系。在这种方式中，研究人员并没有针对特定类型的学生，比如同学或密友。由此产生的样本应该是整个大学生的一个缩影，抽取多级样本也有可能。在选举日当天进行的全国性的选举投票后民意测验，可能会从全国各地随机选取一些县开始。研究人员会从每个县随机选择一些投票区。然后，民调人员会被派到各个选区，并遵照指示在一天当中调查随机抽样的选民。[4] 我们的调查也不只局限于个人。除了上面提到的法庭案件，我们还可以对议会法案、国际冲突、总统演讲、竞选广告、市政当局，或者实际上任何有大群体的事情进行抽样调查。

研究人员时常希望确保他们的样本中包含某些与他们的更大问题相关的元素，他们不想完全随机挑选案例，他们希望他们的假设能够帮助他们选择案例。如果我们在测试性别对政策偏好的影响程度，男女平均分配的样本会很有用。一个简单的随机样本通常会近乎对半平分，但并不总是如此。或者，研究利益集团行为的研究人员可能想要确保有适当数量的经济和非经济集团纳入样本，同时也有足够数量的拥有单一的国家办事处的组织，与那些在全国各地拥有多个办事机构的组织相比照。在这种情况下，**分层随机抽样**（stratified random sample）就很有用。研究者们会定义相关的阶层（例如男性和女性；A、B、C 以及 D 类型的利益集团），决定来自每个阶层的案例所占的比例，然后从每个阶层收集一个随机样本。

山姆·惠特（Sam Whitt）和瑞克·威尔逊（Rick Wilson）在为研究波黑的公正的实验招募实验对象时使用了这种方法。他们的基本问题是："一旦一个多民族社会走出了暴力冲突、内战，甚至种族灭绝时期，那些幸存下来的人能够接受与前种族竞争对手和敌对者维持和平的准则吗？"[5] 为了回答这个问题，研究者们使用了不同版本的"独裁者游戏"。在这个游戏中，每个人都得到一笔钱，并让他们自己和一个陌生人平分，这个陌生人要么是他们自己族群的成员，要么是竞争对手中的一员。换句话说，每个测试对象都可以决定如何分配资金。从一开始，惠特和威尔逊就坚持用这个样本，其中包括了数量大致相同的波什尼亚克人、塞尔维亚人和克罗地亚人，他们是这个国家的主要民族。基于以往对冲突与合作的研究，研究者们同样认识到，样本里包含不同年龄、性别和教育水平的个体的重要性。一旦每个抽样群体的目标数目满足了，每一阶层的随机抽样就停止。最终从波黑不同地区随机抽出的总共 681 人参与了这个实验。

随机抽样是实验和大群体观察研究的标准做法，但对于案例研究来说，随机抽样确实是一个坏主意。当我们的样本很大时，可能是几百或几千个样本，偶尔的怪异或琐细的案例不会对总体结果产生很大的影响。样本数 n 为 1 或 2，这在案例研究中很常见，每个案例都很重要。[6] 对于美国各州的枪支和犯罪案例研究，难道我真的要盲目地选择一个州，然后花上我生命中几个月的时间来亲密接触阿肯色州吗？我不这么认为。对于洲际冲突的比较案例研究，我会随机选择两场战争，我最终可能选择 1859 年至 1860 年的西班牙—摩洛哥战争，以及在萨尔瓦多和洪都拉斯之间的 4 天足球大战吗（1969）？"当然不是了。"案例研究应该经过深思熟虑的选择，稍后我会解释如何做选择。

实际上，要确定一个随机样本可能并不容易。首先，我们需要很好地掌控整个群体，一个校园电话簿、一份完整的投票选区名单或者所有注册过的游说者清单，这会让我们这些研究者工作起来更容易。然而，许多时候我们对整个群体并不很了解。《彼得森北美主要政策革新指南》（*Peterson's Guide to the Major Policy Innovations of North America*）并不存在，非洲的恐怖分子、非政府环保组织、可能竞选公职的候选人，以及各种各样的政治现象也是如此。其次，即使确实了解这个群体，我们可能也缺乏收集随机样本的时间、金钱或技能。只有少数几个组织有能力进行全州范围或全国范围的出口民调。在像波黑这样的国家的不同地区进行一项实验，既不可能很快也不可能成本低廉。

靠着我们的聪明才智和坚忍不拔，我们也许能够估算出一个抽样群体的大小规模。美国众议院可能的候选人也许包括所有的州立法机构现任成员、所有州长以及所有人口超过 50 万人的城市的市长。尽管这一名单不包括商界领袖、前职业运动员以及娱乐圈人士——他们其中一些人将角逐众议院席位，但这可能是一个合理的起点。在许多州和地方官员中，我们可以随机抽取几百个案例，来了解为什么一些潜在的候选人多多少少对竞选国家公职有些兴趣。[7]

然而，对于某些项目，我们可能不得不选择一个非随机样本。也许最常见的变体是**便利样本**（convenience sample）。在严格的最后期限下工作的记者可能会以这种方式进行抽样调查，询问路人对最新的道德丑闻或外国危机的看法，"街上的路人"是一个方便的信息来源。政治学的室内实验有时会使用大学生样本，因为他们住在附近而且选修的课程要求他们参与实验。这些学生可能聪明、精力充沛，但对于研究人员来说他们的主要优点就是方便。虽然一些室内实验可能会做更广泛的宣传来招募参与者，但研究者们通常会选择志愿者，无论他们是谁。由于缺乏一份在非洲的非政府环保组织的完整名单，我们可能会从报纸和杂志一段时间内报道的数据库中提到的非政府组织中抽取样本。万幸的是，一个便利样本的结果可能会像随机样本一样具有代表性，但这种情况发生的概率并不高。最重要的是，任何从便利样本中进行归纳的人都应该非常小心。

雪球样本（snowball sample）是一种特殊类型的便利样本，而且可能更有信誉。当目标群体很难找到或不太可能合作时，研究人员就会使用这种方法。一个随机样本根本不起作用。想想"偷税漏税者""敌对组织的成员"或者"那些为武装叛乱分子提供物质支持的人"。这些都是重要的论题，而我们需要找到研究他们的一些方法。有时候，最好的策略是与一个人建立融洽的关系，然后与那些在团队中信任他的其他人接触。就像雪球一样，当样本被轻轻推过地面时，会变得更大。凯瑟琳·埃丁（Kathryn Edin）和劳拉·莱恩（Laura Lein）在试图确定靠福利救济生活或从事低薪工作的贫困单身母亲的收入来源和主要支出时使用了这种方法。由于很少有人愿意与陌生人分享这种信息，研究人员必须获得一到两名女性的信任，并请求在社区中与上面提到的境况类似的母亲交流。最终，研究人员成功地在4个不同城市对379位单身母亲进行了个人采访。这项研究本身困难重重，所以取得这个成就真是令人印象深刻。[8]

尽管如此，便利样本或雪球样本也可能会有偏差。这些样本中的大多数不能代表全部目标群体，因此可能缺乏外部效度。报纸和杂志上提到的环保团体很可能是国家和国际组织。通过从这个群体中取样，我们会错过当地的同类样本。埃丁和莱恩可能赢得了一些单身母亲的信任，因为她们觉得自己没什么好隐瞒的，但她们有可能错过了有大量隐形收入的女性。

这个问题的通用名称是选择偏差（selection bias），它也会影响随机样本。当研究人员没有从整个群体中取样时，就会出现选择偏差。因此，重要的部分可能被排除在外或被认为不足以代表整体。1936年声名狼藉的《文学文摘》（*Literary Digest*）杂志的民意调查经常被当作选择偏差的例子引用。为了预测当年美国总统大选的获胜者，该杂志令人震惊地向1000万美国人寄出了调查问卷，有200多万人寄回了问卷，这是史无前例的数字。民意调查显示，罗斯福总统将被彻底击败——然而他却以压倒性的优势获胜。竞选人阿尔夫·兰登（Alf Landon），总共获得两个州的选票。这项调查的结果错得离谱，因为它稀里糊涂地从美国的特殊阶层中取了样，登记的是汽车车主、《文学文摘》的订户以及拥有家庭电话的人。民调人员没有意识到，在1936年这些群体往往比大多数人更富裕、更保守。考虑到这个抽样策略，罗斯福的许多支持者根本没有机会在这个问卷中表达他们的意见。[9]

如今，民意调查组织变得更有经验，但选择偏差的问题依然存在。例如，基于电话的民意调查传统上从有固定电话的群体中取样，这样做就漏掉了那些完全依赖手机的人。目前，超过 1/3 的美国成年人没有固定电话，而且这个数字还在增长。研究表明，在美国，少数族裔和年轻人群体中只使用手机的家庭比在其他群体中更普遍。如果这些群体在样本中没有得到充分的体现，那么民调结果可能就是有缺陷的。[10]本杰明·佩奇（Benjamin Page）认为，许多学术研究高估了公众舆论对政策的影响，因为他们主要从公众了解和关心的政策中取样。不太显眼的政策可能恰恰是利益集团影响力强大而公众舆论影响不大之处。[11]进行实验的研究人员一直在担心选择偏差。一项完全依赖于大学生作为实验对象的室内实验，可能最终得到的样本与大多数成年人，甚至大多数年轻人中的样本都不一样。① 现场实验的范围可能不得不局限于某些区域或群体，特别是在偏远或不稳定地区。[12]

　　一个相关的问题是**无反应偏差**（nonresponse bias）②。研究者们可能会成功地将一份民意调查分发给一些随机抽取的群体。或者，他们可能会邀请当地社区随机抽取的人自愿来做实验。他们可以完全避免选择偏差，但最终还是会得到一个有偏差的样本。这取决于

---

① 如果大多数的大三学生和大四学生都住在校外，即使是一项通过在随机挑选的宿舍里放置传单来招募大学生实验者的室内实验，也有可能存在选择性偏差。——原注
② 一些有关研究方法的教科书把这个问题称为"反应偏差"。然而，这一术语对政治心理学和公众舆论的专家有着不同的意义。对他们来说，反应偏差指的是个人行为方式不真诚，也许是因为他们想表现得比他们本身更开放或更有合作精神。反应偏差并不是指样本的构成。虽然选择偏差通常是研究人员的过错，但无反应偏差可能是由于某种程度上运气不好。——原注

谁作答问卷。研究者们可能根本不会收到来自政治保守派，或工会成员的许多调查结果。大多数来参加实验的志愿者可能已经退休或失业，在这个样本中，从业人员代表可能人数不够，因为他们没有闲暇时间参加。几乎所有要求人们对餐馆、酒店、电影甚至教授进行评级的网站都很容易受到无反应偏差的影响。那些漠不关心的人可能不会花时间访问网站并记录他们的观点。发布到网站上的评论往往不是非常积极，就是非常消极，或者两者都有。一些学者认为，1936 年，《文学文摘》杂志的民意调查不仅遭受了抽样偏差之苦，也深受无反应偏差之害。[13] 出于某种原因，罗斯福的支持者，甚至是那些拥有汽车和电话的人，比兰登的支持者交还那项调查问卷的可能性更小。

偏差样本并不一定是致命的缺陷。该样本可能会在一些理论上无关紧要的方面产生偏差，比如在一项关于外交政策态度的研究中，没有把崇拜里基·杰伊的人都包含在内。偏见的程度，即使是有关联，也可能是微乎其微的。此外，如果代表人数过多和代表人数不足的群体在重要性上相似，则有偏差的样本也可能产生有效的结果。假如我们正在研究美国人对堕胎的态度，结果发现我们的样本中竟然有 90% 是男性，这样本听起来似乎太恐怖了，这是一个很明显的重新开始的信号。然而在美国，男性和女性对堕胎的态度通常是相当相似的。当被问及女性是否不论任何原因都能够堕胎时，2012 年，40% 的男性和 43% 的女性表示同意；2000 年，对于同样的问题，男女都是大约 37% 同意。[14] 在这个例子中，如果样本的男女比例为 90∶10、33∶67 或 50∶50，这对于总体的结果可能并不重要（但是样本中女性比例只有 10%，我们可能无法对女性的态度进行过多的讨论）。同样地，一项只对政治学专业本科生进行的实验，与对更有代表性的混合专业的学生做的实验，可以产生同样的结果。

当然，我们可能事先并不知道样本的不同部分是否彼此相似。即使我们知道近几十年来美国男性和女性对堕胎的看法相似，我们可能想知道现在是否仍然如此。换句话说，我们可能不想假设我们最初计划要调查的内容。在这种情况下，研究者们可能会重新校准他们样本中的案例，这样一来，代表不充分的部分就会在整个群体中得到一样多的重视。面对一个男女比例碰巧为 2：1 的样本，为了平等，研究人员可能会对每个女性的回答计算两次。最好的策略可能是从一开始就选择一个分层的随机样本。这样，我们就可以设计合适的搭配——男人和女人、不同族群、新旧官僚机构、资源丰富和资源贫乏的国家，或者任何具有与我们的研究相关特征的群体。最低限度上，我们会希望研究人员生成样本的过程是透明的。[15]

我们仍然需要弄清楚如何提高案例研究的外部效度，而这些研究不应该是随机选择的。从一个案例或几个案例中归纳是很困难的，但是我们确实有选择。如上所述，一种策略主要是概念上和定义上的。如果我们认为某些政治现象是罕见的（例如现代世界大战）或甚至是独一无二的（例如最高法院决定的美国总统选举），那么案例研究设计即使不涉及整个群体，也涵盖很大部分。我们研究的外部效度应该是很好的。然而，对于大多数研究项目来说，群体要比少量案例数量大，我们需要做推断。

直观地说，如果只是因为 n 比较大，就这一点而言，比较案例研究应该比单一案例研究更有优势。如果案例在一些重要的维度上发生变化，比较案例研究可能会提高外部效度。伊默加特在她的健康政策研究中（见第三章），选择了一个国家案例（瑞典），案例中政府大力参与提供医疗保障、调节医疗费用以及提供医疗服务；另一个案例（瑞士）中政府参与医疗保健程度要少得多；还有一个案例（法国）介于这两个极端之间。① 如果她坚持只选瑞典或瑞士，我们可能会想，她是否选择了一个不太可能告诉我们太多有关其他国家情况的异常值。这就像里基·杰伊向我们展示了一张红桃 Q，并试图让我们相信在我们无法看到的那堆牌里面都是 Q。如果伊默加特选择的 3 个国家都与瑞典相似，我们也会有类似的担忧。这就像是在展示 3 张牌，全是红桃，并且暗示其余的牌大都是红桃。然而，在 3 个不同的案例中，一个清晰的模式使我们对欧洲或富裕民主国家的卫生政策更有信心。[16] 无论我们是否想描述或解释模式，这种策略都起作用。

我们可以想象许多不同的项目使用相同的基本方法。为了研究联合国任务的有效性，研究人员可以先将任务分成不同的类别。选择一个与国内冲突有关的任务，另一个与自然灾害有关的任务会比较有意义。在研究美国总体利益改革的持久性时，艾瑞克·帕塔什尼克（Eric Patashnik）选择了来自明显不同政策领域的案例，如税收、运输和农业，而不是将他的案例局限在一个单一的领域。梅利莎·诺布尔斯（Melissa Nobles）在关于人口普查类政治学的书中，挑选了一个强调种族的国家（美国），另一个强调肤色的国家（巴西）。[17] 在这些例子中，案例的多样化增加了这个项目的外部效度。

---

① 我们可以把这种方法看作分层目的性抽样。——原注

　　尽管这一策略对于单个案例研究来说并不可行，但研究人员仍然有选择。他们可能会特意选择一个**典型的案例**（typical case）进行仔细的审查。对于这种方法，以前的研究也许是基于对许多案例的统计比较，一定已经确定了典型和典型案例。因此，根据许多其他的案例，这个案例是典型的。例如，在资源诅咒假说中，我们知道沙特阿拉伯是相当典型的案例——大量石油、极度的不平等、低程度的民主。我们不需要一个案例研究来证明这些特性是共存的。相比之下，一个仔细追踪了石油阻碍民主过程的案例，可能是非常有用的，这种因果路径也可能适用于与沙特阿拉伯类似的其他国家。在美国，总统的支持率通常与经济状况紧密相关，经济衰退期间支持率下降并非头版头条新闻。尽管如此，关注这样的事件，并试图找出经济有什么具体的特征（如通货膨胀、汽油价格、失业、赤字等），这样的案例研究让大多数美国人感到担忧，为什么人们会把经济衰退原因归咎于总统，而总统是如何应对公众的预期或推卸责任的，这些研究都是有益的。一个典型的案例实际上要求有过程追踪。

　　典型案例研究的外部效度取决于整个群体的同质性。案例相似越多，研究者就越容易从单个案例中归纳。但是如果相关的群体是异质的，又该如何？我们不是在品尝汤，我们面前是丰盛的自助餐。在这种情况下，我们可以选择一个**本质上很重要的案例**（intrinsically important case）——这个案例在研究群体里比大多数其他的案例都更重要。[18] 对于研究恐怖主义的学生来说，"9·11"恐怖袭击肯定有资格作为重要的案例。任何一个有兴趣了解右翼政党崛起的人都很可能会选择研究20世纪20—30年代的德国纳粹党。

许多从事描述性研究的学者选择案例，很大程度上是因为这些案例本质上的重要性。

我的研究专业是美国社会政策。在针对穷人的项目中，医疗补助计划真是一枝独秀。它的成本是其他任何一个反贫困项目的 5 倍，是其中许多项目的 100 倍。在一年中，医疗补助计划比任何公共援助或社会保险，包括社会保障，都帮助了更多的人。因为医疗补助服务于各种各样的贫困人群——儿童、成人、老年人、残疾人，它依赖于强大的第三方，如医生、医院以及疗养院来提供医疗服务，而且因为所有权归国家和州政府共同拥有，所以医疗补助的政策很具吸引力。尽管医疗补助只是 100 多个公共援助项目中的一个，但我认为这是到目前为止最重要的案例。准确地描述和解释其政策是了解公共援助项目的关键，从这个角度来看，重要的群体包含分析性的见解，而不是单个的项目。研究医疗补助计划比研究十几个小项目更有可能产生这些见解。①

或者说，案例可能在本质上是重要的，因为作者认为它被普遍误解了（实际上，它是在挑战传统观念，见第一章）。许多观察人士认为，没有必要为最近的大衰退痛苦，因为像世界银行和国际货币基金组织这样重要的机构表现太糟糕了。丹尼尔·德雷兹内（Daniel Drezner）的新书《制度起作用了》（*The System Worked*）[19]则持相反观点。在他看来，全球经济管理阻止了这场衰退演变成一场全面的萧条，并帮助许多经济体迅速反弹。德雷兹内并不是在说

---

① 对于一个旨在为当前政策争议提供信息的项目来说，一个本质上重要的案例可能就是一个极其类似于当代问题的案例。——原注

这些机构总是运转良好，但在这一个重要的案例中，与传统观点相反，它们确实起作用了。

无论群体是同质的还是异质的，我们都可以选择一个困难案例（hard case）来分析。"困难"在这里并非表示证据很难找到，这意味着这个案例似乎不太可能支持一个给定的假设。如果假设在一个较为棘手的案例中成立，那么它应该在许多其他案例中也成立。这个策略应该听起来很熟悉，因为我们已经在日常生活中使用过了。为了确定我们的衣服是否可以从烘干机里拿出来了，我们首先摸一下蓝色牛仔裤，牛仔裤干了可能说明我们的 T 恤和袜子也干了。为了检验肉是否煮熟透了，我们从最厚的一块上切下一片，如果这部分看起来熟了，那剩下的就应该可以吃了。

在这些生活化的例子中，困难案例是根据先前的经验选择的。在政治学中，困难案例是根据先前的研究选择的。查尔斯·利普森（Charles Lipson）指出，《决策的本质》（*Essence of Decision*）这个对古巴导弹危机的经典研究，对于某些官僚政治理论来说是一个困难案例。当然，我们也许知道，官僚机构对不那么显眼的或技术上复杂的政策有很大的影响力，比如对农产品的价格支持。当问题显而易见时，真正的考验来了，而当选官员对应该做什么与官僚们的看法完全不同。古巴导弹危机表明，即使在这些情况下官僚政治依然强大："尽管有总统命令和美国政府最高级别的密切监视，美国海军仍然按照自己的内部程序实施封港令。"[20] 言下之意是，如果官僚和操作程序在美国历史上最大的外交政策危机中发挥了影响力，那么它们的势力可能远远超出了大豆的价格。对于任职理论的一个严峻的考验，可能牵涉一个共和党参议员，他所在的州在总统选举中总是投票给民主党。如果这位参议员能赢得几次连任，那么我们就会认为他的在职会让很多政治人物受益。我们的案例研究将追查出这位参议员利用他的职务之便来增加他连任机会的不同方法。

相比之下，**简单案例**（easy case）就是假设在其中最有可能奏效的那个案例。假设没起作用，我们就会确信这个假设将不适用于许多其他的案例。20世纪中叶，许多政治学家认为，为了促进一个国家内部的稳定和团结，需要一个横切分层（cross-cutting cleavages）的社会结构。例如，宗教差异与地区的差异越大，或者语言差异与社会地位的差异越大，冲突就越有可能发生。阿伦·利普哈特（Arend Lijphart）的荷兰案例研究对这一假说提出了严重质疑。这是一个横切分层相对较少的国家，政治摩擦的程度却相当低。[21] 举一个日常可见的简单案例，我们再回到衣服烘干机这个例子上——如果T恤衫没干，那么牛仔裤也一定没干。当一个简单案例不能支持一个假设时，我们所了解到的要比它提供的支持要多（T恤干了可能意味着牛仔裤仍然是潮湿的）。

选择案例研究时，便利样本通常是一种糟糕的方式，原因与随机样本相同。① 你根本不知道会有什么样的案例与你擦肩而过。一个警示故事是：在我的研究方法课程中，学生通常被要求就他们选择的主题写一个案例研究，其中包含一些过程跟踪的证据。几年前，一个学生想要调查西方国家选民的冷漠。他选择的案例包括澳

---

① 这条规则的一个例外可能是探索性研究，在这种研究中，我们都对某特定群体了解很少。对一个便利案例进行详细的研究也许会形成一些见解和假设，而对于这些假设，其他学者后来可能要用更大的一组案例来分析。——原注

大利亚、英国、加拿大、德国、希腊、新西兰和美国。暂且不提是否有人能在我规定的 6～7 页中分析那么多的案例（简短的回答是否定的）。他之所以选择这些案例，是因为 2009 年出版的报纸文章中碰巧提到了选民冷漠，他在电子数据库上花了两分钟就发现了这一点。这些案例与之前关于选民冷漠的研究没有任何联系，他们的选择没有任何理论依据。他并没有说他的任何一个案例都是典型的，本质上重要或者棘手的。这里真正的原因是研究者的冷漠，而不是选民的冷漠。

从某种意义上说，外部效度指的是我们研究的"可输出性"。学者们希望他们的见解，无论是描述性的还是解释性的，都将超越他们的特定计划，选择合适的案例将使这个过程更加顺利。然而，如果研究的内部效度受到怀疑，那么没有人会对引用这些见解感兴趣。我们还需要选择案例，以确信某些关系是否存在于给定的研究范围内。

选择案例以提高内部效度

实验设计的外部效度部分取决于案例的选择（以及环境和实验的人为性），实验的内部效度却不是这样。正如我们在第四章中看到的，随机分配是关键。出于这个原因，在本章的这一部分我将很少提及实验，重点将放在选用于观察研究设计的案例上。

无论我们是在使用描述性假设还是因果假设，内部效度的一个基本要素都是有关我们的关键概念（严格地讲，就是这些概念测量）中的共变。我们需要弄清楚我们的概念是正相关还是负相关，或者根本就没有关系存在，这将有助于取得一些测量值确实发生了改变的案例。并不是所有的测量都必须是变量，有些可能是常量。一个有关常量和变量之间关系的假设，也许在分析上有用，但依然会被拒绝使用。例如，当帕特南试图确定为什么一些意大利地方政府比其他地方政府表现更好时（见第一章），他不再将制度设计作为一种解释，因为所有这些政府都有相同的基本设计。幸运的是，他的其他解释变量在整个地区都不是常量。[22] 如果我们认同这样一种观点，即美国一直在遵循洛克式自由主义传统，即支持个人自由权利和有限政府，那么在这种恒定的政治文化和变化着的美国政治的其他特征之间就很难建立任何关系。

政治世界的大多数特征确实会随着时间推移和空间的转换发生变化，而研究人员在分析关系时试图利用这一事实。在这一点上，大群体统计较小群体案例研究有着决定性优势。一个经过深思熟虑遴选的包含两个或三个案例的样本，可以让我们对一个自变量或因变量的值的全部取值范围有一个很好的了解。一方面，我们也许会采访两个人，一个强烈反对向叙利亚派遣军队，另一个强烈支持这一行动。另一方面，随机抽取的千人样本将使我们对公众舆论有更清晰的认识。我们会遇到一些观点介于这两个极端之间的人，我们会更清楚抽样群体在这个问题上是否平均分布（就像两个人的样本那样），或者公众是否更多倾向于一边。随着案例的增多，我们检测一个关系的真正方向及其优势的能力几乎总是会得到提高。

同样地，一项大群体的研究更具备检查虚假关系的能力。如果我们有更多的案例，我们将能够控制混杂变量。对于为什么人们会支持或反对海外军事干预，学者们可能有许多解释（例如政治意识形态、年龄、性别和教育）。一个很小的样本没法让我们观察到许多因素的组合，而我们需要将这些因素按照它们的相对重要性分类。我们可能会和一个 50 岁的拥有大学学位的保守派人士交谈，或者和一个有研究生学位的 32 岁的自由派女性交谈，如果我们就此罢手，那么哪些因素与他们反对军事干预的观点有关，我们将无法获得任何线索。我们可能会被迫得出结论——每件事情都很重要。但这并不是一个很好的解释。为了给出一个更准确的答案，我们还需要与保守派女性、年轻的自由派男性、年长的自由派男性、两种性别的温和派、不同年龄的高中毕业生等进行交谈。我们需要和成百上千从人群中随机挑选出来的人交谈。一个大的随机样本由此为研究人员提供了双重好处，它可以帮助我们更自信地归纳，这对外部效度有好处，它可以给我们提供所关心变量有用的变化，这对内部效度有好处。

真正的挑战是搞清楚如何在小群体的案例研究中检测共变和虚假关系。对于比较案例研究来说，一个明智的做法是，从一开始就限制对立假设的数量。虽然我们不能控制许多混杂影响，但我们可以检查一些。即便只有 3 个案例，伊默加特仍然能有力地证明，医生的权力本身并不能很好地解释国家在卫生政策上的差异，左翼政党的力量也不能解释，机构更重要。更准确地说，她发现机构否决点上的差异使瑞士医生比法国医生权力更大，而两者都比瑞典的医生权力更大。一个人可能会对国家价值观、经济危机或她从未检测过的许多变量的影响感到好奇，这很正常。伊默加特并没有假装对大量相互矛盾的解释进行检测，这样做很明智。

另一个明智的做法是选择一些在兴趣变量上有差异的案例。如果我们试图解释一些结果，那么我们的主要兴趣是在因变量上，我们就会选择那个变量含有不同值的案例，伊默加特就是这样做的。理查德·瓦莱利将 19 世纪晚期美国黑人争取选举权的失败，与他们在第二次世界大战之后获得选举权的成功进行对比时，也是这样做的。[23] 相反，如果我们是对某些因果因素的影响感兴趣，那么我们的主要兴趣就在自变量上。研究种族多样性对公共物品供应影响的人可能会选择两个社区，一个是高度多样化的社区，另一个是多样化程度低的社区。以这种方式挑选案例将使我们更容易发现共变。

为了控制其他混杂因素，至少在某种程度上，我们会寻找兴趣变量不同，但在其他理论相关的方面相似的案例。我们的案例中太多的差异会让我们茫然和困惑。表 5.1 描述了一些比较案例研究的选择策略，第一个例子（A）肯定是要避免的。因变量的值在我们的两个案例中完全不同，但是大多数自变量的值也是如此。第二个和第三个自变量与因变量直接相关，而第四个自变量则是逆相关。为了使这个设想更加具体，假设因变量是交通死亡率，我们的两个州是路易斯安那州和马萨诸塞州。这似乎是两个值得深度分析的案例，因为路易斯安那州的死亡率比马萨诸塞州要高得多。此外，他们也有一些共同的因素（例如，两个州的青少年不系安全带乘车的可能性相同）。不幸的是，在我们的研究中，这两个州在公共交通的实用性、医生和医院的数量、人均啤酒消费量、人口密度、人均收入和最高限速等方面也存在差异，所有这些都可能影响他们的交通死亡率。①

---

① 用社会科学的语言讲，这两个州之间的差异将由多种因素决定。——原注

表 5.1 比较案例研究的选择策略

	自变量				因变量
	1	2	3	4	
（A）同异并用法					
案例 1	相同	多	多	少	多
案例 2	相同	少	少	多	少
（B）求异法					
案例 1	相同	相同	多	相同	多
案例 2	相同	相同	少	相同	少
（C）求异法					
案例 1	多一点	相同	多许多	相同	多许多
案例 2	少一点	相同	少许多	相同	少许多
（D）求同法					
案例 1	较多	较少	较多	相同	相同
案例 2	较少	较多	较少	相同	相同

注：较多、较少和相同，指的是每个变量的值。

我们最好分析、比较像科罗拉多和蒙大拿这样的州，这些州在死亡率上的差别可能没有那么大，但在其他方面却比路易斯安那州和马萨诸塞州相似度要大得多。一般来说，我们应该采用表 5.1 中所示的第二种策略（B）。这一策略给出了明确的答案，我们可以去掉几个自变量，并关注那个与我们的因变量直接相关或逆相关的变量。政治学家们把这种策略以哲学家及逻辑学家约翰·斯图尔特·穆勒（John Stuart Mill）命名，称为**穆勒的求异法**（Mill's method of difference）。其目的是去查找这样的案例，在因变量上有不同值，然而又与尽可能多的自变量具有相似的值。在某种意义上，我们正在寻找一种自然实验。在这个实验中，我们观察到，我们的整个案例中只有一个因果因子发生变化，而其余的则保持不变。

在真实世界中很难找到与这个场景完全一致的情况。更多时候，我们需要表 5.1 中所示的第三个策略（C）那样的场景。这也是求异法的一个方式。在处理一些案例的时候，我们或许会去掉一些原因，但也有一些会继续保留，这有助于选择在因变量上有很大差异的案例。我们可以有一个自变量，它的值在我们的案例中会有一点不同，而另一个自变量的值相差很大。我们可以合理地推断，后者是主要原因，而前者的影响较小。所以我们可以假设，一个自变量的大变化比另一个自变量的小变化更有可能产生因变量的大变化。①

表 5.1 中案例选择的最后一个策略（D）相对应**穆勒的求同法**（Mill's method of agreement）。② 这与求异法是相反的，找到一些因变量的值相同（或非常相似），但除一个方面以外在所有其他相关方面均不同的案例，那么你将会找到原因。结果发现，罗得岛州和犹他州的交通事故死亡率非常相似，它们在最高限速、酒精消费、

---

① 当整个案例中的值差异不明显时，大群体的统计能够更好地检测出共变。——原注

② 考虑到穆勒先生在表 5.1 中已经提出了(B)(C)和(D)的名称，也许我们可以把例子(A)看作"霍华德的同异并用法"（Howard's method of confusion）。——原注

人均收入、人口密度以及人均医生方面都不相同。因此，我们会排除这些解释，并继续寻找这些州的共同之处，或许这些能解释它们交通死亡率相似的原因。

政治学家们往往对求同法持怀疑态度。**选择因变量**（selecting on the dependent variable）——换句话说，选择因变量有相似值的案例——我们可能会犯选择性偏差的错误。因为我们只从研究群体的一个部分进行抽样，这样可能会漏掉一些案例，这些案例中因变量 的值有很大的不同，而自变量看起来基本没有变化。我们认为一个 关键的自变量可能更接近于一个常量。简言之，这种选择性偏差会 损害我们研究的内部效度。罗得岛州和犹他州每年都有大约 40 英寸厚的降雪，也许雪是它们的共同之处，并且与它们相似的交通事故死亡率有关。然而，这两个州在交通事故死亡人数上都低于全国平均水平。如果我们把死亡率高于平均水平的州算在内，我们就会发现一些案例（例如宾夕法尼亚州、爱达荷州）与罗得岛州和犹他州有相当类似的降雪情况。因此，我们的自变量会与因变量值低于平均数或高于平均数有关，这使得自变量变得毫无用处，我们的降雪理论很快就融化掉了。[①]

芭芭拉·格迪斯（Barbara Geddes）以她在选择因变量上的谨慎而出名。在讨论过去对新兴工业化国家或地区的研究时，她提供了一个特别好的例子。研究中有几项关注的是同样的几个案例，尤其是韩国、新加坡、巴西和中国台湾地区——它们都有过强劲的经

---

① 许多作家写关于成功人士的文章，试图发现他们的共同"秘诀"。通常他们的答案会包括努力工作和坚持不懈。但如果你调查不太成功的人们，你会发现他们中的许多人可能也同样努力工作。——原注

济增长历史，但这些国家或地区却难以把工人组织起来。因此，对劳工的压迫必然有助于经济增长。然而，一旦我们的样本中包含了经济增长水平较低的国家或地区，这种关系就远不那么令人信服了（例如一旦我们在因变量中造成了更多的变化）。在这些增加的国家和地区中，有一些与新加坡和韩国一样，都有同样的劳工压迫问题。这个解释就到这里。[24] 为了避免选择因变量，许多政治学家做案例比较时倾向于求异法。

至于比较案例研究，我们可以采用一些相同的选择策略来进行单个案例研究。因为变化是一件好事，在关键维度上随时间变化的个体案例也许值得详细研究。在 2007 年之前的几年里，每年有数百名美国士兵和数千名平民在伊拉克丧生。到 2010 年，死亡总人数是过去的 1/10。随着时间的推移发生的变化可以解释这种巨大的变化吗？[25] 像这样的巨大变化应该会让研究人员更容易发现原因，一些微小的变化是不太可能导致暴力事件大幅减少的。按照同样的逻辑，一个国家或官僚机构或社会运动（还可以列出很多）在一个时间点上的巨大变化在分析上是有用的。

在某些方面，单一的案例研究可能比一个比较案例研究更能有效控制混杂变量。我们不比较两个州之间的交通事故死亡率，我们会花费数年追踪一个州的交通死亡率——也许这个州的死亡率经历了一个巨大或突然的变化。这个州的某些特征，如人均收入、医生和医院的可用性、酒精消费以及人口密度等，在选定的时期内可能基本不会有什么变化。在确认这些真实性之后，我们会把它们作为解释加以消除。我们会寻找一些已经发生了重大变化的现象，比如高速公路限速或酒后驾驶法的变化。随着时间的推移，追踪单个案例的一个相关好处是，研究人员可以更容易地确定变量的因果顺序。如果死亡率上升发生在国家时速限制从每小时 65 英里增加到每小时 70 英里的两年前，那么更高的时速限制可能不是决定性的原因。一般来说，历史案例研究有可能提供适量的内部效度。

我认为，选择典型案例可以提高研究的外部效度。非典型案例，有时被称为"**异常案例**"（deviant case）或"**离群值**"（outliers），至少可以通过两种方式来帮助内部效度。[26] 如果声称 A 和 B 总是相关的（这在社会科学中并不常见，因为我们喜欢规律，不是铁律），异常案例能通过发现一个 A 与 B 不相关的实例来驳斥这个观点。更常见的是，异常案例可以帮助我们提炼我们的思想。在资源诅咒文献中，挪威是一个明显的离群值，一个石油资源丰富的国家，不平等程度中等，民主运作良好。挪威不是尼日利亚，也不是沙特阿拉伯。对这个国家的仔细研究可能会发现使其有别于大多数资源丰富的国家的其他因素，这反过来可能会带来对石油如何阻碍民主的更细致的理解。时机也许很重要，而挪威很幸运地刚刚在工业化和民主化之后就发现了大量的石油储备。对大多数其他国家来说，这一顺序颠倒了。另一种可能性是，对挪威的仔细研究可能会提出一种不同的解释，这种解释适用于其他非典型案例，如博茨瓦纳。

然而，当我们如此仔细地挑选案例，在关键变量中寻找的只是相似点和不同点的正确结合时，我们似乎把分析平台搭建在有利于我们的一边。我们会制造内部效度的假象。我们又一次面对里基·杰伊问题。在处理交通事故死亡率的例子中，我对美国各州的死亡率已展现出了一种非同寻常的也许是令人不安的熟悉。使用一个比较案例或单个案例设计，我可以支持各种各样的假设。如果我想把酒精消费和交通事故联系起来，我就会把犹他州和蒙大拿州对比。平均而言，蒙大拿州人的饮酒量是犹他州人的两倍多，而蒙大拿州的交通事故死亡率也翻了一倍多。在其他许多方面，各州都非常相似。因此，酒精必定是关键因素。或者，如果我想把人口密度或人均收入与交通事故死亡率联系起来，我就会把蒙大拿州和科罗拉多州配对比较。为了揭开限速影响的真相，我要进行内华达州历史案例研究。近几十年来，内华达州的死亡率下降了一半以上，尽管它将乡村的州际公路的最高限速从每小时 65 英里提高到 75 英里。由于有选择案例的自由，我可以讲述各种各样的故事。

但没人愿意被称为"车祸中的里基·杰伊"。案例研究学者们面临的基本问题是，当一些人怀疑他们暗中布局时，他们如何获得观众的信任。一个聪明的做法是展示一些没法通过蓄意的案例选择来操纵的东西——参与过程跟踪，这对于证明因果关系也是至关重要的。正如第四章所提到的，过程跟踪是案例研究设计的真正优势之一。研究者们详细分析每一个案例内部的进展，这可能比通常针对大样本的统计比较还详细。[27] 当然，我可以选择几个交通事故死亡人数因酒精消费量直接发生变化的州。伊默加特可以挑选几个欧洲国家，在这些国家中，机构否决点的数目将与政府在卫生保健方面的参与呈反向变化，这两种行为都不要求大量的技巧。一个好的案例研究必须比这做得更多。真正的考验是，在瑞士公投和瑞士的医疗政策之间，以及法国行政部门的正式权力变化和法国的医疗政策的变化之间，伊默加特能否建立明确的联系。一旦她这样做了，她的论点的内部效度会好得多。即使其他学者后来研究了更多的案例，并在工作中发现了不同的原因，但等效的原则告诉我们，这两种都是对的。此外，只要研究人员（a）精确地显示出他们的自变量是如何导致某种结果的，并且（b）认识到他们的样本的偏差性，不过于宽泛地概括，那么熟练的过程跟踪就可以弥补求同法的设计。简言之，一种具有过程跟踪的求同法研究可能具有有限的外部效度，但却有良好的内部效度。[28]

有效的过程跟踪通常需要从不同来源获取不同类型的证据（参见第四章），这也是范·埃弗拉（Van Evera）建议有意识地选择**数据丰富的案例**（data-rich case）的一个原因。[29] 对于本科生和其他在紧迫的最后期限内工作的人来说，这个建议尤其合理。比起那些很难获得证据的样本，一个国家、一场战争或者一项提供充足证据的立法，都是一个更好的选择。然后，研究人员可以梳理政府文件、政党纲领、报纸新闻、政策简报、传记等，记下连接它们因变量和自变量的因果链中的每一个环节。1990 年至 2009 年，美国许多州的交通死亡率下降了一半，这是一个真正给人留下深刻印象的变化，要是能知道原因就好了。使用历史案例研究，我可以选择纽约州或加州，而不是选择俄勒冈州或印第安纳州。我强烈地预感到（可能是错误的）前两个州的证据会更丰富。我应该去我认为有很多鱼的那片海域钓鱼。伊默加特本来可能会选择瑞典、安道尔和瑞士来代表卫生政策的范畴。鉴于每个国家都有证据，选择法国而不是安道尔更合理。另一方面，一个时间跨度较长的研究项目，如果重要的目标是收集新的证据，如一篇论文或一本书，那么它可能会有意处理掉缺乏数据的案例。

观点总结

只有好的问题和可靠的研究设计是不够的。如果政治学家们希望能产生好的答案，他们也需要明智地选择他们的案例。如果他们想让观众信服，他们必须做到足够透明。选择案例的正确策略通常取决于研究设计。一般来说，随机抽样对于变量导向的设计（实验，大群体统计比较）是一个明智的选择，而有意抽样最适合案例研究。一些项目可能将这两种策略的元素相结合。例如，在所有的外交政策态度中，那些对军事干涉的态度被视为是真正重要的。这样的生死攸关的问题应该得到，比如，比联合国亲善大使更多的关注。研究人员有意选择了这种态度，然后对大量随机抽样的成年人进行调查，以确定他们在什么情况下会支持向另一个国家派遣军队。另一种不同的项目可能从一个异常案例开始，然后设计一个实验来更彻底地理解。

本章着重介绍了案例选择中常见的问题，以及如何最小化地解决这些问题的方法。即使一个有许多分析性优点的大群体的随机样本，也可能是有缺陷的。随机样本可能容易受到无反应偏差的影响，随机样本和有意样本则会受到选择性偏差的负面影响。小群体的有意样本是案例研究设计的主要部分，它们尤其容易受到选择性偏差的影响。案例研究者们在投入大量时间和精力进行深入分析之前，应该确保他们明智地选择了每一个案例。通常，明智的做法是提出不止一个论证理由。例如，我们可以选择沙特阿拉伯作为资源诅咒的典型案例，然后研究这几十年里石油收入、税收、军事开支和民主之间的关系，这种方法可以同时帮助研究的外部效度和内部效度。

更多的案例，或者更多地在案例内观察，往往是很有帮助的。我们希望我们测量的大部分，甚至所有的测量，都成为变量测试。变化是建立描述性或因果性研究项目的内部效度的必要条件。因此，尽管比较是政治研究的核心，但其中许多比较都要对比案例。为了回答为什么这个问题，我们还需要因果顺序和因果机制方面的证据，具有历史和丰富数据池的案例通常是不错的选择。

选择了研究设计和一个或多个案例之后，我们现在准备收集证据。(如果我们有意挑选案例，我们已经开始收集证据了，我就是这样知道美国哪些州适合深入研究的。) 这也是为什么一些学生会问:"我需要多少资源? "有些老师说:"如果你用过 JSTOR[①] 数据库，请举手。"我们可以做得更好，本指南的最后两章为寻找证据和分析提供了建议，我们先从文字文件开始，然后是数字。

---

① 西文过刊全文库Journal Storage。——译者注

◎ 练习：检查

1. 对于下面的每一个读数，首先要弄清楚案例是代表一个样本还是一个群体。如果作者使用一个样本，他们是随机选择的，还是有意选择的？你认为作者的案例选择对项目的外部效度有多大的帮助？对内部效度有多大帮助？总的来说，在每次阅读中，你对案例选择策略最大的顾虑是什么？

Kevin Arceneaux, Martin Johnson, and Chad Murphy, "Polarized Political Communication, Media Hostility, and Selective Exposure," *Journal of Politics* 74, no. 1 (January 2012): 174–186.

Andrew Beath, Fotini Christia, and Ruben Enikolopov, "Empowering Women through Development Aid: Evidence from a Field Experiment in Afghanistan," *American Political Science Review* 107, no. 3 (August 2013): 540–557.

Michael C. Horowitz and Allan C. Stam, "How Prior Military Experience Influences the Future Militarized Behavior of Leaders," *International Organization* 68, no. 3 (June 2014): 527–559.

Cindy D. Kam, "Risk Attitudes and Political Participation," *American Journal of Political Science* 56, no. 4 (October 2012): 817–836.

Mona Lynch and Craig Haney, "Capital Jury Deliberation: Effects on Death Sentencing, Comprehension, and Discrimination," *Law and Human Behavior* 33, no. 6 (December 2009): 481– 496.

Edmund Malesky, Regina Abrami, and Yu Zheng, "Institutions and Inequality in Single-Party Regimes: A Comparative Analysis of China and Vietnam," *Comparative Politics* 43, no. 4 (July 2011): 401–419.

Sarah Elizabeth Parkinson, "Organizing Rebellion: Rethinking High-Risk Mobilization and Social Networks in War," *American Political Science Review* 107, no. 3 (August 2013): 418–432.

Steve C. Ropp, "Explaining the Long- Term Maintenance of a Military Regime: Panama before the U.S. Invasion," *World Politics* 44, no. 2 (January 1992): 210–234.

Eleanor Singer and Mick P. Crouper, "The Effect of Question Wording on Attitudes toward Prenatal Testing and Abortion," *Public Opinion Quarterly* 78, no. 3 (Fall 2014): 751–760.

◎ 练习: 建构

1. 假设你想研究你所在社区对当地学校表现的态度。你的社区很大，而你的时间和金钱很有限，你的研究不可能把整个群体都包括进去。制订一两个好的计划从你的社区中进行抽样调查，然后描述另一种可能存在严重缺陷的抽样策略，并解释原因。

2. 对投票行为的研究在政治学中非常普遍，而投票率可能是这一文献中最显著的因变量。假设你正在分析利莫里亚（Lemuria）大陆的选民投票率，该大陆由 24 个国家组成，但很少有人对其进行研究过。从你对世界其他地区投票情况的文献综述中，你了解到，收入和教育水平越高，通常意味着投票率越高。你可以找到 2010 年这些变量的精确比率。相比之下，登记要求越严格，通常意味着投票率越低。你创建了一个定序测量，其中包含了一些因素，诸如选民是否需要在选举日之前登记，他们是否面临人头税或文化水平测试，以及登记地点是否容易到达等。下表总结了你的证据：

	人均收入	高中毕业生百分比	登记要求	投票率%
阿克兰（Awkland）	42669	69	中等	90
布卢贝尔（Bluebell）	14047	54	很高	56
邦克雷斯（Bonquerres）	49754	84	中等	84
克利斯坦（Colliestan）	15889	70	低	63
克罗佐尼亚（Corazonia）	5626	32	低	80
德拉戈（Drago）	12455	34	中等	60
弗莱姆博雅（Flamboya）	44090	31	中等	68
弗洛瑞斯坦（Flouristan）	29709	79	低	85
郝克兰（Huckland）	15697	63	低	74
乔伊瑞达（Joyrida）	14224	32	高	51
罗瑞斯坦（Laurelstan）	29713	50	中等	64
玛吉拉尼娅（Marginalia）	17636	64	中等	57
米拉依（Minaj）	32047	35	中等	65
新特伦顿（New Trenton）	38800	70	高	52
皮方克（Peafunk）	31003	74	低	83
普莱西哥（Plaxico）	19584	42	中等	58
龙科（Ronco）	20740	86	中等	90
圣地当坤（San Didunquen）	45726	76	很低	90
斯罗波威亚（Slobovia）	18718	47	中等	69
乌哈拉圭（Uhuruguay）	24416	59	中等	73

	人均收入	高中毕业生百分比	登记要求	投票率%
奥斯托联合领土 （United Territories of Ostyo）（UTOO）	43115	78	中等	77
越嫩（Vietnaan）	7922	53	低	66
乌乌祖拉（Vuvuzela）	15189	60	高	44
兹西恩（Zischeln）	13875	49	高	87

（a）如果你想进行比较案例研究，哪两三个国家是较好的选择？哪些是不好的选择？不管怎样，简要解释一下原因。

（b）如果你想深入分析一个典型案例，你会选择哪个国家？

（c）如果你想研究一个偏差个案（即异常值）你会选择哪个国家？

（d）对于这些个案研究，你需要什么额外的数据？

第六章　用文献证明

　　当要开始施工的时候，所有的房屋建筑者都会经历同样的过程。首先，他们从可信的来源购买建筑材料。他们可能会在家得宝或劳氏等全国连锁店购买，或者依靠他们熟悉的当地供应商。他们购买的材料有各种各样类型，有木梁和木板、金属接头和钉子、沥青或复合屋顶瓦、石膏板、煤渣块、水泥、窗户，可能还有砖块或乙烯基。在施工现场，建设者会有意把家中的某些部分建造得比其他部分更结实，房子角落的墙需要比壁橱的墙建造得更结实，任何支撑屋顶的木材应比用作窗户框架的木材要粗大。

　　尽管诉讼律师们穿得西装革履，但也都以差不多同样的方式工作。当律师们传唤证人出庭的时候，就开始建立这些人的信誉。他们会要求医学专家陈述他们的学术学位和专业经验。如果有人作为品德证人为被告做证，律师会问他认识被告有多久了，以什么身份认识的。实质上，律师需要法官和陪审团知道某个特定的证人是否可以信任。极少有审判取决于一个单一的证据（谚语有时字面意为"正冒着烟的枪"，即证据确凿），而把不同类型证据串起来的过程消耗了辩护律师大量的时间和精力。在一起谋杀案审判中，律师可能要处理法医和警察的书面报告、关键证人的证词、语音邮件、短信、受害者照片，最好还有凶器。腐败案件的审判可能包含银行记录、发票、收据、电子邮件、秘密录制的对话，以及昂贵的礼物的照片。一个好的律师会知道他需要更多的证据以确定被告的动机，而不仅仅是个别的信息，比如他的家庭住址。

质量、多样化、主次感，这些是在汇总建造房屋或法庭案例所需的材料时要记住的重要原则。这些原则同样适用于政治研究和政治写作。当政治学家收集证据时，他们会搜索可得到的最可靠的信息来源。他们往往对同行评审的出版物十分看重，而且他们认识到几乎任何人都可以在互联网上发布任何东西。大多数人在辩论中使用来自不同来源的证据。单依靠一个学者、智库或者政府机构就可以对发生的事情给出清晰的描述，但它可能无法提供完整或均衡的印象。而且，政治学家意识到他们论证的某些部分会是常识，因此不需要记录在案，而其他部分则需要多种证据来源。无论证据是由文字还是数字组成，这些原则都适用。①

注意哪些属性不在此清单中——数量。测量数量要比测量质量、多样化或主次感要容易得多，这也许解释了为什么大学生常常想知道在他们的研究性论文中需要引用多少来源，这问的是一个错误的问题。事实上，它揭示了对证据的根本误解。[1]如果证人不可靠，传唤50个人做证，律师也不会打赢官司。传唤的证人不多但是绝对可靠

---

① 一些主修政体/政治科学/政治学专业的本科大学生顺理成章地要迈向法学院，他们甚至可能会选修有关司法政治或宪法的课程。然而，从书面文献中分析和综合证据的一般能力可能与掌握有关法律系统的事实性知识一样重要。这帮助解释了为什么英语、历史和哲学专业的学生，即使从未听说过卡洛琳产品(Carolene Products)案的判决，也会被有名的法学院录取。——原注

会好得多。[1] 多想一想你需要的证据类型，这才是好的庭审律师该做的事情。传唤亲密的家庭成员担任品行证人可能会帮助到被告；传唤各种亲戚、同事和邻居帮助会更大。想想哪里最需要证据。修建一个房子一楼用了 25 000 个钉子，第二层则没有用钉子，这样的房子通不过检查。质量、多样化和主次感，如果研究人员遵守这 3 条原则，他们最终会获得相当大的证据来源，但纯粹的数字不是重点。[2]

本章的目的是帮助读者理解在处理文字记录时的质量、多样化和主次感的重要性。多年来，我认为我的学生早就知道在他们的研究性论文中如何使用文件佐证了，在高中和大学的历史和政治课程中他们有过足够多的实践，最困难的部分是教他们处理数字。结果我错了，我发现有些学生难以从书面记录材料中找到好的证据，许多学生很难弄清楚他们在论证中每一步都需要什么样的以及多少证据。[2] 仅仅向他们介绍大学图书馆的资源是不够的，学生需要更多的指导，帮助他们从可能获得的众多资源中去确定和汇总最有用的资源。否则，他们可能会求助于粗糙的谷歌搜索，并收集不相关或不充分的证据碎片。这一普遍的问题也不只发生在大学生身上。专业的政治学家们也并不总是都小心翼翼地处理文本证据的。在我们阅读他们的书籍和文章时，我们应该密切关注他们用来支持他们论点的不同部分的文字记录。案例研究尤其如此，因为案例研究更多依赖文件获取证据，而不是依赖实验或大群体的统计比较。

---

① 你是否看过法庭场景——亲自看到，在电视上或在电影中看到——一位律师问法官："法官大人，要赢得这个案子我需要多少人证和物证？我猜这个数字超过5个，所以……也许8个？10个？"——原注

② 列宁的这段话经常被引用："数量有其自身的质量。"如果我们谈论的是雪或黑巧克力，我会同意这个观点。但谈到研究，数量不能代替质量。——原注

处理文件是政治学家必备的技能，因为书面记录——例如宪法、法律、条约、学术书籍和文章、法庭裁决、条例、演讲、报纸和杂志文章、立法辩论、党纲、传记、政策简报——为我们的研究提供了如此多的证据。当证据缺乏时，一些政治学家从事现场调查研究，分析或生成其他类型的书面记录。处理文档需要一个健康的怀疑态度，因为其中一些文档或与其他文档相比可信度较低，或者用处较小。处理文档还需要一定的坚忍不拔的精神，一种不断挖掘以找出更好的证据的决心。与研究企业的许多元素一样，处理文件也需要培训和实践。

质　量

与政治学家们相比，房屋建造者拥有明显的优势。当建造者去购买他们需要的材料时，他们可以依靠 ASTM（以前被称为"美国材料实验协会"）国际标准来为一切设定质量标准，从屋顶瓦片和绝缘防护到紧固件和垫圈。"ASTM"这几个字母通常会印在产品包装上。[3]美国政治科学协会所做的任何事情都与这些相去甚远，它既没有告诉研究人员哪些书是有危害的或不安全的，也没有为具有一定质量水平的报纸做宣传。不论怎样，通常通过反复实验和出错，学生得自己学习在政治研究中什么才能算作高质量证据。

许多大学图书馆印制一些指南来帮助学生识别可靠的信息来源，其中首条推荐就是找到权威来源。[4]这是很好的建议，我将论述几种找到权威文件的不同方法。然而，文件的偏差程度与其权威性是不同的。如果智库的报告是一位知名专家写的，那么它就是权威的，但如果为了影响政策，该文件只呈现了论点的一面，那么文件就有可能是带有偏差的。同样的道理，随便哪个博主都可能抨击民主党人和共和党人，说他们行事不是偏执就是完全错误。这个说法不是很权威，但偏差也不是特别严重。最后，文件的流行程度多少要与其可能的权威或偏差分离开来。我们常常更喜欢使用最近的研究，但也有充分的理由使用较老旧的文件。作为读者和研究人员，我们需要密切关注书面记录的文件的权威、偏差和流行。

如果你查字典，**权威的**（authoritative）至少有 3 种含义，而且所有含义都反映了"作者"（author）和"权威的"这两个词都有共同的拉丁语词根这一事实。为了确定一份文件是否具有权威性，我们要关注是谁写了这个文件。那么第一个意思就是"官方"。政府文件被认为是权威的信息来源，因为它们代表着某些事件或过程的官方版本。为了理解立法行为，我们通常会查阅听证会和议会辩论的记录。为了描述政党在移民问题（或任何问题）上的立场，我们会阅读官方的政党纲领。这些可能不是我们要查阅的唯一来源，但是这些立法机构或政治党派完全依赖新闻报道，忽略官方文件，对它们的研究将严重缺乏。从这个意义上讲，其他类型的文件也可以是权威的。利益集团的官方网站可以给我们一个关于其目标、活动和政策偏好的权威描述。如果没有来自国家步枪协会网站的一些证据，很难想象该组织会给出满意的解释。（不过，像这样的官方文件仍然可能存在偏差。）

权威的第二个含义更多指的是作者的资历和声誉。问题是作者是否知识渊博，甚至是否被认为是该领域的专家，坦率地说，这种权威比官方的那种权威更难鉴定。研究者也许会调查作者的学位，并以此推断说有政治科学博士学位的人可能比有地质学学士学位的人更了解军事政变。该策略在一定程度上有作用，但是它也会不公平地贬低具有多年相关经验的作者（例如一些记者），并可能夸大其他作者的资历。即使我拥有政治学博士学位，你也可能忽视我说的一切，如军事政变、欧盟、国际贸易、拉美民主化，以及全部的政治话题。

相反，我鼓励学生检查作者过去的记录。他以前写过很多关于这个主题的文章吗？第一次研究资源诅咒的人可能会无意中读到迈克尔·罗斯（Michael Ross）的一篇文章，稍作挖掘（这并不困难，他的简历可以在网上找到）就会发现他写关于资源诅咒的文章已经 10 多年了。罗斯在重要的政治科学期刊上发表了几篇关于这个话题的文章，还在大学出版社出版了两本书籍。他看起来当然像一个权威人士。尽管乔迪·威廉姆斯（Jody Williams）没有博士学位，但她写了大量关于地雷的文章，并帮助启动了一个名为国际禁雷运动的组织，并因此获得 1997 年诺贝尔和平奖。罗伯特·皮尔（Robert Pear）多年来为《纽约时报》撰写了大量关于美国社会政策的文章。如此令人印象深刻的记录，使得威廉姆斯和皮尔成了他们各自领域的权威。

尽管如此，单纯的出版物的数量或研究一个主题所花费的时间长短并不能保证作者的素养。[①] 互联网使得任何人都可以便宜和容

①　同样，让我们看看电影，"喜剧演员"罗伯·施奈德(Rob Schneider)演过很多电影，但他所扮演的角色很少算是滑稽的。他在 2010 年作为 10 年最差男演员被提名为金酸梅奖(Razzie Award)。《洋葱报》曾挖苦说："罗伯·施奈德的角色最初是为黑猩猩写的。"尽管罗伯·施奈德演的电影可以列一串，但应该没有人把他视为喜剧权威。——原注

易地分享他或她对政治的看法。许多宣传组织甚至一些智库都拥有内部专家，他们的主要资格是他们有能力一遍又一遍地重复公司的宗旨。因此，在处理主要来源（与正在研究的事件或过程同时创建的来源）时，我们也可能会问，作者是否处在一个很好的观察位置上，历史学家将此称为"时间和地点规则"，信息来源在时间和地点上越接近事件，信息来源就越可信。报纸上对于总统退出军控条约的解释报道，如果引用了总统的参谋长的话，而不是引述农业部食品安全局副局长的话，文章将更具权威性。虽然两位都是政府官员，但参谋长的工作与总统合作更为密切。同样，一个目睹俄罗斯部队在乌克兰作战的人的证词，要比一个几周后从舒适的华盛顿特区的联排别墅里阅读战报的人给出的证词，更具权威性。[5]

报纸和杂志文章是大学生最常引用的主要的资料来源，专业学者也经常使用。这些期刊的权威往往基于声誉，《纽约时报》《华尔街日报》和《华盛顿邮报》3家报纸由于报道美国政治和国际事务而广受尊重。使用这些来源的证据很少会让人担心质量问题。[6]《经济学人》和《国家期刊》两本杂志定期提供有关政治的可靠信息，许多其他报纸杂志享有专业研究人员同等程度的尊重。诚然，这些声誉并不能反映出清晰客观的质量标准，它们更多的是通过口口相传的，而且可能在政治科学的各个子领域有所不同。实际上，开展研究项目的大学生向他们的老师询问可信期刊的名字是很有意义的。每个人都要留意之前研究所用的各种报纸杂志，这都是有道理的。进行文献回顾的过程（在第一章中概述过）不仅可以告诉我们以前的学者是如何提出和回答某些问题的，而且可以告诉我们他们是使用什么样的证据来证实那些答案的。在研究得克萨斯州的教育政策时，我也许会发现，过去的研究经常引用《达拉斯新闻晨报》《得克萨斯月刊》上的证据，我会很聪明地在那里寻找信息。

使用书籍和期刊文章等第二手资料时，资料来源的声誉非常重要，因为这些资料是在事件或过程审查之后编写的。一般来说，经过同行评审（peer review）的出版物在质量上比那些没有经过同行评审的享有更好的声誉。缺乏同行评审并不一定是死亡之吻，它只是意味着应该对书或文章进行额外的审查。[7] 从本质上讲，同行评审的目的是淘汰不好或平庸的研究以改进好的东西。文章或书籍在发表或出版之前，手稿通常发给两到三名该领域的专家审查。双盲对照复审是许多学术期刊常见的审查形式，不告诉评审员作者的名字，而作者也不知道这个评审员的姓名。这样的匿名评审目的是让评审更客观。（在许多书籍评审采用的单盲评审中，审稿人知道作者的姓名。）审稿人的工作是仔细评判作品，确保它的架构良好，并代表了对文献的真正贡献。他们需要做出总结性建议——如拒绝、需要重大修订、接受小的修改——并提供详细的评论以证明其结论。大多数提交的意见是要求修改，然后引发第二轮同行评审。整个过程可能需要几个月到几年。这些期刊和大学出版社的编辑通常在同意发表新的研究结果之前，期望得到所有评审员的强有力支持，这是大多数提交的稿件最终被拒的一个原因。[8]

搞清楚文章是否经过同行评审是相当直接的。据我所知，所有的大学出版社都使用同行评审。[9] 其他一些出版商，比如布鲁金斯研究所也是如此。作者们通常在他们书的致谢部分感谢审稿人提供的帮助。在学术期刊文章中，第一个脚注或尾注总是表达对编辑和"匿名评审者"的感谢，后者是同行评审。书和文章的作者通常也会列出一些人表示感谢，他们也许在专业会议上或学科研讨会上一直提供有用的反馈意见。在某种程度上，这些是大家熟知而且尊敬的人，他们的名字增添了读者对成品质量的信心。[10]

然而，同行评审过程并不是十全十美的。对一个给定项目的最合适的评审者可能不是由编辑选择的，或者他们可能会受到邀约，但由于有其他事情在身而婉拒了邀约。在一些研究团体中哪些人正在研究哪些问题人们都相当清楚，因此，双盲审查更多的是一种渴望而不是现实。而且，一些评审者的审查比其他人更仔细和彻底。一个负面评论，即使只代表着行业中少数人的观点，影响也会很大。因此，好的作品也可能得不到发表。有时候作者和审稿人未能捕捉到某些错误，最终导致官方更正。偶尔，有严重纰漏的研究也得以发表了。2015 年夏天，一项关于对同性婚姻的公众态度的研究曝光了一个小丑闻，其研究结果已经在《科学》杂志发表并且引起了相当多的媒体关注。其作者之一似乎是没有如实叙述他的程序并伪造了一些数据，这使他的合作者非常尴尬，要求撤回文章。[11]

同行评审发生在研究成果出版之前，但也会发生在出版之后，这更加非正式。一些研究发表了但基本被人们忽略了，其他作品则吸引了更多学者的关注。稍微挖掘一下，我们可以看到哪些作者和哪些研究经常被后来的作品引用。谷歌学术搜索（Google Scholar）是检索这方面信息的一个便利工具，社会科学引文索引（Social Science Citation Index）是另一个便利工具。虽然引用率高并不是质量的保证，但引用率高可以表明谁的工作被认为重要。我认识一位研究生院的老师曾开玩笑说，按照这种衡量标准的话，他就很符合这个条件，因为很多学者认为他是个傻瓜，而人人都可以指名道姓地说出他的名字。或者，我们可以把自己埋头文献之中，看看哪一个作者的名字不断出现。① 在美国研究医疗保健政治的人可能会遇到的参考文献是以下作者或组织的作品，他们是科琳·格罗根、雅各布·哈克、众议院筹款委员会，以及参议院财政委员会、劳伦斯·雅各布斯、恺撒家庭基金会、乔纳森·奥伯兰德、吉尔·夸达诺和西达·斯考切波。其他研究发展中国家资源诅咒的人很可能会发现保罗·科利尔、特里·卡尔、迈克尔·罗丝、杰弗里·萨克斯和世界银行反复引用的参考文献。通过他们的引用，专业同行表示说这些作者是本领域最有名（甚至可能是最有见识）的一些人。②我们现在有来自数十位专家的意见，而不是在研究结果发表之前咨询的少数几个专家的意见。同样，发表后的同行评审可以指出哪些研究可能存在严重缺陷。有关同性婚姻可疑的研究结果被曝光的主要原因是，其他研究人员对这项研究设计和研究结果感兴趣，并试图以这项研究为基础建立自己的研究。当他们遇到问题后，他们更仔细地阅读了这篇文章，并发现了几个令人不安的反常现象。[12]

　　除了"官方"和"知识渊博"之外，权威性还有第三种定义。它也可能意为"超级自信"或"居高临下"，就像某人说话时带着权威式的口气一样，这不是评估文件质量的好方法。就像法官或陪

---

① 　这些方法也可以帮助我们弄清楚在发表之前没有经过同行评审的书籍和文章是否仍然很重要或得到好评。《外交事务》杂志发表学术界内外专家的作品，没有正式的同行评审。根据谷歌学术搜索，他们例如弗朗西斯·福山（Francis Fukuyama）、塞缪尔·亨廷顿（Samuel Huntington）、杰西卡·马修斯（Jessica Mathews）的几篇文章已被引用数百次，可能值得研究国际关系的人一看。——原注

② 　他们不应该是听到的唯一的声音，一个学术团队一定不能像一个高级俱乐部那样运作。不过，研究人员会聪明地与这些知名专家联系，看看他们能否提供任何相关的见解或指明有用的证据来源方向。——原注

审团对待证人一样，我们想知道每个文件的作者是否可信。我们问，"我们怎么能确定你知道你在说什么？"，而不是"你真的确定你是对的吗？"有线电视、电台嘉宾热线节目以及互联网充斥着说话听起来很有权威的人，他们非常善于装腔作势。在政治科学领域，这种自信不足以被视为权威。

因此，判断一份文件是否权威并不总是一个简单的是非判断，我们检查偏差时也是如此。就像政治学家担心证据来源的偏差一样，我们并不总是能说清楚偏差是什么。一个常见的定义是"系统性错误"，它可能是有意的，也可能是无意的，可能会影响主要或次要的资料来源。[13]偏差是个别文件的问题，可能会导致错误的结论。研究 X 国外交政策决策的人可以获取官方的政府报告，无论问题是有关海外派兵、参加贸易禁运，还是签署条约，文件清楚地表明了相关决策者之间的一致意见。然而，研究人员很有可能无法获得的其他文件（例如内部备忘录和电子邮件），会揭示有关这些决定的更多的分歧。另外，书面记录本身的系统性错误可能导致我们错误地描述决策过程。关于福利改革的国会听证会可能包括几个证人的证词，这些证人中的大部分人对委员会主席发起的一项法案表示赞同。这很有可能是因为主席精准地邀请这些人是他知道他们将会支持他。[14]任何读过该听证会正式记录的人都会低估利益集团和政策专家之间的对立程度。美国国家步枪协会的官方网站包含了一些与第二修正案有关的文件。毫不奇怪，这些文件支持这样一种观点，即枪支所有权应该广泛存在并监管宽松。对第二修正案更多的限制性解释确实存在，但在这个网站上并不突出。[15]如果希望获取关于枪支管制的宪法辩论的研究人员查询的只是 NRA（美国全国步枪协会）网站，那就会很容易给人误导的印象。

在这些例子中，有些信息被系统地排除在书面记录之外。这些文件虽然是官方和权威的，但是有偏差的，偏差的潜在根源不难想象。出于对国家安全的考虑，政府官员可能会公开一些外交政策文件，同时将其他文件归类为最高机密。国会议员可能会将听证会视为吸引媒体关注和动员公众支持特定法案的一种方式，他们能感觉到任何真正的辩论都应该在其他地方进行，例如众议院或参议院。NRA 是一个宣传组织，通过对枪支控制采取强硬的立场来吸引和保留它的许多成员，这与有无偏差无关（大多数利益集团同样如此）。出于这些和其他的原因，政治学家对发现他们用以研究的许多来源都是有偏差的并不感到特别惊讶。政治界充斥着试图行使权力和施加影响力的人，而且我们不能指望他们会像理性的分析师一样行事。换句话说，官方文件往往反映出了真诚与战略动机的结合。

当作者不是官方消息来源时——也许是一名记者、历史学家或是政治学家——潜在的偏差依然存在。甚至这些观察者中最中立的人，也将不得不对文中包含什么和排除什么做出选择。作者就是这样确定主题、叙述线索、陈述论文观点的。他们可能无法完全接触到所有相关行为者或主要信息来源。在最后期限之前，记者也许能够采访一些参加抗议游行的人，但不是抗议活动的领导人。传记作者对他们的受访人了解得更多的，可能是他们在任何时候的信息，而不是他们青少年时代的事情。专业学者们可能缺乏出访海外获取重要档案所需的资金，这使得他们高度依赖二手信息来源。

而且，许多观察人士不会保持中立，也许他们为有着明确的政治议程的智库和基金会工作。他们可能会是有强烈的党派或意识形态倾向的权威人士，他们也可能是那种寻找证据来支持自己喜爱的理论的记者或学者，一些学者在他们写的几乎所有事物中强调文化的作用。对于其他人来说，制度是主导主题。最后，还有人类容易犯错这个简单但强有力的事实。那些研究和撰写政治文章的人确实会犯错，他们可能在一系列事件中误读文件，错过关键步骤，或从手头证据中得出错误的结论。

对历史学家来说，偏差无处不在，因为我们每个人都有自己主观的观点，个人准确的观察和记录的能力将始终受到他或她无法控制的事物的阻碍。在人生的音乐厅里，每一个座位都"阻碍了视线"。此外，观察结果将取决于作者自己的智力和情感承诺，因此所产生的文件将会有或大或小程度上的偏差。为了尽量减少偏差潜在的危害，研究者们需要仔细处理每个文件。就像一个好的庭审律师一样，我们应该对我们的研究中计划引入作为证据的每个作者或文献进行背景调查。作者是否有资格成为这方面的权威人士？她或他在制作这份文件时更大的目标是什么？我能在多大程度上相信这位作者说的是真话，且全部是真话。"只有真话？"在检查别人的研究时，我们可以问同样的问题，我们也应该寻找方法以减少或弥补我们遇到的任何偏差（更多内容稍后讲述）。[16]

我想强调的质量的最后一个方面是**流行**（currency）。我们阅读的文件以及我们在自己的研究中引用的文件应该反映出可得到的最新信息。日期会因项目而有所不同，流行并不一定意味着"最近 5 年发表"。文献综述可能会引用几十年内发表的研究。有关利益集团的文献评论或许可以参考曼库尔·奥尔森（Mancur Olson）

的《集体行动的逻辑》（*The Logic of Collective Action*）（1965）和杰克·沃克（Jack Walker）的《动员美国的利益集团》（*Mobilizing Interest Groups in America*）（1991），这两本书都非常具有影响力，并且每本书都以自己的方式成为经典。但是，如果沃克的书是文献综述中引用的最新的一本书，读者可能会推断，20多年里政治学家没有写过任何有关利益集团的重要的文章。这是真的吗？[17]（虽然这可能看起来像一个明显的缺陷，但我已经读了本科生的文献综述，如果这些综述是30年前写的，那一定是相当流行了。）对于一个有关第一次世界大战起源的项目，主要资料来源包括1914年之前的几年编写的文件，由历史学家和政治学家撰写的最新辅助研究将在一个世纪后出版。更近的问题研究，如希腊债务危机，可能几乎完全基于过去10年所记载的文件。

目前为止我们应该看得很明白，为什么简单的谷歌搜索①对于研究项目来说是一个糟糕的寻找证据的方式。这种搜索又快捷又简单，但还是不够。互联网上可得到的潜在文件数量巨大，而其质量却千差万别。任何给定的搜索都会产生一些真正具有权威性（即官方的或有见识的）的文件，一些文件只是貌似权威，有些与我们的目的毫不相干，还有一些是商业广告。一个简单的例子就可以说明这些陷阱。

那些研究比较政治的人对"冲突钻石"（conflict diamonds）——有时被形象地称为"血钻"（blood diamonds）——很熟悉。我是一

---

① 或使用必应(Bing)，雅虎(Yahoo)，鸭鸭向前冲(DuckDuckGo)等进行搜索。——原注

个受过训练的单纯的美国通，对这个问题知之甚少，但我愿意了解更多。在 2015 年的某一时刻，我在电脑上输入了"冲突钻石"一词，在 0.29 秒内谷歌给了我 30 多万个结果。我得到的信息多得简直要溢出来了，我没有办法阅读，甚至没有办法浏览所有这些文件。尽管谷歌确实按一定的顺序排列了结果，但其排序算法是一个严守的秘密。前几页列出的网络条目才是我和大多数人可能读的，部分原因在于它们是最受欢迎的，也就是说许多其他网页都链接到它们。但受欢迎与权威性不是一回事，该排序算法应该偏向更成熟的网页而不是新的网页，因为新网页也许会或不会促进信息流通，文件也会由于关键字在文件中出现的位置和频率取得更高的排名。显然，甚至连文件标题中关键字的实际大小都很重要。谷歌最近宣布，他们将把手机友好型的网站的排名移到前面，这一决定与信息质量无关，而与接触拥有智能手机的消费者密切相关。[18]

在我的谷歌搜索中出现的第一条是一个由 ritani.com 网站赞助的钻石广告。第二条是维基百科上有关"血钻"的词条，其集体作者身份不详。在第一页上我找到有来自国际特赦组织美国分部（Amnesty International USA）和 Diamondfacts.org 的文件，它们似乎与世界钻石制造商和销售商协会有关。第一个新闻故事源于 2011 年的非洲，接下来的故事是 2012 年前后的委内瑞拉和圭亚那。搜索结果的第二页更多的是钻石广告，2001 年世界银行的报告和一条 2010 年自然母亲网的报告，2015 年的第一个新闻报道直到第三页才出现，这些看起来相当随机。我搜索的前三个页面似乎没有被外部专家们审查过。总之，以这种方式寻找信息就像在世界上最大的庭院旧货特卖中购物，四处肯定会有有价值的东西，但还有一堆无用的垃圾。我们应该更聪明一点去搜索更专业的数据库（甚至可能是谷歌学术搜索、图书馆目录，以及我们知道的权威组织的网站）。[19]

多样化

本指南的第一部分展示了政治学家们如何提出重大问题。本章第一部分指出，试图回答这些问题的政治学家通常处理的有些文件质量并不理想。当你把这两个部分放在一起时，你就会明白为什么大部分政治学家在他们的研究中采用了各种各样的文件。一个明显的例子就是文献综述（见第一章）。当政治学家们对传统观点或正在进行的辩论进行概括时，他们将从先前各种研究中获取的证据合并。并非所有这些研究都可能获得同等的关注，但文献综述只关注单个作者或单个作品是非同寻常的（虽然并不是没有听说过）。

在试图弄清楚发生了什么事情以及为什么发生时，多样化同样重要。回顾一下第二章，从概念和测量开始，丰富的概念不止一个维度，而每个维度往往需要不止一种测量方法，我们应该期望从各种来源收集证据以创造有效和可靠的测量。以自由之家发起的对政治权利和公民自由广泛使用的测量方法为例，一般标准是基于联合国 1948 年通过的《世界人权宣言》。国家在选举过程中的得分部分基于国内或国际选举监督机构目前的报告，法律赋予公民权利去获取有关政府信息，并帮助确定对每个政府责任的测量。选举过程和责任得分（以及其他因素）纳入政治权利的总体国家得分。任何宗教建筑物建造的管理规定，都要作为公民自由的因素进行单独测量。自由之家的分析师不仅审查新闻报道和学术研究，也会审查额外的政府文件，有时他们会采访特定国家的专家。我们大多数人所看见的只是自由之家测定的每个国家的简单的分数，例如 4.5 或 7。每个数字后面都有从各种各样的来源提取的一大堆书面记录。[20]

老师和雇主有时会布置这样的任务："告诉我，谁赞成和反对当前的问题 Z，并总结他们的主要论点。"老师可能会问他们的学生有关历史事件同样基本的问题，比如 1986 年的税收改革法案或欧盟的形成。这些是描述性练习，要求学生弄清楚发生了什么。它们在某种程度上是文献综述的近亲，所以争论的双方都需要得到确认。与文献综述一样，在寻找证据时，我们会很聪明地撒出一张大网。至少在美国政坛，当选的官员、利益集团、智库及基金会、主要媒体、个人政策专家和普通公众都可以参与这些辩论。在研究当前问题时，我们将首先寻找不同的主要来源，如演讲、政策简报、立法听证会、报纸和杂志报道（包括专栏）、民意调查，可能还有当选官员和相关利益集团的网站。如果事件发生的时间足以让学者发表他们对此事件的有关研究，我们还可以在以上列项中添加各种辅助资源。

任何试图检验竞争性的假设研究，无论是描述性的还是因果性的，通常都需要不同类型的证据。例如，记录利益集团影响所需的来源与揭示制度设计影响的那些来源不同。[21] 任何依赖于过程追踪来解释事情为什么发生的研究，通常依赖于过程中不同步骤的不同来源。我们再来回顾约翰·吉尔林的话（见第四章）："过程追踪的特点……就是多种类型的证据被用来验证单个推断——体现不同分析单位的零碎证据（它们分别来自独特的群体）。"[22] 想想草案成为法律的基本过程，这个过程中的一个步骤可以显示某些利益集团是如何直接和间接地向立法者施加压力来制定法律的。然后，我们可以检查该集团的网站、国会听证会、竞选活动财务报告、报纸文章以及民意调查。如果法案很久以前就通过了，我们可以在其中加上学术书籍和文章——这只是这个过程中的一个步骤。[23]

　　当然，这其中的任何一个文件都可能会存在严重偏差。一位总理对贸易禁运发表的观点，可能会因他是在与一群企业高管谈话还是与国会对话而不同。美国人当然习惯于听到他们的总统候选人在初选期间以一种方式谈话，而在大选期间以另一种方式谈话。我们是否应该仅仅依靠2月的一次演讲来确定候选人在任何问题上的立场？　如果我们聪明的话就不会这样做。同样的道理，利益集团代表在国会前做证采取的立场，可能会比该集团最近在其网站上发布的立场更微妙。查阅各种文件会帮助我们对任何个人或组织在某一问题上的立场有一个更加准确清晰的了解。

　　这里的核心课程**包含证据的三角测量**（triangulation of evidence）。第四章提到方法论三角测量策略，使用一种以上研究方法的学者们正在努力提高他们研究的效度。他们希望一种方法的优点能够弥补另一种方法的弱点，或者一种研究方法将有助于验证另一种方法的研究结果，更常见的是三角测量证据的做法。

　　　　三角测量就是测量从不同地点、来源、时间、分析水平，或按照不同观点收集的数据，数据可能是定量的，或者可能涉及密集的访谈或大量的历史描述。应该为每个数据源选择最好的方法……那么，三角测量指的是增加理论或假设所能负载的信息量。[24]

在本章开始时，我提到了可能会在谋杀案或腐败案审判中引入不同类型的证据——这是三角测量的一种形式，并且与上述引用中描述的形式相同。三角测量可以指"针对两个不同的来源的检查以减少数据源中存在的欺骗的危险"[25]。这是侦探、庭审律师和记者一直在做的事情。有3个人做证说他们听到被告威胁原告总比仅仅依靠原告的话强。因此，证据的三角测量包含两个相关的任务，为了押头韵，我们可以将这两个任务看作多元化和多重检查。三角测量帮助我们将答案串在一起形成复杂的研究问题，并确保每个答案都是可信的。三角测量会对政治世界产生更有效的描述和解释。

三角测量是一个通用策略，而不是一个特定的公式，它可以呈现出许多不同的形式。例如，知道政治行为者经常行事很有策略，政治学家们就收集他们在不同时间针对不同的听众发表的言论，以便确定决策，比如，为什么总理赞成放宽对伊朗的制裁。我们可以用从前政府官员、学者专家或受尊敬的记者那里收集来的信息补充证据。这些不同的线索可能会呈现出一套清晰而连贯的观点，或者可能会透露出有趣的变化。无论哪种方式，结果都很重要。在我相信一个利益集团会影响某一法律之前，我所关注的已经不只是集团领导人的言论，因为他们有动机在法律受欢迎时夸大他们的影响力，而在法律存在争议时淡化其影响力。三角测量有助于找到当选官员或反对方利益集团所做的佐证性陈述，或集团最初的打算和法律最终包含的内容之间的紧密的一致性。我可能会搜索去掉相互矛盾的解释的证据，如公众舆论或人口压力等。

三角测量法虽然应用广泛，但并不是万能的。对于任何特定的研究问题，即使没有数千个相关的文件，可能也有数百个。时间和空间的限制决定了我们不能把它们全部使用在我们的研究中，我们必须选择性地使用。学术期刊文章可能会在参考书目中列出了50个不同的来源。在论证的关键点上，学者会引用2个、3个，或许4个不同的来源。这一切看起来和听起来都令人印象深刻。尽管如此，作者本可以有意或无意地选择一个非常不具代表性的文件样本。① 实际上，里基·杰伊问题又以新的面目出现了。就像我们担心的那样，一个熟练的研究者只能选择那些最能支持他的论点的案例（见第五章），当他选择某些文件作为证据时，我们可能会担心类似的事情发生。他也许不会像杰伊先生那样把牌切得很漂亮，但即使是耍点小花招也会令人烦恼。这种做法，就是卡梅伦·泰斯（Cameron Thies）所说的"选择性"，可能加重个别文件内部的偏差问题。[26]

罗伯特·帕特南对意大利地方政府的研究《使民主运转起来》是所有政治学书籍中被引用最多、影响力最大的之一。帕特南一度把800多年的意大利历史压缩成一个章节，展示了北方的发展怎样以及何时与南方不同。一些专家后来质疑帕特南的资料来源选择，

① 无意中，我的几个学生犯下了错误，他们完全依靠电子数据库的帮助为他们的研究性论文寻找证据。如果你正在寻找文章，像西文过刊全文库和剑桥期刊在线(Cambridge Journals Online)都是非常好的来源，但在寻找书籍时，它们却不是很有用。为什么这很重要？这些数据库中有特色的研究可能会给实验和大规模统计设计提供特权，使其更适合于写成一篇15页的期刊文章，详细的案例研究通常需要用整本书来阐述。由于类似的原因，我们可能会错过某些解释，特别是那些根植于历史进程中的解释，它们很难压缩进一篇标准的期刊文章中。——原注

说他把意大利历史的描述过于简单和线性了，他们觉得他忽视了重要发展和对手的解释。他本应该参照更多的来源，或至少不同的来源。[27] 如果像罗伯特·帕特南那样的人选择的文件都容易受到批评，那么我们更容易受到批评。

这是个坏消息，也是个好消息，我们可以在心中的检查列表上多添加一个项目。当我们检查他人的作品时，我们可以随时检查证据来源，看看是否有某些类型的证据缺失。虽然我们可能不足以老练到去查证作者对每个来源的处理情况，但我们可以寻找一般模式，也许这个论点是基于一种排他的来源。很长一段时间以来，玛莎·德西克（Martha Derthick）的《社会保障的政策制定》（*Policymaking for Social Security*）（1979）一直被认为是 20 世纪 30 年代至 70 年代那个项目历史上最权威的研究。仔细阅读她的脚注，你会发现她非常依赖两种来源：采访那些为社会保障工作的人，以及国会听证会。德西克将社会保障的发展大多归功于官僚和立法者的行动，这并不令人吃惊，她的消息来源是权威的。不过，我们有理由怀疑其他类型的来源是否会导致对这段历史的不同解读。[28] 举一个更明显的例子，如果你碰到一份智库或基金会的报告，这份报告很大程度上依赖于这些组织以前的工作，那么你应该对该报告中的信息进行三角测量之后才能相信。

作为研究者和作家，我们可以采取几个步骤来证明我们以合理的方式选择了我们的文件。质疑之声总会有的，它们甚至可能严重怀疑我们的选择，但我们可以预见到其中的一些问题。第一步是透明度，我们必须查明每一个来源并加以完全引用，我们不应该让读者疑心我们是否编造了一些东西。透明度在这一行业中事实上是一个普遍的职业操守。政治学家们应该尽可能清晰地界定和测量他们的概念，在涉及他们的研究设计、案例选择和证据来源时，一切都应该同样透明。这样的透明度使得其他人可以对工作进行批评并以此为基础建立新的工作。研究团队要想向前迈进，透明度是至关重要的。[29]

第二步是尽可能从不同的角度进行三角测量。我们想要消除而不是强化文件中的潜在偏差，这就是在审判中最好邀请各种各样的人，而不仅仅是直系亲属作为品行证人的原因。同样的道理，想要解释总统的行为，通过引用总统、他的副总统以及他的办公厅主任的话，不会让大多数读者信服。3种不同的来源，但也可能是3个类似的观点。一个更好的策略可能是依靠来自总统、一位受人尊敬的记者、一位历史学家的话佐证。引用几位拥有相同的基本理论方向的学者（例如新现实主义、历史制度主义）的观点会比只引用其中一位更好。然而，如果我们能找到这些学者和其他赞成另一种理论的人之间的协同点，我们的分析可能会更加有力。例如，强调利益团体作用和强调意识形态作用的学者都承认，美国医学协会在击败杜鲁门总统的国民健康保险计划上发挥了作用。[30] 提及两个阵营将比仅提及一个阵营能更有效地支持这一主张。

第三步是承认我们的描述或解释的局限性。[31] 有些文字记录可能不适合我们做分析，我们可以对证据提出其他合理的解释，忽略这样的问题几乎不是一个好策略。政治学家们寻找的是一般规律，而不是一成不变的自然法则，我们预料到我们的分析是有界限的，而且不是十全十美的。如果我们能够驳倒对手的解释，或者至少削弱他们的解释，那么我们就应该这样做。另外，在脚注或尾注中记下出现的相互矛盾的证据或是其他解释可能是很有用的。我也见过学者们使用括号里的附加说明来完成这项工作，其中他们还列出了几个有利于他们的消息来源，并列出了一到两个相反的消息来源（布朗，2011；卡拉汉和威尔森，1998；麦克唐纳，2006；还有卡梅伦、希思和麦克米伦，2009）。最后一条参考可能不支持作者的论点，这是政治学家并不像庭审律师那样行事的一个重要的方法。如果庭审律师提出的证据导致人们对他们的犯罪理论产生怀疑，他们就是失职。

主次感

　　房屋建造者比政治学家还多一个优势。建造者在开始之前，可以确定并弄清楚结构中的关键承重点，例如，屋顶桁架和地板需要的厚度，这些部分必须坚固，房子的其他部分则不需要承受同样多的压力。然后，房屋建造者可以购买足够合适的材料来建造一个结构良好的房子。与此相比，尽管政治学家们通常会对他们论证的哪些部分需要最多的支撑有一些想法，但具体的要求可能会因为读者不同而有差异。一位作者认为这一点显而易见，需要很少支撑的观点可能会引起一些读者的质疑。更重要的是，政治学家们事先并不知道他们能否找到足够好的证据支持他们的论点并使其具有说服力。因此，在研究和写作过程中将需要主观判断和即兴发挥。

　　如果三角测量是如此高明的策略，那么我们可能会一直使用。我作为老师想要倡导这种做法，因为很少有大学生习惯于对他们的证据进行三角测量。如果他们在提供太多证据方面犯了错误，也比他们提供太少证据要好。然而，有些情况下，三角测量是不必要的。第一类通常被称为"常识"，完全不需要证据支撑。主要的例子往往是众所周知并且毫无争议的历史事实（表 6.1）：乔治·华盛顿是美国第一任总统；"二战"于 1945 年结束。常识还包括一些民间智慧，如"没有风险就没有回报，宁可走运，不可行善"（better to be lucky than good），这些偶尔会出现在政治分析中。如果我们像这样记载每一项要求，我们的研究工作里很快就会充斥着参考文献。读者可能会认为作者不相信他们知道这些基本事实而感到受到侮辱。[32]

表 6.1　何时使用三角测量证据（粗略的指南）

要求的类型	支撑来源的数目
众所周知的事实，没有争议	0
民间智慧	0
不太出名的事实，无争议的	1
直接引用	1
任何有争议的事实	多个
观点或理论	多个
行动者的动机或意图	多个
原因和结果	多个

另外，某些历史事实在一些圈子里可能是常识，但在其他圈子里却不是。有多少人知道奥巴马是《哈佛法律评论》（*Harvard Law Review*）的第一位黑人主编，多数美国人可能不知道，其他人可能会猜测他是《社会主义法律评论》（*Review of Socialist Law*）的负责

人。除了模拟联合国俱乐部的参与者外，还有多少人可以说出联合国安理会常任理事国成员？在这些情况下，一种选择是谨慎行事并提供引证，一个权威来源可能就足够了。如果有问题的事实是分析的一部分，而不仅仅是背景信息，这个选择可能就更有意义。假设我正在撰写一篇关于波斯尼亚战争（Bosnian War）的文章，正式结束那场战争的《代顿协议》（the Dayton Agreement）中提及的任何具体条款都应该引用。[33]

具体的观点，即使是那些广为流传的观点，也不能作为常识。民主国家很少彼此开战的观点应该有证据支撑，最好是多个来源的证据。经济不景气引发了对移民的更大怨恨，这样的观点同样需要三角测量。另一方面，直接引用通常需要单一来源。在有些情况下，引证的可能是众所周知的，可以作为一般常识。约翰·F. 肯尼迪总统的著名宣言就是一个很好的例子："不要问你的国家能为你做什么，要问你可以为你的国家做些什么。"在文本中可以赞颂肯尼迪，但我们没有必要在脚注或尾注中引用他在 1961 年的就职演说。

其他方面强烈建议使用三角测量。基于多年的批改试卷和论文的经验，我可以想到至少 3 种情况下缺乏三角测量是非常有害的。第一个是当事实或其解释有争议时。例如，在许多战争中，伤亡总数因资料来源不同可能差异很大，一些文件可能只报告直接由战斗造成的死亡，而其他文件可能包括与战争有关的死亡，如饥饿、医疗不良、军人自杀和事故等。一个参战国可能会鼓励夸大伤亡数字以获得更多的同情或援助。研究者们必须确定，某些来源是否比其他来源更可信，来源中是否在数目上大体一致，或者用一个数值范围表达是否更明智。不加鉴别地仅仅引用一个数字，会使作者显得信息贫乏或有偏差。同样，关于冲突是如何开始的，可能对立双方官方说法完全不同。在另一个项目中，一些消息来源可能把法律的通过归于权力集团游说的力量，而其他来源则把此功劳归于公共舆论。如果我们在这次辩论中站队，那么我们就需要出示多条证据，以证明为什么一方比另一方更有说服力。很多时候，对于政界的特点，理性的人意见可能会不一致。因此，我们论点的这些部分要建立起来，才能承受来自读者的额外压力，我们不应该指望用一项证据就可以说服他们。

另外，我们需要进行三角测量把参与从影响中区分开来，换句话说，将相关性从因果关系中分离。我们可能正在研究这样一件事，烟草公司努力反对增加烟草税，而增加赋税的计划被击败了。要想证明这一行动中游说是决定性因素甚至是促进因素，其证据并不足。我们仍然需要检查虚假关系（也许党派政治是真正的影响因素），核查事件发生的时间和顺序，并建立因果途径，将烟草公司的行为与最终结果联系起来。理想情况下，该因果路径不仅仅在理论上是貌似可行的，即使是偶然的，它也会得到经验证据的支持。

最后，在描述一个政治行为人的动机和意图时，我强烈鼓励使用三角测量法，这种证据在过程追踪中必不可少，来自该行为者的任何声明都可能存在偏倚。当然政府官员会宣称战争只是他们的最后手段，只是为了宣传最高的理想。当然，商业团体会说，当他们推动放松管制时，正是在积极回应公众的情绪。自然大多数人会否认种族主义或同性恋恐惧症影响了他们的行为（当然你的弟弟会发誓他不小心吃了你的万圣节糖果）。[①]如果我们的目标只是证实行为者如何解释他们自己的行为，那么一两个官方举证就足够了。为了确定个人或团体的真正动机，我们需要来自额外来源的证据。我们也许会发现行为者在真诚地讲话，而我们或许不是。

延伸阅读二　当问题是文献太少而不是太多时

贯穿本章的一个未声明的假设是，政治世界充满了书面记录。研究者们的主要任务就是选择正确的记录以解决给定的难题，这个假设并不总是成立。对于某些主题，证据可能真的很稀少。我们可能在调查有关马达加斯加的税收政策令的某些事情，在搜索图书馆和互联网后，我们发现资源非常少。我们感觉卡壳了，或者可能存在书面记录，但我们不能使用。任何试图对苏联政治进行精细研究的人都应该懂俄语，但我不懂。关键文件可能在一个档案中，而我们没有时间或资金去查阅，研究工作再次卡壳。

在这种情况下，我们有两个基本选择：修改最初的研究问题，或者弄清楚如何获取更多的证据。政治学家们一直在做各种调整。研究往往涉及我们想问的问题和可用来支持我们答案的证据之间的平衡。也许在搜寻有关马达加斯加税收政策的信息时，我们偶然遇到了几个有关南非税收政策的有趣的研究，我们可能会转向另一个国家并继续进行我们的研究。也许我们发现了马达加斯加关于环境政策的更

[①]　正如詹姆斯·麦迪逊(James Madison)提醒我们的那样,"如果人是天使,那没有哪个政府是必要的"[《联邦党人》(Federalist)第51号]。——原注

多证据，并决定从税收政策转向别的研究。无论哪种方式，我们会努力让自己摆脱困境（注意：进行这些改变可能需要重新进行文献综述）。这里的直觉来自克罗斯比（Crosby）、斯蒂尔（Stills）和纳什（Nash）："如果你不能和你爱的人在一起，亲爱的，那就和爱你的人在一起。"

　　修改问题通常是更可行的选择。然而，如果研究者们有时间和资源，他们可以尝试生成新型的书面记录。广义上讲，进行**实地研究**（field research）是最常见的途径。实地研究需要"离开自己工作的机构以获取重要的数据、信息或对自己的研究有重大意义的洞见"[1]。对于专业学者和研究生来说，实地研究可能意味着有时数月待在国外，对于许多比较政治专业的学生来说，这是人生真正重要的一段经历。一些实地研究人员就像人类学家一样，将自己融入东道国并参与当地日常生活。其他研究人员则更像传统的政治学家，他们进行大规模社会调查或访问外国档案。正如我们在第四章中看到的那样，越来越多的政治学家在国外进行实地实验。在所有这些情况下，收集的证据对研究是绝对必要的。做这种类型的实地研究需要相当的技巧（通常包括掌握一门外语），以及对一些伦理问题的敏感性。[2]

　　另一方面，实地研究可能需要访问一个重要的档案或在自己的国内进行几次采访，所花费的时间是按天，而不是按月计算的。这种实地研究通常是对从图书馆和在线收集的证据的补充。也许可用的来源似乎偏差很大，使得进一步的三角测量成为优先考虑之事。或者，作者可能需要填补因果链中的重要空白。许多年前，当我在为我的论文做研究时，我很难找到美国税法里若干条款的大量证据。显然，《纽约时报》和《华盛顿邮报》几乎和我一样并不那么关心有针对性的就业税收抵免（Targeted Jobs Tax Credit）问题。去华盛顿特区之后，我采访了一些税务政策专家，他们其中一些人为政府工作过，我对是谁以及为什么推动这些项目有了更好的了解。[3] 实际上，这种有限的实地研究——可能包括电话采访，或者前往附近政府机关、城市或州——都是大学生最可能做的研究工作。

介于这两个极端之间的是政治学家，他们一直在自己的国家内进行持续的实地研究。当国会议员在他们家乡选区开展工作时，理查德·芬诺（Richard Fenno）花了相当多的时间跟踪了十几名国会议员，他想亲自观察立法者如何与他们的选民进行互动的。在芬诺之前，研究国会的学者几乎只关注立法者在国会或竞选活动中的行为。[4] 凯西·科恩（Cathy Cohen）对艾滋病的政治学分析的确参考了主要媒体的报道和国会的投票情况。然而，因为她对种族和艾滋病之间的关系特别感兴趣——而这个主题很大程度上受到主流消息来源的忽视，她的分析中包含了"与许多活动家、社区领导人、当选和任命的官员，以及 1990 年至 1993 年纽约市艾滋病感染者之间进行的大量会话和口头访谈"[5]。那个证据提供了从现有文件中无法得到的重要见解。

注　释

1. Diana Kapiszewski, Lauren M. MacLean, and Benjamin L. Read, *Field Research in Political Science: Practices and Principles* (New York: Cambridge University Press, 2015), p. 1.

2. Edward Schatz, ed., *Political Ethnography: What Immersion Contributes to the Study of Power* (Chicago: University of Chicago

Press, 2009).

3. 有关深度访谈的建议，请参阅 Joel D. Aberbach and Bert A. Rockman, "Conducting and Coding Elite Interviews," *PS: Political Science and Politics* 35, no. 4 (December 2002): 673–676; Beth L. Leech, "Asking Questions: Techniques for Semistructured Interviews," *PS: Political Science and Politics* 35, no. 4 (December 2002): 665–668; Mosley, *Interview Research in Political Science*; and Brian Rathbun, "Interviewing and Qualitative Field Methods: Pragmatism and Practicalities," in *The Oxford Handbook of Political Methodology*, ed. Janet M. Box-Steffensmeier, Henry E. Brady, and David Collier (New York: Oxford University Press, 2008), pp. 685–701。

4. Richard F. Fenno Jr., *Home Style: House Members in Their Districts* (Boston: Little, Brown, 1978).

5. Cathy J. Cohen, *The Boundaries of Blackness: AIDS and the Breakdown of Black Politics* (Chicago: University of Chicago Press, 1999), pp. 27–28.

把文字转化成数据

　　还有另一种处理文件的方法，一种完全不同的方法。一些政治学家不是刻意挑选书面记录的样本，他们喜欢使用文件的随机样本，甚至整个研究群体。这样做会减少随意选取证据的机会，或被指责这样做的机会。这一类的许多学者不再依赖那些文件的主观解释，而是把书面文本转换成一组含义似乎更客观的数字。因此研究人员的偏差操作空间就更小了，并且整个过程变得更像机器化了。实际上，有很多软件程序可用来分析这些文件。这个通用技术被称为"内容分析"，它模糊了所谓的定量研究和定性研究的界限。①

　　高度简化的内容分析版本就是这样的。[34]学者们首先确定与他们的研究问题相关的文件群体。这些往往是高度权威的文件，如党的纲领、立法听证会、司法见解或备受尊敬的报纸和杂志上的文章。下一个决定就是，分析所有这些文件[35]还是分析随机抽取的小部分。例如，当毛里茨·范德维恩（Maurits van der Veen）在分析4个欧洲立法机构历时50多年有关外援的辩论时，他选择了以0、2、5和8结尾的年份。第五章中提到的一项研究，依靠计算机程序挑选得到的最高法院案件中的1/4，来进行更详细的内容分析。[36]

　　然后研究人员确定分析单位。分析单位可以小到一个单词或词组，大到整个文件，或者介于两者之间，比如段落。对于每个单位，我们需要建立一些编码规则以指导我们分析文件。实际上，我们需要确定文档中的一些变量并指示出每个变量的潜在值。一些编码规则很简单，比如是否提及具体主题。其他规则需要更多的判断，例如总的语气是积极的、消极的或两者都有。

　　我最喜欢的内容分析例子之一是由马丁·吉伦斯（Martin Gilens）所做的有关公众对福利态度的研究，这是一项大型研究的一部分。[37]吉伦斯在书的第一部分表明，在美国，公众对福利和福利受助者的支持远低于其他任何社会项目或团体。通过对民意调

━━━━━━━━━━━━

①　第四章区分了变量导向和案例导向的研究设计。在某些方面，那些进行内容分析的人把每个文件视为要提取的变量的来源，而不是视为需要整体理解的独特案例。——原注

查的仔细分析，他发现许多白人将黑人与懒惰和接受福利救济联系起来，这反过来又削弱了白人对福利计划的支持。这些负面的刻板印象从何而来？一个假设是来自媒体。吉伦斯选择了三大新闻杂志，并确定1950年至1992年出现的每一篇与贫穷或福利有关的文章。他注意到每篇文章的出版年份、具体群体的特点（例如无家可归者、上了年纪的穷人）、语气和任何附有照片的人们的种族。他的假设是基于以前的研究，即人们倾向于记忆视觉图像和一般语气而不是特定故事的具体事实。吉伦斯的发现令人震惊，当新闻报道的语气是负面而不是正面时，这些新闻杂志一贯刊登更多黑人的照片。黑面孔的比例与当时黑人处于贫困或靠福利为生的比例无关。然后吉伦斯对电视新闻广播进行了类似的内容分析并发现了相同的模式。结果，媒体就作为那些负面刻板印象的一个来源出现了。如果吉伦斯从40年来的新闻报道中引用了一小部分并发现了种族偏差，那么读者可能想知道他是否选择了一些极端的异常值来成就他的案例。成百上千的文章的内容分析使他的结果看起来似乎没有受到什么操纵。

一旦我们从文字转向数字，就可以探寻出一整套新的分析技术。内容分析中很常见的简单计数和百分比，可能就足以满足我们的一切需求。然而，很多时候，政治学家们使用更复杂的技术，如交叉表以及多元回归以确定发生了什么事情以及为什么发生。下一章将简要介绍如何处理政治世界随处可见的数字，就像本章一样，第七章将强调关键概念和一般策略，而不仅仅是具体的技术。我并不幻想最后两个章节将使你能够检测出所有形式的偏差，掌握三角测量证据，进行实地调查研究，进行内容分析，计算相关系数，或者建立良好的回归模型。所有这些技能要求的培训和经验都比我在这里提供的要多。记住这个免责声明，当我们用数据作为证据的时候，让我们开始考虑质量、多样化和主次感意味着什么。

◎ 练习：检查

1. 证据的三角测量。在下列每项研究中，确定作为证据的主要文件类型（例如，政府文件、报纸文章、采访记录）。对于论证的多种类型的证据，作者依赖于具体哪一部分？

Stephen Biddle, Jeffrey A. Friedman, and Jacob N. Shapiro, "Testing the Surge: Why Did Violence Decline in Iraq in 2007?," *International Security* 37, no. 1 (Summer 2012): 7– 40.

David E. Broockman, "The 'Problem of Preferences': Medicare and Business Support for the Welfare State," *Studies in American Political Development* 26, no. 2 (October 2012): 83–106.

Omar G. Encarnación, "International Influence, Domestic Activism, and Gay Rights in Argentina," *Political Science Quarterly* 128, no. 4 (Winter 2013/2014): 687–716.

Ellen M. Immergut, "The Rules of the Game: The Logic of Health Policy Making in France, Switzerland, and Sweden," in *Structuring Politics: Historical Institutionalism in Comparative Analysis*, ed. Sven Steinmo, Kathleen Thelen, and Frank Longstreth (New York: Cambridge University Press, 1992), pp. 57–89.

Amy Oakes, "Diversionary War and Argentina's Invasion of the Falklands Islands," *Security Studies* 15, no. 3 (July– September 2006): 431–463.

Maya Tudor, "Explaining Democracy's Origins: Lessons from South Asia," *Comparative Politics* 45, no. 3 (April 2013): 253–272.

Richard M. Valelly, *The Two Reconstructions: The Struggle for Black Enfranchisement* (Chicago: University of Chicago Press, 2004), chapter 6.

2. 内容分析。对于下面的每一项研究，描述作者是如何将词语转换成数字的。然后解释你是否相信得出的证据是权威和公正的。

Frank R. Baumgartner and Bryan D. Jones, *Agendas and Instability in American Politics* (Chicago: University of Chicago Press, 1993), especially chapter 4.

Martin Gilens, "Race and Poverty in America: Public Misperceptions and the American News Media," *Public Opinion Quarterly* 60, no. 4 (Winter 1996): 515–541; or Martin Gilens, *Why Americans Hate Welfare: Race, Media, and the Politics of Antipoverty Policy* (Chicago: University of Chicago Press, 1999), chapters 5–6.

Deborah Welch Larson, "Problems of Content Analysis in Foreign-Policy Research: Notes from the Study of the Origins of Cold War Belief Systems," *International Studies Quarterly* 32, 2 (June 1988): 241–255.

Maurits van der Veen, *Ideas, Interests and Foreign Aid* (New York, NY: Cambridge University Press, 2011), especially chapter 3.

◎ 练习：建构

1. 在第二章中，我提到了一篇质疑政治宽容标准的重要文章：Jeffrey Mondak and Mitchell Sanders, "Tolerance and Intolerance, 1976–1998," *American Journal of Political Science* 47, no. 3 (July 2003): 492–502。那篇文章现在已有二十多年的历史了。从那以后，两位作者有没有写过关于宽容的文章，并且在发表之前进行过同行评议？如果有，请说出文章或书籍的名称。其他作者在随后的研究中引用过 2003 年的那篇文章吗？如果有，举几个例子。

2. 在报纸上找一篇关于带有政治偏见的文章，描述一下这种偏见的本质。为了对本文的准确性更有信心，你需要哪些额外的证据？

3. 下面这些说法都不符合常识。你需要收集什么样的证据来支持每一个主张？（提示：这个问题不止一个正确答案。）

　　"2003 年，托尼·布莱尔（Tony Blair）首相为了促进中东的民主，向伊拉克派遣了英国军队。"

　　"土库曼斯坦的公共部门腐败猖獗。因此，西方企业一直非常不愿意在那里投资。"

　　"鉴于目前的经济状况，美国总统乔治·W. 布什可能会在 2004 年的大选中落败。对布什来说幸运的是，他的主要竞争对手约翰·克里（John Kerry）在竞选中表现很糟糕。"

　　"博茨瓦纳在很大程度上避免了资源诅咒，因为该国政府对它的公民负责，明智地使用了该国钻石创造的收入。"

　　"多年来，社会保障事务管理局一直是华盛顿最有能力的官僚机构之一。"

第七章　用数据证明

职业政治学家对数字的依赖有着复杂的感情。一方面，数字证据看起来似乎非常直观透明，学者们经常提供他们的数据集给人广泛使用。事实上，在发表文章时，一些学术期刊要求作者这样做。学者们试图清楚地描述他们的统计技术，并精确地报告他们的主要发现。（例如，"在这项研究的国家中，高中毕业率增加10个点与选民投票率增加3.6个点相关"。）那些用正式模型分析政治的人逐行地展示出他们的数学证明，所有这些步骤都应该让其他人更容易地检查、挑战，或者开展工作。简言之，数字使知识累积成为可能，它们帮助把科学技术纳入政治学。这就是政治学的一些本科课程和大部分研究生课程坚持要求学生至少选修一门统计课程的一个原因。

基于主要书面文件的研究似乎显得不那么直观透明。笔记和参考书目只是指出在哪里可以找到证据，读者仍然需要花费相当多的时间来追踪材料来源并对其进行筛选。作者很少解释，为什么他们从一个特定的文件中收集了一些证据而排除了其余部分。一些资料以外语出版，或存在遥远的档案馆里，这对大多数人来说实际上是难以看到的。指出某些因素与某些结果相关，或者因素A比因素B

更重要，这样的结论往往不够精确，这恰恰不是智力进步的捷径。难怪大多数发表在本学科顶尖杂志《美国政治科学评论》上的文章都是基于对数字证据的定量分析。[1]

另一方面，政治学家可能对数字和分析数字的人持很强的怀疑态度。我们经常重温马克·吐温关于三种谎言的妙语——谎言、该死的谎言以及统计数据。① 我们指的——只是半开玩笑地说——是他们敲打或拷问数据，直到数据承认为止（Beating the data wntil they confess）。[2] 我们知道早在 BFF（最好的朋友：best friend forever）和 YOLO（你只能活一次：you only live once）被收入词典之前，计算机科学家们就创造了术语 GIGO——无用输入，无用输出（garbage in, garbage out）。GIGO 意为当我们的数字测量有缺陷时，我们对这些数据的分析就可能会有缺陷。大多数时候，我们的测量并不完善。有时候我们所需要的数字根本就得不到。[3] 鉴于这些限制，或许最后得出结论说因素 A 比 B 更重要，比说 A 比 B 重要 21 个百分点，要诚实得多。政治学家们可以指出许多统计分析结果被证明极具误导的情况，第三章中有关经济大萧条期间刺激基金分配的小插曲仅仅是一个例子。而一些统计技术是如此先进或深奥难懂，以至于我们中很少人能够真正检查这个工作。透明度就讲到这里。

处理数字就像处理文字一样棘手，如果处理得不当，无论项目在研究设计或案例选择方面有什么样的优点，都有可能被两种形式

---

① 或者这几句话来自马克·吐温的"事实顽固不化，但是数据却柔韧圆滑"。——原注

的证据毁掉。我们应该小心处理所有的证据（就像一个很好的庭审律师一样）。本章的下一部分将讨论使用数据为证据时，质量、多样化和主次感是什么意思。因为我们在第六章已经谈到了重要的概念，比如偏差和三角测量，所以我不会去赘述这些观点了。本章的其余部分将向读者介绍分析数字数据的一些技巧，重点将放在帮助我们回答发生了什么、为什么以及谁关心这些根本问题的常用技术上。我们如何确定两个变量是直接相关还是逆相关？我们如何检查出虚假关系？我们的哪些结果是重要的，哪些不重要？不管我们的测量是定类的、定序的、定距的还是定比的，我们可以使用相同的统计技术吗？尽管我建议至少选修一门统计课程来学习这些问题的答案，本章还是先对一般策略和关键概念做一个基本介绍。

质量　多样化　主次感

在进行任何计算之前，我们需要评估数值数据的质量。我们的数字应该是权威的，要么来自官方，要么来自备受尊重的消息来源。主修美国政治学的学生经常使用美国人口普查局或管理和预算办公室的政府统计数据，比较政治学和国际关系学专业的学生可能会使用从外国政府或联合国和世界银行等政府间实体获取的统计数据，这些往往是可得到的最佳数字。尽管如此，检查缺陷是很有必要的。例如，阿根廷政府以低估该国通货膨胀率而闻名，类似的例子有很多。这种情况变得越发糟糕，以至于2011年国际货币基金组织决定为阿根廷的通货膨胀数据找到更可信的来源。此后不久《经济学家》也做了同样的事情，该杂志撰文说"厌倦了不情愿地成为仿佛蓄意欺骗选民和欺诈投资者的一方"。同一篇文章认为中国的官方经济数据"存在疑问"[4]。某些学术研究提出说，权威政府会报告相当乐观的数字，这些数字在政权类型与经济增长之间的关系上倾向有利于他们的一方。[5]

政府不是权威数据的唯一来源方。一些国家政府，特别是在贫穷或冲突频繁发生的国家的政府，缺乏收集许多统计数据的必要资金。即使他们有能力，我们可能也不愿意相信任何只对自己某些方面进行衡量的政府［"吹响号角！呜呜祖拉（Vuvuzela）总统很自豪地宣布他的政府不存在腐败"］。这些数字可能存在偏差，因此，我们依靠透明的国际非政府组织来测量各国公共部门的腐败程度，我们依靠自由之家和几个其他机构告诉我们，世界各地的政府是如何充分地保护政治权利和公民自由的。政府发起的民意调查也可能容易出现偏差。幸运的是，我们可以求助于世界价值观调查、国际社会调查计划、美国国家选举研究、主流媒体，以及数个其他组织来测量民意，许许多多学者都依靠这些来源获取权威调查数据。那些研究国际冲突的人可以参考源于密歇根大学的与战争相关的数据库，或与瑞典的乌普萨拉大学的有关武装冲突的数据库。研究人员团队开发了许多与政治相关的其他数据库（例如 AidData 和 PolicyAgendas）。

虽然这些来源似乎可信，并且被广泛使用，但它们仍然有局限性。正如我们在第二章中所了解的，学者们在如何衡量民主和宽容等大概念上意见不一致，因此任何数字指数都可能被认为是有缺陷的。指数可能不包含关键维度，但包含外部的测量，或在没有明确理由的情况下聚集各个部分。即使政治学家们在概念性定义和关键维度上意见一致，但对测量的适当标准，例如定序还是定距等，也可能存在分歧。此外，任何密切接触这些数据源的人都会意识到，他们的一些数字是相当不靠谱的。几十年来，美国国家选举研究一直在问人们一个关于投票的简单问题。自 20 世纪 60 年代以来，自报的总统选举投票率一直在 70% ～ 80% 徘徊。然而，真实的数据通常要低 15 ～ 20 个百分点。[6] 为什么有这么大的差距？很多人认为好公民应该投票，即使他们没有投票，他们也会给出社会期望的答案。如果我们引用这些美国国家选举研究的数据来显示美国的选民投票率比欧洲大部分地区都高，那我们就显得愚蠢了。

由于测量误差是这样一个无处不在的威胁，政治学家们就经常以多种方式分析各种关系。假设我们对许多国家的教育和政治参与之间的关系感兴趣，从我们对现有文献的回顾中，我们发现根据作者和所研究国家的不同，教育一直按照定比或定序标准来测量。定比测量包括高中毕业生的百分比、大学毕业生的百分比以及受过教育的人的百分比；定序测量可以简单分为 3 个类别，反映达到的最高水平——低于高中水平、高中毕业、高于高中水平。我们在文献中还发现了几种测量政治参与的方法。那么，我们可以使用统计程序（例如相关性、交叉表）来计算每个变量的每次测量之间的关系。现在对我们的证据进行三角测量，如果所有结果都非常相似，那么我们就会对所描述的教育和参与度之间的关系更有信心。[7] 如果结果是各式各样的，那么我们会注意到测量的重点在哪里以及有多少测量最重要，其中任何一个结果实质上可能都很有趣。

政治学家们一直采用这种方法，我会提出两个现在大家都熟悉的例子。埃伦·伊默加特在测试"医生权力"和政府参与医疗保健之间的关系时，她以 3 种不同的方式测量了前者——医生人数占总人口的比例、该国主要医学协会的医生比例，以及国会议员中医生的百分比。所有这 3 项数字测量都抓住了医生权力这一抽象概念的不同方面。然而，在她的 3 个国家的案例中，没有任何一项测量与预期的健康政策保持一致，这使得伊默加特摒除了这种解释。[8] 当迈克尔·罗斯在许多国家测试将自然资源与民主联系起来的不同因果机制时，一种结果可能是镇压，即更多的石油收入可能会为政府提供更多所需的资源去镇压任何推动民主进程的人。他以两种方式测量了这个变量——军费开支 / 国民生产总值，以及军事人员 / 劳动力。第一个测量结果发现没有统计显著性，但第二个测量结果有。就其本身而言，庞大的军事预算并不那么重要，这笔钱得花在士兵身上。石油更多，士兵更多，民主更少了。[9] 如这两个例子所表明的那样，无论研究的样本数目 n 是小还是大，这种数字证据处理的方法都可以使用。我们作为检查员应该注意到，作者为了证明他们发现结果的稳健性，是否用不止一种方式测量他们的关键变量。在可能的情况下，我们应该在自己的研究中采用同样的方法，除非我们对数据测量有极高的信心，否则进行三角测量就是很有意义的。

正如第四章所提到的，大群体案例通常比小群体案例研究能更好地检测和处理虚假关系，更多的案例使我们能够分析更多的变量组合。有人分析 1000 以上人数的调查结果，甚至分析了 100 多个国家的特点，他们有足够的案例来检测各种可能的混杂变量。当然，不应把我们可得到的每一个数字变量包含在内，我们需要关注理论上相关的变量。对于教育与选民投票率之间的关系，我们可以控制收入、意识形态、年龄……这些变量，而不是一个人每年在墨西哥快餐店吃过多少次饭。检查其他变量的影响可能需要建立一些统计回归模型，罗斯在分析自然资源与民主之间的关系时，就是这么做的。他建立了 3 种不同的模型来控制地理情况，其中每一种模型都包括对每个国家的人均收入和穆斯林所占人口比例的控制。在测试可能的因果机制时，他为每种机制创建了至少 3 种统计模型。[10]

因此，数值证据的三角测量，就可能涉及单个概念的多个测量，或者不同测量的多个组合。它也可以包含应用于同一组数据的不同统计技术。[11] 当把线性回归模型的总体性能进行比较（性能即模型适合数据的程度）时，一些政治学家更愿意计算调整后的拟合度统计数据，而其他人则偏爱计算估计的标准误差（通常写作 SEE）。为了满足这两个受众，我们可以把两个数字都报上去。[12] 在处理多年来涉及许多案例的面板数据时，学者们必须假定被排除在他们的模型之外的相关变量具有随机效应或固定效应。他们可能对两个假设都进行测试并报告结果。当你了解更多有关统计学的知识时，你会遇到许多其他的例子，在这些例子中，分析数字变量之间的关系时，没有哪种方法能够说是正确的。统计分析往往需要通过判断来决定，使其成为半艺术和半科学的东西。而判断的空间越大，对三角测量的需求就越大。

以我的经验，主次感对数字的作用和对文字的作用有些许不同，那些与数字打交道的人不太可能依靠常识。例如，大多数人不知道一些简单的事实，比如除他们自己国家之外，其他国家的平均投票率或军费开支水平（甚至可能连自己国家的也不知道）。研究者们通常必须确定所有数字的来源。然而，与主要从事文字工作的同事相比，那些与数字打交道的人，可能更严重依赖单一的权威来源。本书前面提到的对移民态度的统计分析主要基于2002—
2003年版的《欧洲社会调查》（*European Social Survey*）中的证据
[13]，为解释美国各州选民投票率差异设计的项目可能差不多完全依
赖于美国人口普查局的数据。在这类项目中，主次感可能意味着用
单个数据源的多个证据，而不是多个数据源的单个证据支撑一项主
张（这是政治学家处理文件的常用方式）。虽然在其他方面，主次
感使我们一视同仁地对待数字和文本证据，但当事实或其解释存在
争议时，我们仍然需要更多的证据来证明是 A 引起 B，而不是说明
A 和 B 产生共变。

本章其余部分对统计学进行了简要的介绍，相当于在大英博物
馆参观了一小时。我的目的是让读者接触一些简单但强大的分析数
字可用的方法，希望他们能够更有效地阅读文献，并且愿意学习更
多文献。统计资料如果使用得当，可以告诉我们很多在政治中发生
了什么以及为什么发生的问题。除此之外，我们需要将我们的统计
程序与数据中的测量水平相匹配。我们将从单个数据变量开始，然
后是两个变量，最后是三个或更多个变量。

分析单个变量

由于政治学家对关系感兴趣，所以我们大多数的统计技术都涉
及两个或更多的变量。尽管如此，有时候只对一个变量进行分析也
是有用的。首先，它可以告知我们案例的选择，我们可以确定典型
案例和异常值，以便进行更深入的研究。[14] 它还可以告诉我们数据
分布是正态还是异态的，而这可能会影响我们后续要进行的统计分

析。良好的描述性工作往往要求我们概述单个的变量。当约翰·塞兹和杰克·西特林分析欧洲人对移民的态度时，他们的第一个数据表显示了欧洲人对移民可能带来的后果所持的态度，积极、中立或消极态度的比例分别多少。[15] 研究在国会中任职优势的人也许想要计算立法者连任胜利的平均裕度。另一些调查 20 世纪边界冲突的人可能想知道，有多少冲突是在不到一年内得到解决的，而又有多少是持续了 10 年以上的。

我们需要的第一条信息与数字的精确度有关。一些数字展现了高度精确度，而其他数字则最好看作是好的近似值。通常，精确程度取决于我们的数字是源于一个样本还是整个群体。样本产生有一定正负误差的数字，让我们非常确定真实数字位于误差范围内。总统支持率通常基于全国范围调查总人数的样本，可能人数在 1000 ～ 1500 人。虽然媒体可能会报告说支持率为 44%，但调查群体中的真实数字可能在 41% ～ 47%（44 ± 3 的误差），调查群体中的真实数字完全不可能刚好是 44%。如果两个月后的支持率为 42%，媒体可能会报告支持率有所下滑，而他们可能是正确的。因为有误差，所以也有可能真实的情况没有变化，或者甚至是支持率有所增加。从较大样本如美国当前人口调查中提取的数字，其误差幅度较小。从整个调查的群体中提取的数字更加精确。当各国报告婴儿死亡率或上一次选举的选民总人数时，这些数字通常反映了每一次出生和每个选民。我们不应该夸大我们的数字的精确度，这是我们的底线，尤其是当这些数字为我们的论点提供关键的证据时。

如果我们正在处理一组数字，那么我们可能需要的下一条信息就是一个典型值，或称为**"集中趋势度量"**（measure of central tendency）。我们如何计算这个值取决于变量的测量水平（参见第二章）。对于诸如地区或宗教的定类变量，我们使用众数（mode），即最常见的值。根据《中情局世界概况》（*CIA World Factbook*），新加坡主要宗教有佛教（34%）、基督教（18%）、无宗教（16%）、伊斯兰教（14%）、道教（11%）和印度教（5%）。众数答案是佛教，新加坡的典型居民是佛教徒。在西班牙，94%的人口是罗马天主教徒，天主教即成了模态宗教。[16] 因此，该众数可能描述也可能不描述给定变量的大部分案例。对于定序变量，我们通常计算中位数（median），即中间值。定序变量就是值可以排列的变量（例如从少到多），但是这些值之间的距离是不规律的或未知的。个人对政府的信任就是一个很好的例子。1964 年，有 22% 的美国人表示，他们相信国家政府在有些时候做正确的事情，62% 的人表示大多数时候政府是这样，而 14% 的人则表示政府作为一贯正确。中间的答案是那些小组中回答大多数时间的人给出的，给出其他答案的人上面和下面差不多各占一半。到 2008 年，中位数发生了变化，68% 的人回答有些时候，而其他两个类别分别只有 25% 和 5%。新的中位数答案是有些时候，表明人民对政府信任度下降。[17]

当变量是定距或定比，并且每个值之间的距离相同时，我们计算**算术平均数**（arithmetic mean，大多数人称之为"平均值"）。我们把所有值相加并用总数除以案例数。在第五章的结尾，我给出了 25 个虚构国家的数据。其中的 3 个变量——人均收入、高中毕业生的百分比以及选民投票率——以定比测量表示。在典型的国家中，选民投票率为 70%。平均而言，这些国家中 57% 的成人是高中毕业。如果你浏览一下那个表，你会发现没有哪个国家的选民投票率刚好达到 70%，而且没有哪个国家的高中毕业生刚好有 57%。平均数并不一定代表我们数据集中的实际得分。

最后，我们需要**离散度测量**（measure of dispersion），即数据如何围绕在典型值分布的迹象。**分布**（distribution）意味着明确的秩序，所以定类变量的处理与其他变量的处理方式不同。[18] 我们关心的是定序、定距和定比测量值的离散性。**正态分布**（normal distribution）在中间有一个单峰，两侧对称——典型的钟形曲线。众数、中位数和平均数都是相同的，这与图形 7.1 中的第一张图一致。当数据呈现这种形状时，大部分值都聚集在中间附近。在现实的政治世界中，数据并不总是表现正常的。政治学家一直在处理**偏态**（skewed，即不对称）的分布。有些是**负偏态分布**（negatively skewed），即分布左侧有一个相当大的尾部（图 7.1，图 b）。该尾部通常会拉低平均数的值，使其小于中位数或众数。假设你一门课程中的测验等级为 0、90、90、90 和 100，你的平均分是 74 分，比你的中位数 90 分低很多，相反的情况也可能发生。**正偏态分布**（positively skewed）在右侧具有明显的尾部，它通常将平均数拉到中位数以上（图 7.1，图 c）。[19] 各国的收入分布图通常会采取这种形状，因为一小部分非常富有的人占据分布图的右尾。出现其他形状也是可能的。有时我们观察到一个双峰分布，其中大部分值都集中在两个峰值附近，对特定政治人物的感觉可能会将人们分为两个不同的阵营，位于中间立场的人几乎没有。数据分布也有可能会非常均匀，没有明显的峰值。我建议学生只要有可能，就生成他们自己的数据图片，这样他们就可以看到分布的形状。条形图、直方图和箱形图在这方面可能非常有用（饼状图用得不多）。

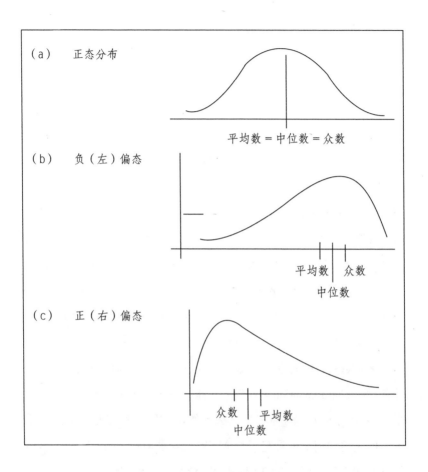

（a）　正态分布

平均数 = 中位数 = 众数

（b）　负（左）偏态

平均数　众数
中位数

（c）　正（右）偏态

众数　平均数
中位数

图 7.1　单一变量的经典分布

注意：给定变量的不同的值沿水平轴出现，频率沿垂直轴出现。

我们有几种方法对定序、定距和定比变量分布进行测量，最简单大概也是最没什么帮助的就是值的全距（range）测量。情感温度计的标度通常允许人们给出 0～100 的任何数字。如果报告的最低分数是 10，最高分数是 95，那么全距就是 10～95。全距的一个缺点是，它只需要两个观察值来确定两个端点。绝大多数人可能会给乔治·W. 布什打 30～70 分，但只要一个人说 0，而一个人说 100，那么他们就建立了全距。通常更好的选择是四分位差，它描述了中间分布的 50%，即位于第 25 和第 75 之间的百分位数值。这样一来，几个极端的异常值也不会让这个统计数值失真。例如，大多数大学都会为学生通告标准化考试成绩的**四分位差**（interquartile range）。他们不会说平均入学新生的美国大学入学考试（ACT）分数，例如 24，而是报告说，他们学生中一半的 ACT 分数在 20～27（这意味着 1/4 得分低于 20 分，1/4 高于 27 分）。在 2013 年，美国家庭收入的四分位差大致在 25 000 美元到 90 000 美元。虽然年收入超过 100 000 美元的美国人可能感觉他们是中产阶级，但严格意义上讲，他们并不是中等收入家庭。[20]

大多数统计软件包，如 SPSS 和 Stata，使计算单一变量的**标准偏差**（standarddeviation）和**偏态**（skewness）都变得容易。只要变量是定距或定比，两种测量就都起作用。尽管确切的数学公式不同，但这两项测量都是基于每个观察值与平均数之间的距离。当值的分布接近正常时，标准偏差效果最好。在那种情况下，大约 2/3 的数据将位于平均数上下一个标准偏差范围内，而且几乎所有数据（95%）都可以在平均数的两个标准偏差内找到。如果整个班级的测验成绩呈正态分布，平均数为 83，标准偏差为 6.5，那么差不多每个人得分都在 70～96。当变量不是那么正态分布时，偏态测量作用会更好（虽然真正奇怪的分布可以不用偏态测量）。标准偏差的值始终为正偏差，偏态测量则不同，其偏态测量可以为正偏差，也可以为负偏差。正数表示正（右）偏态，而负数表示负（左）偏态，这一点也不奇怪。偏态大的数值本身并不是麻烦的迹象。一些统计学家建议，当偏态测量的绝对值超过它的标准误差值两倍时，我们应该考虑数据出现严重偏差了。

让我们回到第五章的虚构数据集。当我使用 SPSS 分析了投票人数时，我得知平均数为 69.96%，中位数为 68%，四分位差从 59% 扩展到 83.5%，标准偏差为 13.5，意味着这些国家中大多数的投票率下降了 53%～96%（乔伊瑞达、新特伦顿和呜呜祖拉不在这个范围内）。偏态测量值为 0.003，偏态标准误差为 0.464。根据上面提到的经验法则，我的选民投票率变量没有偏，而我应该引用平均数作为典型值。相比之下，前面提到的 5 个测验等级偏差严重，使得测验成绩中位数 90 比平均数 74 更具代表性。

我们为什么要关心我们的数据是否正常分布？一个大的偏态可能会使我们重新考虑对集中趋势的测量。特别是，我们可能希望从平均数切换到中位数，或者两者都报上。幸亏千万富翁和亿万富翁相对较少，美国的收入明显向右偏。根据美国人口普查局的报告，2013 年的家庭平均收入为 72641 美元，而中位数是 51939 美元[21]，这个差异非常大。如果我们想谈谈典型的美国家庭可支配的资源，我们应该参照收入中位数，集中在中位数的人数就要比平均数的人数多。但是，如果我们跨国家比较收入，我们想要测量每个国家人们的可支配收入，那么平均数可能比较合适。在平均数和中位数之间选择，部分取决于数据的分布，部分取决于我们提出的更大的问题。分布重要的第二个原因，是许多用于检测变量之间关系的统计技术，例如不同形式的回归分析，假设每个变量都是正态分布的，当变量偏态很严重时，政治学家通常会对其进行对数转换以创造一个更正态的分布。部分由于这个原因，罗斯的资源诅咒统计模型使用了人均收入的自然对数。[22]

分析两个变量

对任何描述性关系或因果关系的一个要求，就是测量的值，无论正向或逆向，都一起发生变化。通过案例研究，我们可以非常仔细地观察数据，看看是否有什么模式出现，伊默加特在解散医生权力假设时就是这样做的。在少数案例的背后，尽管我们的眼睛可能会欺骗我们，或者我们卑微的大脑可能没有能力处理我们手头所有的数字。谢天谢地，我们有计算机和统计软件。

在分析变量之间的关系时，我们一直在寻找 3 个信息。第一个也是最基本的一个，就是这个关系是否具有**统计显著性**（statistically significant）。用外行话说，检测统计显著性最后变成了："我认为这种关系确实存在。"更精确的版本是我们必须 95% 地确定这个关系在整个调查群体中存在，才能称之为"统计显著性"，我们在从我们的数据做出推断之前必须非常自信。换一个方式说，零假设为真的概率（即没有关系存在）必须是 5% 或更少。如果零假设正确的可能性小于 10%，一些政治学家就将宣布这种关系的显著性，但底线是，我们是训练有素的、相当谨慎的一群人，有75% 的把握确定关系存在对我们来说根本就不够。即使这种关系真的存在，我们也宁愿断定它不存在，也不要在它真的没有存在时告诉全世界它确实存在。[23]

　　当这种关系不具有统计显著性时，我们已经了解了我们需要知道的一切。说两个变量之间的关系不具有统计显著性、直接相关、长处一般，都是毫无意义的，没有关系就是没有关系。[①] 然而，当关系具有统计显著性时，那么我们就需要评估其长处。政治学家太过频繁地表示他们发现的结果"意义重大"而没有明确说明。虽然许多读者将显著性与实质上的重要性等同起来，但这通常也只意味着具有统计显著性一种关系存在。统计显著性和实质意义之间存在很大差异，一个具有统计显著性的关系可以是弱的或强的，微不足道的或意义深远的。如果我非常自信地告诉你，识字率增加 50 个点与选民投票率增加 0.5 至 1.0 点相关，你可能不会对此有什么深刻印象。一个国家可以对它的教育制度做出巨大的改变，而其选民投票率几乎没有变化。与统计显著性不同，对于什么样算是强大、适度、弱、重要或微不足道的关系，政治学家没有任何共同的标准。讨论实质性的意义很复杂，有点儿主观，然而，在我看来，这必不可少。它与谁关心这个问题直接相关，这应该是我们工作的核心问题。

　　最后，关系的方向很重要。我们想知道两个变量是直接相关还是逆相关。这对于处理定类变量有点儿棘手，因为它们没有方向，只有不同的类别。你拥有的区域越多，你对枪支管制的支持就越强，这些说法没有任何意义。但我们可以用统计数据来搞清楚，比如，生活在美国南方的人是否比生活在其他地区的人更不支持枪支管制。

---

① 假设一位朋友问你是否和泰勒有关系，你说没有。如果那个朋友接着问你们的关系是弱还是强，最近才有还是已经持续很长一段时间了，你可能会加强语气重复说，没有任何关系就是没有关系。——原注

在选择特定的统计技术时，我们需要再次了解我们变量的测量标准。当两个变量都是分类型的（categorical），即定类或定序的，那我们就制作交叉表（cross-tabulation）。这种技术在公共舆论和投票行为研究中非常普遍。种族（定类）和对死刑（定序）支持之间有关系吗？性别和党派身份是否相关？某人的一般教育水平（定序）与他对环境监管（定序）的支持是否有关？上次选举中，工会成员比非工会成员更有可能投票支持左翼党派吗？

我们试图生成一个表，通常称为"列联表"，其中一个变量的值横跨顶部，创建列，另一个变量的值沿着边，创建行。传统来说，自变量创建列，因变量创建行。要回答上面提出的第一个问题，种族将是我们的列变量，而对死刑的态度是行变量。我们不会期望对死刑的态度把某人从白人变成黑人，但我们可能会预料种族的差异会影响他们对这个问题的态度。对于这种关系，一个非常简单的表可能有2列（黑人和白人）和4行（强烈赞成、不强烈赞成、不强烈反对、强烈反对）。8个单元格中的每一格将显示调查对象的总数，可能是全国性的调查，调查对象在列和行中都适合。因为原始数字可能很难解释，我们应该计算列的百分比——黑人表示强烈赞成死刑的占百分之多少，赞成但不强烈的占多少，如此等等。然后我们就会在各列之间进行比较，搜索白人和黑人之间有意义的差异。

差异可能如此明显，我们也知道一定发生了什么，这确实有助于计算一些统计数据来确定这一点。[①] **皮尔森卡方检验**（Pearsonchi-

---

① 相比之下，出现在媒体中的大多数交叉表，只是打印出百分比的列，让读者决定是否存在任何有意义的差异。——原注

square test）将告诉我们两个分类变量之间关系的统计显著性。[24] 卡方统计的精确值不如它的 p 值重要，这告诉我们："如果在未观察的群体中，我们的样本数据中两个变量间确实没有任何关联（即零假设），我们就能看到它们之间观察到的关联的概率。"[25] 按照惯例，我们想看看那个 p 值是否小于 0.05，即概率小于 5%。至于关系的强度，我们可以在不同的**关联度测量**（measure of association）中选择。如果其中至少有一个变量是定类的，我们就可以计算匿名函数（lambda）、克莱默（Cramer）的 V 值或萨默斯（Somers）的 d 值①。这些统计数据的可能值范围为 0～1，越接近零，关联性越弱。如果两个变量都是定序的，比如教育水平和对环境的支持，我们通常就会使用肯德尔（Kendall）相关系数（tau）、伽马值（gamma）或斯皮尔曼（Spearman）等级相关系数（rho）计算关联的强度。[26] 这些统计数据的范围为 -1～+1，告诉我们关系的强度和方向。此统计数据的负值表示逆相关，而数字越接近 -1，关联越强。正值意味着直接相关，而且值越大意味着关联越强。从任一方向，数字越接近零，关联越弱。我从未在任何地方看到过这些数字被权威地翻译成通俗易懂的形容词。克莱默的 V 值或者肯德尔的 tau 值为 0.31 也许表明，对某些研究者来说两者关联不大，而对其他研究者而言它们之间有很强的关联。

一个具体的例子可能有助于强化这些一般性观点，让我们回到关于种族和对待死刑的观点上。我在电脑上碰巧保存了一份 2000

---

① 就个人而言，我更喜欢克莱默的V值，但在我告诉你为什么之前你必须带我出去吃饭。——原注

年美国国家选举研究报告，部分原因是那年历史性的总统选举。那个调查包括有关种族和死刑的问题，使我能够构建一个交叉表（见表 7.1）。对列的随机检查显示了黑人和白人之间的某些差异。黑人强烈反对死刑的人数可能是白人的两倍多，而白人比黑人更有可能表示他们强烈支持死刑。然而，对于中间两个回答，黑人和白人的答案都非常相似。因此，目前尚不清楚如何描述整体关系的特点。现在是汇总统计变得有用的时候了，卡方统计量的 p 值（0.000）证实这种关联具有统计显著性。[①] 克莱默的 V 值———一种关联度测量，等于 0.211。就个人而言，我称之为"适度关联"，但其他人可能会有不同意见。因为种族是定类变量，所以克莱默的 V 值的正数符号没告诉我们任何信息。我们需要看看百分比的表以解释趋势。总结我的发现，我可能会说："2000 年，在种族与对死刑态度之间有一种适度的（克莱默的 V 值 = 0.211）统计显著相关性。黑人的支持度往往不如白人。超过 35.6% 的黑人表示他们强烈反对死刑，相比之下白人只有 13.6% 强烈反对。"

表 7.1　种族和对死刑态度的交叉表

	白人	黑人
强烈赞成（%）	57.7	33.5
赞成（%）	18.3	18.3

---

① 虽然 p 值报告为 0.000，但我们从未百分之百地明确拒绝零假设。如果 SPSS 报告的数字在小数位更后的位置，那么此示例中的真正 p 值可能近似于 0.0003。——原注

	白人	黑人
反对（%）	10.5	12.6
强烈反对（%）	13.6	35.6
人数	1320	191

资料来源：美国国家选举研究，2000 年。

注：　卡方值 =67.559；p=0.000；克莱默的 V 值 =0.211。由于四舍五入的原因，列百分比总和可能不完全等于 100.0。

当两个变量都是定距或定比时，我们采用不同的技术——相关分析。**皮尔森相关系数**（Pearson correlation coefficient）是政治学中最常见的统计数据之一。[27] 通常相关系数的简写是 r，r 可以在 –1 到 +1 变化。无论是向正向还是负向，r 离 0 越远，关联性越强。在相关性的背景下，强度指的是两个变量之间的线性拟合程度。想象有一个图，x 轴表示国家的人均收入，y 轴表示选民投票率。我们研究中的每个国家都用一个单个的点表示（例如，x = \$14047；y = 56%）。如果所有这些点恰好形成一条线，向上倾斜，收入越高则投票率越高，那么 r 将等于 +1。[28] 在现实生活中，数据很少排列得如此整齐。我们的数据点从一条直线出发，看起来越是随机分散，r 的值就越低。当罗伯特·帕特南分析意大利的各地区经济现代性与机构表现之间的相关性时，大多数数据点都非常接近一条线，但不是直接在线上面（r = 0.77）。皮帕·诺里斯（Pippa Norris）发现美国人阅读报纸的频率以及他们与政府官员联系的频率之间相关性较弱（r = 0.20）。一般来说，一种行为越多，与之相关的另一种行为就越多。然而，人们可以找到许多每天阅读报纸但从未与官员有交往的人，以及许多其他很少看报纸但经常与官员有联系的人。[29]

然而，在政治中并非所有关系都是线性的。有些可能会是弯曲的，各种方式的弯曲，并且相关系数不会检测到这些关系。r 会看起来似乎很低，这是生成数据图的另一个原因。处理这两个定距或定比变量，我们可能会生成一个散点图，并直观地检查数据是否存在任何非线性模式。

定距和定比水平测量通常被称为"**连续变量**"（continuous variable）[30]，而 2000 年的美国国家选举研究（ANES）包含了其中大量的变量。有几个是经典的情感温度计问题。在这个问题中，人们被问及对某个特定的政治家、某个群体或某政府部门的看法。这些分数的范围从 0（非常冷）到 100（非常温暖），50 表示中间的感觉。表 7.2 展示了一些情感温度计问题的相关矩阵。[31] 毫不奇怪，人们对两位主要的总统候选人阿尔·戈尔和乔治·W. 布什的感觉，都是逆相关（r = -0.414）且具有统计显著性。① 一般来说，人们对布什感觉到越温暖，对戈尔的感觉就越冷，反之亦然。对戈尔和女权主义者的情感是直接相关（r = 0.331），对布什和军方的感受（r = 0.270）也是如此；这两种关系都具有统计显著性，不是重要的头条新闻。然而，也许最令人惊讶的发现，是受访者对女权主义者和军队的情感之间缺乏相关性。具有统计显著性的 p 值表明零假设正确

---

① 在表7.3以及许多已发表的研究中，你将看到星号用于表示统计显著性。通常的方法是*意味着显著性水平为0.05，而**意味着显著性水平0.01。尽管如此，阅读细则确实是值得的。——原注

的可能性为 22%，这远高于我们 5% 的临界值。作为优秀的政治学家，我们必须得出结论，这两个变量之间不存在任何关联。一些美国人可能对女权主义者和军方情感冷淡，有些人对两者都有温暖的情感，但很多人都情感复杂。在分析这些数字之前，我会非常肯定这两个变量是逆相关。所以我了解了一些东西，那就可以了。

假设我们在第五章中提过的 25 个虚构国家之间寻找相关性，我们可以在投票率、人均收入和高中毕业生的百分比方面这样做，它们都是连续变量。根据我们刚刚对情感温度计得分进行的分析，结果有点令人费解。选民投票率和高中毕业生之间的相关性比我们在表 7.2 看到的任何相关都要强（r = 0.473）。然而，p 值是 0.017，这确实符合统计学显著性，但比表 7.2 中的许多类似数字略大。对于似乎更强大的关系，我们怎能那么不自信？此外，选民投票率与人均收入之间的相关性似乎相当强（r = 0.372），但它未能通过我们的统计显著性检验，因为 p 值为 0.067。这怎么可能？这两个问题的答案都是一样的——因为样本量。对于情感温度计问题，我们有 1400 ~ 1800 个答案。与我们只有 25 个国家做研究的时候相比，确信有某种关联存在要容易得多。通常，案例数越少，在关联具有统计显著性之前，需要的 r 越大。另外，有一个大样本的人可以自豪地宣称，即使结果证明某种关联非常弱，但也具有统计显著性。[32]

表 7.2　情感温度计得分的相关矩阵

	戈尔	布什	女权主义者	军队
阿尔·戈尔				
r	1	−0.414 **	0.331 **	−0.072 **
统计显著性		0.000	0.000	0.005
N	1774	1747	1410	1494
乔治·W.布什				
r	−0.414 **	1	−0.203 **	0.270 **
统计显著性	0.000		0.000	0.000
N	1747	1761	1403	1487
女性主义者				
r	0.331 **	−0.203 **	1	0.033
统计显著性	0.000	0.000		0.219
N	1410	1403	1427	1413
军队				
r	−0.072 **	0.270 **	0.033	1
统计显著性	0.005	0.000	0.219	
N	1494	1487	1413	1517

资料来源：美国国家选举研究，2000 年。

注：* 表示显著性水平 0.05；** 表示显著性水平 0.01。

与相关分析密切相关的是**一元线性回归**（simple linear regression）。一元回归不是确定两个变量是否以任何方式相关，而是要求我们指定一个因变量和一个自变量。我们正在逐渐远离相关性并走向因果关系（尽管它们之间的距离非常大）。对于教育和选民投票率研究，研究人员可以合理地假设前者是自变量，后者是因变量。在我们一直在分析的25个虚构国家中，一元线性回归告诉我们，高中毕业生比例平均增加10个百分点与选民投票率增加3.6个百分点相关联。它还告诉我们，这些国家高中毕业生的百分比的变化约占选民投票率变化的19%。等我们谈到多元回归分析时，我就会解释这些数字的来源，多元回归使用频率要比一元回归高得多。

交叉表、相关性和一元回归是双变量数据分析的最常见的形式。我们要定期分析分类变量和连续变量之间的双变量关系，而在这种情况下，我们需要一种不同的方法。例如，假设我们想要评估性别和希拉里·克林顿情感温度得分之间的关系。或者对任何国家的个人而言，我们也许都会有一个政治容忍度的连续测定，我们想看看它是否与宗教信仰有关。一个选择是均值**差异检验**（difference-of-means），当自变量是分类变量而因变量是连续变量的时候，这个检验最有效。[33] 基本观点是比较每个分类变量均值（及总体分布）。例如，均值差异检验会比较男人和女人对希拉里·克林顿的看法，或者基督徒、穆斯林以及印度教徒在容忍度上的得分情况。[34] 相关的关联度量被称为"eta平方"，其值可以在0～1变化。如果我们把两组进行比较，或者用f-检验两个或更多的小组，统计显著性就可以用t-检验建立起来。

如果我们使用错误的统计程序会怎么样？ 我们的回答范围可

能在差不多正确到大错特错之间。假设我们用交叉表分析两个定类变量，我们用肯德尔的 tau 值而不是克莱默的 V 值测量它们关系的强度，这对于两个定序变量都是合适的。我们很有可能（但不保证）将接近正确的答案，部分原因是定类和定序变量都是分类的。我们的统计分析可能看起来有点粗枝大叶，但没有很大的缺陷。然而，在我们创建一个相关矩阵时如果使用交叉表，或者反过来，那么造成重大错误的概率会大幅增加。我们可能会"找到"并不真的存在的一个关系，或者忽略了真正存在的关系，把分类变量与连续变量混淆会非常严重地损害我们的分析。

分析 3 个或更多的变量

对于大多数政治学家来说，当我们同时处理 3 个或更多变量时，统计分析的实际回报就来了。现在我们可以检查虚假现象并开始排除某些假设。我们可以确定我们自变量中哪些或多或少与因变量强烈相关，甚至可以捕捉到我们的自变量之间的相互作用，我们不再需要假装政治是由离散的几对变量形成的。

在最一般的层面上，政治学家使用多变量数据分析，对复杂和时常神秘的政治现象施加某种程度的控制测量，控制是关键。在第四章中，我们学到了政治学家对政治世界的某些方面建立控制的一种方法——通过实验。实验研究设计，以它最纯粹的形式，允许研究人员操纵一个单一自变量，而同时保持每个其他可能的影响不变。因变量中任何观察到的变化必须与那个自变量中的变化相连接，甚至可以说自变量是导致变化的原因（虽然确切的因果机制通常是模糊的）。然而，由于实践和伦理的原因，政治世界的许多特征并不适合参与实验。依赖观察设计的政治学家，尤其是那些进行大群体样本比较设计的政治学家们，使用统计技术达到接近实验产生的那种控制。

多变量技术通常建立在分析数字数据的两种变量方法的基础之上。例如，对于分类数据，我们可以运行交叉表控制第三个变量。基本上发生的情况是，为了可控变量的每个值，原始交叉表又分成单独的交叉表。[35] 然后我们将这些新的交叉表相互比较并查看它们有多大不同，也许我们想知道观察到的种族和对死刑的看法之间的关系对男女是否都适用，换句话说，我们想要进行性别控制。在**运行受控的交叉表**（crosstab with control）之后，我们发现性别并不那么重要，至少在 2000 年是这样。种族和对死刑看法之间的关系总体上具有统计显著性，对于男性和女性都是如此。男性的相关度比女性的要大（克莱默的 $V = 0.247$ VS 0.190），但没什么太大差别。我们的下一步行动是抛弃性别问题并尝试控制教育变量，我们的数据集有一个定序测量，根据人们的最高教育水平将成人分为 3 类（不到高中、高中、高中以上）。其结果与性别做控制变量时几乎一样。所有 3 个新的交叉表都具有统计显著性，而它们之中的强度测量只有一点点变化。现在我们更加确信种族与对待死刑观点有关，因为我们控制了一些其他看似合理的因素，而关键统计数据变化不大。如果我们其中一个控制变量的数据有很大差异，那么我们对种族的重要性就不会那么确信。我们的最初发现就可能是部分或完全虚假的。

不幸的是，我们能用交叉表所能做的也就是控制第 3 个变量。如果我们试图同时控制 2 个或 3 个变量，那么我们的一些单元格的条目可能就很少或完全没有观察值。事实上，如果我们用几个可能的值，如政治意识形态的 7 分量表，只能多控制一个变量，同样的困难也可能出现。控制像人均收入这样的连续变量，会使这个问题加剧恶化几个等级。根本问题是，我们的统计技术是在表中每个单元格观察到的数据分布和不相关的值的假设分布比较（即与零假设相比）基础上进行的。当某些单元格中的数据点很少时，另一些单元格中的数据关联性必须非常强，才能具有统计学显著性。在极端的案例中，我们的统计软件将无法计算统计显著性或关联强度。

处理连续变量时，我们可以从相关性转移到**偏相关**（partial correlation），这样我们能够控制第三个变量。要解释为什么意大利的一些地方政府表现优于其他地方政府，帕特南测试了两个一般性假设，一个基于经济学，另一个基于文化。他发现在经济现代化指数和机构表现指数之间有着强烈的正相关（r = 0.77），公民社区和机构表现指数之间的相关性甚至更强（r = 0.92）。两种关系都具有统计显著性，而且两者似乎都非常重要。帕特南的下一步是计算两个偏相关，第一个是经济现代化和机构表现之间，公民社区为控制变量，这个关系不再具有统计学显著性；第二个是公民社区和机构表现之间，经济现代化为控制变量，这种关系确实依然具有统计显著性。结果，帕特南有证据表明，在影响政府表现方面，文化比经济更重要。[36]

交叉表和相关性都允许我们从 2 个转向 3 个变量，但仅此而已。**多元回归分析**（Multiple regression analysis）建立在一元线性回归基础上，而且具备了更好地处理控制变量的能力。我们可以测试的不仅仅是一个变量，而是 2 个、3 个、6 个、13 个——同时处理任何数量的变量。[37] 假设我们只有两个自变量（A 和 B）和一个因变量（Z）。多元回归模型不仅允许我们在 B 为控制变量时，评估 A 和 Z 之间的关系，也允许我们在 A 为控制变量时，评估 B 和 Z 之间的关系。对于这两种关系，我们可以确定其统计显著性、实质性大小以及方向。该模型还可以告诉我们，在 Z 中有多少变化是通过 A 和 B 的统计组合得到的。这是很有用的信息。如果我们有一个带有 4 个自变量（A、B、C、D）的更精细的模型，B、C 和 D 不变，那么我们就可以确定 A 和 Z 之间的这种关系，如此等等。多年来，几种类型的回归技术已经开发出来了，以处理不同种类的数据和不同类型的研究问题。对于下面的例子，我将使用普通**最小二乘回归**（ordinary least squares），这是最基本的版本。

根据从我 25 个虚构国家获取的数据，一元线性回归显示，高中毕业生变量与选民投票率是直接相关的，具有统计显著性。平均而言，教育变量增长 10 个点与投票率增长 3.6 个点相关，这些数字都来自哪里？当我从 SPSS 检查输出的数据时，我注意到高中毕业生变量的 p 值（基于统计的 t-检验）是 0.017。我们知道，任何低于 0.05 的值都被认为具有统计显著性。非标准化系数（报告为 B 或 b）是 0.364，这意味着自变量 1 个单位的增加与因变量 0.364 个单位的增加相关联。（为了便于表达，我将两个数字乘以 10。）为了确定模型的总体能力，我依靠调整后的拟合度（R-squared）统计量，即 0.190。这是 r 的近亲，相关系数，并且是为模型中自变量的数量而做了调整。[38] 调整后的拟合度可以从 0 到 1 变化，而 0.190

意味着这一个变量占选民投票率这个因变量变化的 19%。[①]

当我添加第二个自变量——人均收入时，结果最初令人费解。这两个自变量都不具有统计显著性，一个变量不变，而调整后的拟合度几乎没有改变（0.192）。[②] 在某些方面，这个模型似乎比我的一元线性模型更糟糕。结果证明，根本问题在于我的两个自变量是相互关联的（r = 0.427）。有如此多的数据重叠，把两个变量合并入模型我从中得不到什么额外的好处。因此我放弃了收入变量并添加了对选民登记要求的测量，这个与我的教育变量没有关联。[39] 当后两个变量合并时，调整后的拟合度跳升至 0.335，这表明我的新模型可能占选民投票率变化的 1/3。教育变量的统计显著性只是略低于传统的 0.05 的临界值（p = 0.055），该变量的偏回归系数下降到 0.271。然而，选民登记变量具有统计显著性（p = 0.023），教育变量不变，而非标准化系数的方向是负向的。这是合理的，因为选民登记要求变得更加严格，选民投票率下降。B 的精确值是−6.493，意思是当我们在自变量上向上移动一个单位时（例如从低位到中位），教育变量不变，投票率平均下降约 6.5 个百分点。

你可以轻易地让我相信，这个模型中的两个自变量似乎都很重要。选民登记要求不变，我们仍然有 94.5% 的人确信教育变量具

---

① 19% 是个非常重要的结果吗？ 这是一个主观判断的问题。在该学科的某些领域，只要自变量具有统计显著性，即使模型占因变量变化量的 5%，学者们也会感到满意。毕竟，政治往往是复杂的，而我们可能一次只能够抓住它的一小部分。其他政治学家看着这些结果会得出这样的结论：省略的变量一定比特色变量更有趣。——原注

② 同样，估计标准误差(SEE)几乎没有变化。一些政治学家对拟合度和调整后的拟合度持怀疑态度，并在评估整个回归模型时更倾向于使用 SEE。——原注

有统计显著性。知道这两个变量中哪一个实质上更重要可能会很有用，但它们是以不同的单位表达的，所以难以进行比较。幸运的是，SPSS 也生成了一个标准化回归系数（Beta），该系数基本上剥离了变量的特定的单位，并计算因变量中有多少变化与每个自变量中一个标准偏差的变化相关。Beta 系数的绝对值越大，可能的影响越大。通过这种测量，我的注册变量（−0.426）要比我的教育变量（0.352）更大一些。[40] 当我再加上人均收入变量，创建一个有 3 个自变量的模型时，选民登记变量仍然具有统计显著性，并且其非标准化系数基本没有变化，收入变量和教育变量都不具有统计学显著性（分别为 p = 0.273 和 0.178）。因此，在这项关于选民投票率的小型研究的范围内，选民注册要求在统计意义上和实质上，似乎都是最重要的自变量。

虽然像这样的简单例子可以说明多元回归分析背后一般的思路，但是由于案例和自变量数量小（以及完全虚假的数据），所以这是个非典型的例子。表 7.3 展现了一个比较现实的模式，分析了气候变化走向的态度。这些数据来自 2010 年对美国人进行的一项基于互联网的调查。过去的研究表明，政治意识形态与对气候变化的观点联系非常紧密，保守派比自由主义者更不可能察觉到问题或需要政府采取行动。调查研究的作者迈克尔·琼斯（Michael Jones）觉得这种意识形态的测量过于宽泛。他想对信仰体系进行更具体的测量，看看它们是否也会遵循这种类似的模式。琼斯用政治意识形态标准的 7 分测量法进行了一系列的普通最小二乘（OLS）回归线性分析，还在自变量中对不同文化类型（个人主义者、等级制度、平等主义者以及宿命论者）进行了 4 种连续测量。他的分析还包括教育、性别 [41]，以及气候变化的事实性知识等控制变量。他的因变量，只有一部分如表 7.3 中所示 [42]，要求人们对气候变化有关的某种陈述明确表达他们的同意程度，范围从完全不同意（0）到完全同意（10），他将这些视为连续测量。[43]

表 7.3　多元回归：对气候变化的态度

	相信气候改变	人类造成的气候改变	需要行动	再生性能源
意识形态	−0.483**	−0.671**	−0.542**	−0.305*
个人主义	−0.051	−0.128**	−0.116**	0.067
等级制度	0.103*	0.176**	0.111**	0.095
平均主义	0.092*	0.171**	0.244**	0.021
宿命论	−0.032	−0.079	−0.150**	0.009
教育	−0.025	0.025	0.055	−0.137
性别	−0.331	−0.369	−0.355	−0.814*
气候变化知识	0.339**	0.239*	0.308**	−0.009
Adj. R^2	0.180	0.388	0.395	0.061
N	262	262	263	255

　　资料来源：Michael D. Jones, "Leading the Way to Compromise? Cultural Theory and Climate Change Opinion," PS: *Political Science and Politics* 44, no. 4 (October 2011): 720–725。

　　注：系数是非标准化的。* 表示显著性在 0.05 级；** 表示显著性在 0.01 级。

正如所预料的那样，一般意识形态变量具有统计显著性且有负面性。个体越保守，他们就越不可能相信气候变化，不相信人类活动导致气候变化或需要政府采取行动。在这里没有显示的结果中，保守派也不太可能感到气候变化构成了个人或社会风险。更值得注意的结果包括 4 种文化类型，即使政治意识形态保持不变，这些类型中的一些变量依然具有统计显著性。而且，它们并非都指向同一个方向。虽然个人主义与大多数因变量呈逆相关，等级制度和平均主义往往是直接相关，个人主义者不太可能相信气候变化是由于人类活动造成的（B = –0.128），但是对美国来说，减少温室气体排放（B = –0.116）很重要。等级制度和平均主义者更强烈地认为，人类是导致气候变化的一个原因，并且认为需要采取行动。琼斯的研究表明，就美国人对气候变化上存在分歧的程度而言，自由派还是保守派不是分歧的分界线。有趣的是，调查对象在可能的政策补救措施方面没有分歧，例如可再生能源、核能，以及限额和贸易排放政策。因此，决策者可能希望避免有关气候改变的程度和原因的辩论，而更多地关注补救措施。[44]

这些例子只是多变量的冰山一角，所有这些变量表现得相当正常。在其他研究中，一些变量可能是偏态的，需要转换为对数尺度，自变量可以单独表达或作为交互作用项表达，并不是政治学家处理的所有的因变量都像选民投票率或情感温度计得分那样具有连续性。有些是二分变量，只带有两个可能的值，例如，在上次选举中个人投票或没投票，立法者投票支持或反对某项具体法案；国家处于和平或战争中。这些类型的问题通常用 OLS 统计的近亲逻辑回归模型处理，或用比例风险模型处理。我的两个例子使用了横截面数据，比较了在同一个时间点上的许多观察值。当研究人员使用时间序列或面板数据时，他们需要使用更先进的统计技术。罗斯对资源诅咒的分析是基于 1971 年至 1997 年的 100 多个国家的汇总数据。仔细阅读他的文章，你会看到他使用了一种被称为"可行广义最小二乘回归"（Feasible Generalized Least Squares）的方法。[45] 回归分析也不是唯一的选择，一些分析师更喜欢把统计技术称为"最大值似然估算"。这就很容易弄明白要想真正精通统计技术，要上不止一个学期的统计学课程了。

最后的思考

贯穿本章始终，我基本上避免使用以那个 C 字母开头的单词——因果关系（causation）。在分析一些统计分析的例子的过程中，我强调了经验规律——我的变量是否有联系、关联、连接、相关。许多政治学家查看过我的数据后会得出更有力的结论。种族在对待死刑的态度上有影响。平均而言，高中毕业生每增长 10 个百分点会导致选民投票率增长 3.6 个百分点。教育变量本身解释了选民投票率近 20% 的变化，表明原因和结果有很多不同的方法。

由于我大脑中的那些声音，我说这些话时感到犹豫不决。① 第一个声音坚持认为只有经过精心设计的实验，才能建立起因果关系（见第四章）。无论我怎样试图解释其他影响，我知道永远不能用

---

① 在我开始谈论房屋检查员和格拉斯哥昏迷量表时，你可能也有过同样的怀疑。——原注

观测的研究设计来控制一切。无论我发现什么样的关系，一些未观察到的变量可能会抹掉，或者至少是大大弱化这些关系。只需要一分钟就能想到人口统计变量（例如年龄、收入）和可能会影响某人对气候变化看法的态度变量（例如对政府的信任、对未来的定位），然而这些在琼斯的研究中都被忽略了。总的来说，这些声音告诉我，我们能用观察到的数据所做的最好的事情，就是当某些关系未能通过统计显著性检测的时候，将它们排除在外，并强调其他学者能用实验更明确地检验的关系，这些都是有用的知识。

其他声音来自真正聪明的人，他们擅长统计分析，却依赖多种证据来证明原因和结果，他们其中一些人是杰出的数理统计学家。[46]第四章引用了其他人的话，即详细的案例研究相比于大 n 统计比较，更适用于确定因果路径和因果机制。[47]政治学家亨利·布雷迪（Henry Brady），对数字也略知一二，他对统计模型的局限性做了一个极好的说明。2000 年，美国总统大选后不久，一项广为人知的回归分析表明，乔治·W. 布什在佛罗里达州至少失去了 1万张选票，因为在这个狭长的州，媒体在投票结束前 10 分钟就已经宣布了选举结果。因此，布什本可以轻松地赢得佛罗里达州的。这样，关于 2000 年的选举争议将大大减少。布雷迪结合文件和数字，通过仔细的流程追踪，证明绝大多数佛罗里达人在网络宣布结果之前已经投过票了，而大多数没有投票的人不会听到这个公告，大多数没有投票但确实听到选举结果的人可能最终还会决定投票。真正的选票损失数量接近 50，与原来的估计相去甚远。[48]

帕特南对意大利地方政府的分析并未以偏相关结束。在测量了关键变量并计算了它们的关系后，他改变了研究方法，将最后两章用于意大利的史料案例研究。首先，他想表明公民共同体引发了机构表现，而不是相反。时机和序列是因果论证面临的主要障碍之一。此外，帕特南想要准确解释公共精神是如何改善机构表现的，他认为"社会资本"是连接这两个变量的主要因素。[49] 虽然有些学者怀疑帕特南的观点，但对此我认为，他意识到他的数字只能揭示这么多。

我的统计分析没有告诉我，种族如何影响人们对死刑的看法。我可以想象出许多原因，比如对刑事司法制度的公平的感知，对夺取另一个人生命的宗教信仰，对社区暴力罪犯的威胁的感知，以及奴隶制和种族隔离的历史遗毒。这一切都貌似可信，但全都没有经过检测。在有人弄清楚种族如何影响对死刑的态度之前，对因果关系提出强有力的断言似乎为时过早（可能甚至是不可靠的）。与此同时，在他们承认之前，我将尽量不去剖析我的数据。

那么这最后一章并非真正的结论，本指南包含的课程并未以复杂的多元回归模型而结束，也不以详细的案例研究或巧妙的实验而告终。事实上，这本书根本不应该有结论，整个项目是对政治学研究和实践的延展介绍，接下来会发生什么取决于你——读者。政治世界很复杂，经常混乱不堪，有时甚至荒谬无比。如果风险不是那么高的话，人们会很想以困惑或蔑视的眼光看待它。我希望知道一些基本概念和一般策略，会让你在未来更好地准备好去弄清楚政治的意义，甚至可能激发你扩展并完善你的分析技能。世界并不是在叫嚷着要求更多的全职的政治学家——但它总是需要更多仔细和系统思考政治的人。

◎ 练习: 检查

1. 确保你能够解释诸如下面所列的出版物中的数字表、图形和图表。着
重每种关系的统计显著性、强度和方向。

Heather K. Evans, Victoria Cordova, and Savannah Sipole, "Twitter Style:
An Analysis of How House Candidates Used Twitter in Their 2012
Campaigns," PS: *Political Science and Politics* 47, no. 2 (April 2014):
454–462.

M. Steven Fish, "Islam and Authoritarianism," *World Politics* 55, no. 1
(October 2002): 4–37.

Ronald Inglehart and Christian Welzel, "Changing Mass Priorities: The Link
between Modernization and Democracy," *Perspectives on Politics* 8, no. 2
(June 2010): 551–567.

Gary C. Jacobson, "It's Nothing Personal: The Decline of the Incumbency
Advantage in US House Elections," *Journal of Politics* 77, no. 3 (July
2015): 861–873.

Michael D. Jones, "Leading the Way to Compromise? Cultural Theory and
Climate Change Opinion," PS: *Political Science and Politics* 44, no. 4
(October 2011): 720–725.

Edward D. Mansfield, Diana C. Mutz, and Laura R. Silver, "Men, Women, Trade, and Free Markets," *International Studies Quarterly* 59, no. 2 (June 2015): 303–315.

Pippa Norris, "Does Television Erode Social Capital? A Reply to Putnam," PS: *Political Science and Politics* 29, no. 3 (September 1996): 474–480.

Robert D. Putnam, *Making Democracy Work: Civic Traditions in Modern Italy* (Princeton, NJ: Princeton University Press, 1993), chapter 4.

Craig Volden and Alan E. Wiseman, *Legislative Effectiveness in the United States Congress: The Lawmakers* (New York: Cambridge University Press, 2014), chapter 3.

◎ 练习：建构

1. 对于下列每对变量，请说明使用交叉表、相关性或均差检验，是否是最适当的统计技术。

    少数民族；对政府的信任（低、中、高）

    国家人均收入；议会中女性议员的百分比

    英国地区；英国的政党关系（保守党、绿党、工党、自由民主党、苏格兰民族党、英国独立党等）

    教育程度（高中以下、高中毕业、部分大专、大学毕业）；对同性婚姻的看法（强烈反对、反对、支持、强烈支持）

    年龄；对任何政治人物的情感温度得分

    族群；对任何政治人物的情感温度得分

2. 利斯贝特·胡赫（Liesbet Hooghe）想弄清楚为国际组织工作是否会影响一个人对超国家规范的支持。如果是这样的话，在其他可能的影响不变的情况下，这种关系还能维持下去吗？她调查了欧盟委员会高级官员对欧盟的看法，下面的相关矩阵显示了她的调查结果的一小部分。你如何解释这些二元关系？请从统计显著性、方向和强度方面来考虑。

习题表 7.1

	超国家主义	意识形态	国家大小	国际教育	服务年限
超国家主义	1	−0.17*	0.01	0.22**	0.16*
意识形态		1	−0.14	−0.05	−0.03
国家大小			1	−0.04	0.40**
国际教育				1	0.01
服务年限					1

资料来源：Liesbet Hooghe, "Several Roads Lead to International Norms, but Few via International Socialization: A Case Study of the European Commission," *International Organization* 59, no.4 (October 2005): 861–898.。

注：超国家主义衡量的是，受访者在多大程度上认为应该是欧盟（而非单个国家）在治理欧洲方面发挥主导作用；意识形态是自我报告的，范围从左到右；国家大小指以百万计的人口；受访者的国际教育程度从低到高；工作年限等于在欧盟委员会工作的年限。* 表示 $p < 0.05$；** 表示 $p < 0.01$。

3. 在一个多元回归模型中，因变量为巴西自我报告的政治意识形态 [从左（1）到右（10）]，你如何解释以下结果？

习题表 7.2

系数	非标准化的（B）	标准化的（Beta）	统计显著性
年龄	0.016	0.091	0.003
收入水平	−0.035	−0.026	0.393
教育水平	−0.128	−0.118	0.000
整体模型	拟合度 =0.032	调整后的 拟合度 =0.030	估计标准差 （SEE）=2.770

资料来源：世界价值观调查浪潮 6（来自巴西的数据，2014）。

致　谢

　　"写书是一场可怕的、耗人精力的斗争，就像患了一场漫长而又痛苦的疾病。如果没有一个既无法抗拒也无法理解的恶魔的驱使，一个人是决不会做这种事的。"乔治·奥威尔（George Orwell）说这话的时候，他也许捕捉住了许多作家的经验。幸运的是，我不是其中一员，至少这次不是。虽然撰写这本书花了许多年，而且其间有几个时期我感觉停滞不前，好在最终以持续几个月令人愉快的工作而告终。如果我被某个恶魔驱使，那也是我相当了解的恶魔，我必须找到一个更好的方法来教学生如何像政治学家一样思考。

　　我写这本书从来没有感到畏惧，因为我得到了许多人的帮助。我最要感谢的是数百名威廉 & 玛丽（William & Mary）学院的学生，他们这些年来一直在上我的研究方法课。在我用不同的方法尝试教授他们某些技能和概念时，他们很有耐心，其中有很多同学提出了具体的建议，特别感谢埃利·曼斯皮尔（Ellie Manspile）和马克斯·希普曼（Max Shipman）。学术书籍的作者通常在专业会议和各部门的工作坊对他们的想法进行实验，所以这本书诞生在教室。

　　我非常感谢艾伦·霍华德（Alan Howard）和里克·瓦莱利（Rick Valelly）的反馈意见，他们阅读了大部分章节。他们理解我

275

想要实现的目标，让我专注于我的读者，同样重要的是，他们给了我真正的鼓励。我的妻子迪·霍姆斯（Dee Holmes），听我谈论那些如因果假设和案例选择等有趣话题的最新看法，似乎从未厌倦过（相信我，任何花时间思考研究方法的人都需要情感支持）。我向我的同事丹·多尔蒂（Dan Doherty）寻求过帮助，因为他在教学研究方法方面享有盛名。他仔细阅读了整篇手稿，促使我厘清了自己的思路，使我避免了一些令人尴尬的错误。

在芝加哥大学出版社，约翰·特雷耶斯基（John Tryneski）不仅让这份手稿通过同行评审并最终完成，还确保每一章都有一个非常精彩的引言，他引导我远离那些可能让读者感觉不自然、晦涩或过时的例子或类比。他还说服我少花时间批评研究方法的主要指南，建议我花更多时间发展自己的研究方法。这个项目在芝加哥通过了两轮同行评审，第一次是在我有一份计划书和几章可以分享的时候，另一次是在我完成了手稿之后。评论家们慷慨地给予了赞扬，并指出了几个我可以改进的地方，谢谢你们！桑德拉·黑兹尔 (Sandra Hazel) 以其敏锐的眼光以及对语法和内容的明晰为我的文章润色。其他几位在芝加哥大学出版社工作的人——凯利·芬纳夫洛克-奎迪（Kelly Finefrock-Creed）、里奇·亨德尔（Rich Hendel）、梅林达·肯尼迪（Melinda Kennedy）、罗德尼·鲍威尔（RodneyPowell）、凯文·奎克（Kevin Quach）、凯瑟琳·雷文（KathleenRaven）和霍利·史密斯（Holly Smith）——在大大小小的方面都给我提供了帮助，帮我把手稿变成一本看起来很专业的书。我也要感谢他们。

然而，最终只有一个人被列为作者。如果你想祝贺某人写了这么棒的一本书，或者讨论把该书变成百老汇音乐剧的方法，那么你知道该联系谁了——我，克里斯托弗·霍华德，我很乐意和你谈。但如果你能提供的只是讽刺、挖苦或尖锐的批评，好吧，也许你是对的，但是，下次我会努力做得更好！

注 释[①]

前 言

[1]其他来自医药和商业的例子，参见 Atul Gawande, *The Checklist Manifesto: How to Get Things Right*. New York: Metropolitan Books, 2009。

[2]我把这种习惯部分归咎于学生在高中时所接受的标准化的固定考试。这些测试经常强调事实细节，但代价是牺牲大的概念和批判性思维技能。

[3]在高级研讨会论文或本科生荣誉论文中，以及在研究生阶段的工作中，可以期待更多的创意。

[4]Tracy Kidder and Richard Todd, *Good Prose: The Art of Non-fiction*.New York: Random House, 2013. p. 70.

[5]Daniel N. Posner, "The Political Salience of Cultural Difference: Why Chewas and Tumbukas Are Allies in Zambia and Adversaries in Malawi," *American Political Science Review* 98, no. 4（November 2004）: 529–545. 这句话代表了我对波斯纳论点的看法。

---

① 本书注释翻译遵循以下原则：凡涉及引用文献部分，为便于读者查阅原文，保留英文不翻译；凡解释说明内容，为便于读者理解，译为中文。——编者注

［6］例如，如果有人认为杜鲁门（Truman）1945 年向日本投下原子弹的决定是由于 1946 年共和党在国会选举中取得历史性胜利的结果，那么他可能对时间旅行持有不同寻常的看法。

［7］虽然信仰、寓言以及神话在每个社会中都扮演着重要的角色，但它们的力量并不取决于经验证据。我可能相信蚂蚁和蚱蜢的寓言给我上了一节关于努力工作和提前计划的好课，但是我很难找到真正会说话的昆虫。

第一章

［1］James E. Short, *How Much Media? 2013 Report on American Consumers*. Marshall School of Business, University of Southern California（October 2013），获取网址：http://classic.marshall.usc.edu/assets/161/25995.pdf。

［2］Farhad Manjoo, "You Won't Finish This Article"（June 6, 2013），获取网址：http:// www.slate.com/articles/technology/technology/2013/06/how_people_read_online_why_you_won_t_finish_this_article.html。

［3］Gerald Graff and Cathy Birkenstein, *They Say, I Say: The Moves That Matter in Academic Writing,* 2nd ed. New York: W. W. Norton, 2010.

［4］根据我的经验，典型的文献综述大约占整个项目长度的 10% ～ 20%，相当于大学出版社出版的书的一章（有时更少），在学术期刊中最多只有几页。在未发表的作品中，比如本科生毕业论文，这个比例则可能会更高。

［5］然而，学者们经常将他们的研究与不同出版物中的不同文献联系起来，每个出版物针对的读者多少有些不同。

［6］当然，这取决于一个人如何定义民主和战争。民主和平的可能

例外包括 1812 年的战争（美国和英国之间的战争）和 20 世纪 40 年代后期的印巴战争。

［7］美国国家选举研究，表 5A.1，可获取网址：http:// www.elec-tionstudies.org /nesguide /toptable /tab5a _1.htm。访问日期：2016 年 2 月 29 日。

［8］有时，政治学家围绕方法论——研究政治的方法，而不是对政治世界某些部分流行的描述或解释，来组织他们的文献综述。例如，对投票率感兴趣的人可能会将我们从大规模调查中得到的东西与我们从实地实验中得到的东西进行对比。偶尔，文献综述会从历史的角度来组织，表明我们对某些政治现象的理解随着时间的推移发生了变化。

［9］纯粹的复制研究在政治学中是罕见的，它们在物理和药理学等领域更为常见。

［10］描述性假设将在第二章进行更全面的讨论。

［11］例如，Michael Ross, "Does Oil Hinder Democracy?" *World Politics* 53, no. 3（April 2001）: 325–361。

［12］例如，Jonathan Di John, *From Windfall to Curse? Oil and Industrialization in Venezuela, 1920 to the Present*. University Park: Penn State University Press, 2009; Andrew Rosser, "Escaping the Resource Curse: The Case of Indonesia," *Journal of Contemporary Asia* 37, no. 1（February 2007）: 38–58。

［13］因果假设将在第三章进行更全面的讨论。

［14］Stephen Biddle, Jeffrey A. Friedman, and Jacob N. Shapiro, "Testing the Surge: Why Did Violence Decline in Iraq in 2007?" *International Security* 37, no. 1（Summer 2012）: 7–40.

［15］我们可以把文献综述看作对整个社区的一种房屋检查。在这种情况下，我们在报告上会说："你不想在这里购买。因为这些房屋结

构不牢固，即将倒塌。你应该在另一个社区找房子。"

［16］Pauline Jones Luong and Erika Weinthal, *Oil Is Not a Curse: Ownership Structure and Institutions in Soviet Successor States*. New York: Cambridge University Press, 2010. 作者还调查了阿塞拜疆，其政府参与度介于这里提到的两对案件之间。

［17］Robert D. Putnam, *Making Democracy Work: Civic Traditions in Modern Italy.* Princeton. NJ: Princeton University Press, 1993.

［18］John Sides and Jack Citrin, "European Opinion about Immigration: The Role of Identities, Interest and Information," *British Journal of Political Science* 37, no. 3（July 2007）: 477–504.

［19］大部分的研究都是合著的，与其他学科至少一个学者合作，这一点也不奇怪。

［20］Henry Farrell and Martha Finnemore, "The End of Hypocrisy," *Foreign Affairs* 92, no. 6（November/December 2013）: 22.

［21］Daniel N. Posner, "The Political Salience of Cultural Difference: Why Chewas and Timbukas Are Allies in Zambia and Adversaries in Malawi," *American Political Science Review* 98, no. 4（November 2004）: 529–545.

［22］Adam Sheingate, "Still a Jungle," *Democracy: A Journal of Ideas* 25（Summer 2012）: 48–59.

［23］Alexander Lee, "Who Becomes a Terrorist? Poverty, Education, and the Origins of Political Violence," *World Politics* 63, no. 2（April 2011）: 203–245.

［24］Gary Orren, "Fall from Grace: The Public's Loss of Faith in Government," in *Why People Don't Trust Government*, ed. Joseph S. Nye, Philip Zelikow, and David C. King .Cambridge, MA: Harvard University

Press, 1997, pp. 78, 79.

［25］Sides and Citrin, "European Opinion about Immigration," 502.

［26］请注意，章节标题往往很宽泛。调查的范围不是公众对拉美裔移民的态度，也不是美国人对移民的态度。这是公众对移民的态度。

［27］使用这种方法，你可能还会在《社会学年鉴》(*Annual Review of Sociology*）和《法律与社会科学年鉴》(*Annual Review of Law and Social Science*）中发现关于恐怖主义的章节值得一读。

［28］爆料：我是《牛津美国社会政策手册》(*Oxford Handbook of U.S. Social Policy*）的三位编辑之一，我还为《牛津美国政治发展手册》(*Oxford Handbook of American Political Development*）写了一章。毫不奇怪，我对这些手册的看法是相当肯定的。

［29］此外，同行评审编辑书卷的过程并不总是像学术期刊文章和书籍那样严格，这使得每一卷的质量更难预测。

［30］Christopher Blattman, "Children and War: How 'Soft' Research Can Answer the Hard Questions in Political Science," *Perspectives on Politics* 10, no. 2（June 2010）: 403–413. 这本杂志已成为文献综述的好来源。

［31］Marc Hetherington, "Review Article: Putting Polarization in Perspective," *British Journal of Political Science* 39（2009）: 413–448.

第二章

［1］Michael P. McDonald and Samuel L. Popkin, "The Myth of the Vanishing Voter," *American Political Science Review* 95, no. 4（December 2001）: 963–974 and sources cited therein.

［2］M. Steven Fish, "Islam and Authoritarianism," *World Politics* 55, no. 1（October 2002）: 4–37; Richard N. Haass, "Towards Greater

Democracy in the Muslim World," speech delivered to the Council on Foreign Relations（December 4, 2002），获取网址：http://www.cfr.org/religion/towards-greater-democracy-muslim-world/p5283。Sanford Lakoff, "The Reality of Muslim Exceptionalism," *Journal of Democracy* 15, no. 4（October 2004）: 133–139; Alfred Stepan with Graeme B. Robertson, "An 'Arab' More Than 'Muslim' Electoral Gap," *Journal of Democracy* 14, 3 no.（July 2003）: 30–44; Alfred Stepan and Graeme B. Robertson, "Arab, Not Muslim Exceptionalism," *Journal of Democracy* 15, no. 4（October 2004）: 140–146. 感谢戴布拉·苏珊（Debra Shushan）提出了这个案例。

［3］Christopher Howard, *The Hidden Welfare State: Tax Expenditures and Social Policy in the United States*. Princeton, NJ: Princeton University Press, 1997; Christopher Howard, *The Welfare State Nobody Knows: Debunking Myths about U.S. Social Policy*. Princeton, NJ: Princeton University Press, 2007.

［4］关于这一论点的更长期和更复杂的版本，参见 John Gerring, "Mere Description," *British Journal of Political Science* 42, no. 4（October 2012）: 721–746。

［5］因此，严格地讲，这两个例子都涉及两个变量之间的关系——民主和时间，在某国这一案例中，还有性别和政治因素。

［6］请记住，这些先前的研究可能包括理论家的工作。任何研究民主概念的人都可能受到亚里士多德或罗伯特·达尔（Robert Dahl）思想的引领，就像研究战争问题的人可能会看向霍布斯（Hobbes）或冯·克劳塞维茨（von Clausewitz）一样。

［7］Jon R. Lindsay, "Stuxnet and the Limits of Cyber Warfare," *Security Studies* 22, no. 3（2013）: 372.

［8］洛克（Locke）和西伦（Thelen）指出，概念的特殊含义可能因

国家而异，这使得测量和比较的任务变得复杂。例如，由于历史不同的原因，工党的成功在德国与美国可能赋予的意义就不同。

［9］Philip H. Pollock, *The Essentials of Political Analysis*, 4th ed. Washington, DC: CQ Press, 2012, p. 11.

［10］换个方向，从更集中的分析单元转向差别更大的分析单元是棘手的。这个叫区位推理（ecological inference），它可能导致区位逻辑谬误。简单说，即整体正确的东西可能每个部分都正确，也可能不正确。例如，如果我们在州一级收集有关投票行为的信息，个体或团体的结果不一定一致。在 2012 年的总统大选中，61% 的亚拉巴马州选民选择了米特·罗姆尼（Mitt Romney），但这并不意味着 61% 的亚拉巴马州黑人也会投票给罗姆尼。事实上，亚拉巴马州只有 4% 的黑人这样做。然而，有时我们在较低层面缺乏证据，需要进行区位推论。想要更多地了解这个问题和可能的解决方案的读者，可以参阅加里·金（Gary King）和大卫·弗里德曼（David Freedman）的书。

［11］"使用另一位研究人员设计的标准的一个好处是，你的结果不会被为了得到你的预期结果而歪曲事实这一诱惑所玷污。"Paul Collier, *The Bottom Billion: Why the Poorest Countries Are Failing and What Can Be Done about It.* New York: Oxford University Press, 2007, p. 18。

［12］例如，Michael Coppedge, Angel Alvarez, and Claudia Maldonado, "Two Persistent Dimensions of Democracy: Contestation and Inclusiveness," *Journal of Politics* 70, no. 3（July 2008）: 632–647。

［13］这个图表的灵感来自 Gerardo Munck and Jay Verkuilen, "Conceptualizing and Measuring Democracy: Alternative Indices," *Comparative Political Studies* 35, no. 1（February 2002）: 5–34, 尤其是表 1。

［14］Seth Mydans, "Recalculating Happiness in a Himalayan Kingdom," *New York Times*, May 6, 2009. "国民幸福总值"（gross national happiness）一词是 1972 年旺楚克（Wangchuck）国王提出的。总理托布盖（Tobgay）领导的新政府对这一指数的依赖程度有所降低。Gardiner Harris, "Index of Happiness? Bhutan's New Leader Prefers More Concrete Goals," *New York Times*, October 5, 2013。

［15］其他的答案当然也有可能。

［16］当昏迷被标记为轻度、中度或重度时，这是一个定序测量。请注意，轻度即格拉斯哥昏迷量表的 3 分（13 ～ 15），中度是 4 分（9 ～ 12），重度是 6 分（3 ～ 8）。量表不是均匀划分的。

［17］目前还不清楚格拉斯哥昏迷量表是定距还是定比测量，因为 0 分是不可能的。我怀疑这是出于情感和心理上的原因。想象你父亲受了重伤，对任何外界刺激都没有反应。他的心脏还在跳动，但除此之外没有生命的迹象。你最不希望从医生那里听到的就是你父亲得零分。（"当然，他有时会忘记我的生日，在周末喝得太多，但该死的，他不是零分！"）因此，最低的可能分数是 3 分，这可能会带来一线希望。对我们来说幸运的是，不管是定距数值还是定比数值，我们都可以用同样的统计技术来分析这种量表的数值分数。

［18］类似地，一些指南通过给出一个精确的数字分数来给学院和大学排名（例如 75、93），而另一些则更喜欢分类的标签，比如最具选择性的、较具选择性的和有选择性的。

［19］见例，Michael Fischer et al., "Inter-rater Reliability of the Full Outline of Un Responsiveness Score and the Glasgow Coma Score in Critically Ill Patients: A-Prospective Observational Study," *Critical Care* 14, no. 2（April 2010）: R64; Michelle Gill et al., "Interrater Reliability of 3 Simplified Neurologic Scales Applied to Adults Presenting to the Emergency Department with Altered Levels of Consciousness," *Annals of Emergency Medicine* 49, no. 4（April 2007）: 403–407。

［20］Munck and Verkuilen, "Conceptualizing and Measuring Democracy."

［21］我个人的经验显示，政治学家更有可能建立他们测量的内容效度，而不是建构效度。

［22］从技术上讲，如果我们的一个或多个测量是定类的，我们就不能把这种关系称为"直接的"或"相逆的"。定类测量没有高低价值之分。尽管如此，我们仍然可以指出这些关系的预期方向。例如，假设宗教（定类的）和对堕胎的看法是相关的就有点含糊了。我们可以通过指出我们期望天主教徒和穆斯林比其他宗教成员更反对堕胎来阐明这一点。

［23］从 2012 年美国国家选举研究获取的数据通过调查文档和分析网 http://sda.berkeley.edu/sdaweb/analysis/?dataset=nes2012 进行了分析。访问日期：2016 年 1 月 7 日。

［24］Howard, *The Welfare State Nobody Knows*. 第二章和第五章。

第三章

［1］*Recovery Act: Hearing before the Committee on Transportation and Infrastructure, United States House of Representatives, One Hundred Eleventh Congress, Second Session, March 26, 2010*. Washington, DC: Government Printing Office, 2010. 根据德鲁吉的说法，民主党选区获得的援助比共和党选区获得的 2.5 倍还多，第 52 页。

［2］Nate Silver, "Study Claiming Link between Stimulus Funding and Partisanship Is Manifestly Flawed"（April 1, 2010），获取网址：http://fivethirtyeight.com/features/study-claiming-link-between-stimulus/。

［3］可获取网址：newrepublic. com/article/74220/case-study hackery。访问日期：2016 年 2 月 29 日。

［4］纳特·西尔弗还质疑德鲁吉是如何测量她的一些变量的，并认为她忽略了潜在的重要经济变量和人口统计变量。

［5］注：其中一些地区可能在 2010 年人口普查后已经重新划分了。

［6］德鲁吉在法国索邦大学［Sorbonne（France）］获得了经济学博士学位，这意味着她对美国政治的重要细节并不熟悉。"知道你所不知道的"可能是这里要学习的另一课。

［7］相比之下，政治理论家倾向于更广泛地定义理论。对他们来说，理论可以用来描述、解释或判断政治世界的某些特征。

［8］有些教科书也提到前因变量，它发生在因变量之前。尽管在这一点上，我们可以认为这些前因变量是自变量，而自变量是中介变量；但根据本指南的目的，了解如何处理自变量、中介变量和因变量就足够了。

［9］例如，Gary King, Robert O. Keohane, and Sidney Verba, *Designing Social Inquiry: Scientific Inference in Qualitative Research, Princeton*, NJ: Princeton University Press, 1994, pp.29–31。

［10］有关相关性与因果关系的经典讨论，见 David Dessler, "Beyond Correlations: Toward a Causal Theory of War," *International Studies Quarterly* 35, no. 3（September 1991）: 337–355。

［11］例如，Janet Buttolph Johnson and H. T. Reynolds, *Political Science Research Methods*, 7th ed. Thousand Oaks, CA: CQ Press, 2012, pp. 167–170。

［12］例如，Paul M. Kellstedt and Guy D. Whitten, *The Fundamentals of Political Science Research*, 2nd ed. New York: Cambridge University Press, 2013, pp. 54–56（the quotation appears on p. 55）; Robert D. Putnam, "Tuning in, Tuning Out: The Strange Disappearance of Social Capital in America," *PS: Political Science and Politics* 28, no. 4（December 1995）:

664–683。

［13］John Gerring, "Causation: A Unified Framework for the Social Sciences," *Journal of Theoretical Politics* 17, no. 2（April 2005）: 167. 这篇文章讨论了社会学家思考因果关系的不同方法，这些方法虽然有趣且重要，但超出了本介绍性指南的范围。

［14］Alan S. Gerber and Donald P. Green, "The Effects of Canvassing, Telephone Calls, and Direct Mail on Voter Turnout: A Field Experiment," *American Political Science Review* 94, no. 3（September 2000）: 653–663.

［15］同上，p. 662。

［16］Alexander L. George and Andrew Bennett, *Case Studies and Theory Development in the Social Sciences*. Cambridge, MA: MIT Press, 2005; John Gerring, "Causal Mechanisms: Yes, But…," *Comparative Political Studies* 43, no. 11（November 2010）: 499–526.

［17］David Grant, "Redskins Rule: How Football Outcomes Predict the Presidential Election," *Christian Science Monitor*, November 4, 2012. 例外出现在 2004 年和 2012 年。

［18］对于这些和其他奇怪的例子，请访问：tylervigen.com/spurious-correlations。访问日期：2016 年 2 月 24 日。

［19］在听证会上，德鲁吉一度大胆地说："这就是我们要做回归分析，而不仅仅是比较数字的原因……因为它控制了所有可能存在的变化。"［《经济复苏法案》（*Recovery Act*），第 33 页。］这种说法是有误导性的，因为德鲁吉并没有在她的回归模型中包含所有可能相关的自变量。一般来说，我们需要一个实验设计来控制所有可能的变化来源（见第四章），而她的研究不是实验。

［20］Veronique de Rugy, *Stimulus Facts—Period 2*, Working Paper no. 10–05, Mercatus Center, George Mason University（April 7, 2010），获取网

址：http://mercatus.org/publication/stimulus-facts。

［21］多年来，学者们注意到有女儿的夫妇比有儿子的夫妇更容易离婚。然后一些人就认为女儿可能是导致离婚的原因。然而，最近的一项研究表明，这种关系可能是虚假的：一段关系中，先前的压力可能会导致生女儿，然后导致离婚。怎么会这样？ 女性胚胎似乎比男性胚胎更强壮，因此能够更好地在有压力的妊娠期存活下来。因此，有离婚考虑的夫妇更有可能生女儿。Amar Hamoudi and Jenna Nobles, "Do Daughters Really Cause Divorce? Stress, Pregnancy, and Family Composition," *Demography* 51, no. 4（August 2014）: 1423–1449。

［22］Michael Ross, "Does Oil Hinder Democracy?" *World Politics* 53, no. 3（April 2001）: 325–361.

［23］Putnam, "Tuning in, Tuning Out." 他的论点的另一个缩略版也叫作 "The Strange Disappearance of Civic America," *American Prospect* 24（Winter 1996）: 34–48。

［24］在这个例子中，两个中介变量，即与同性恋者的日常互动和普遍容忍度，也可能相互影响。

［25］见例，Joseph Wright and Matthew Winters, "The Politics of Effective Foreign Aid," *Annual Review of Political Science* 13（2010）: 61–80。

［26］Gerring, "Causal Mechanisms: Yes, But…"

［27］Sarah C. P. Williams, "How Stress Can Clog Your Arteries," *Science*（June 22, 2014）, 获取网址: http://news.sciencemag.org/biology/2014/06/how-stress-can-clog-your-arteries。

［28］Pauline Jones Luong and Erika Weinthal, *Oil Is Not a Curse: Ownership Structure and Institutions in Soviet Successor States*. New York: Cambridge University Press, 2010; Ross, "Does Oil Hinder Democracy?"

［29］Jason Reifler and Jeffrey Lazarus, "Partisanship and Policy

Priorities in the Distribution of Economic Stimulus Funds"（September 1, 2010），获取网址：http://papers.ssrn.com/abstract=1670161。

［30］许多政治学家对他们的部分学科的感觉方式与罗伯特·基奥恩（Robert Keohane）对国际政治的感觉方式一样："因果推论在国际政治中尤其困难，每个重大事件似乎都有多个原因，完全不同于其他有问题的同名事件集。法国革命只有一次，第一次世界大战也只有一次。不管"橙色革命"有多重要，乌克兰的"橙色革命"都与法国革命不太相似，伊拉克战争也不能与第一次世界大战相提并论。"Robert O. Keohane, "Political Science as a Vocation," *PS: Political Science and Politics* 42, no. 2（April 2009）：362。

［31］Putnam, "Tuning in, Tuning Out," p. 671.

［32］尽管阳光充足，大量的水同样可能导致植物死亡，这表明水和植物生长之间存在曲线关系。

［33］在统计分析中，这些相互作用通常模式化为两个自变量的乘积（例如，教育 × 性别）。

［34］Ellen M. Immergut, *Health Politics: Interests and Institutions in Western Europe*. New York: Cambridge University Press, 1992.

［35］这个概念被应用于许多不同的学科，包括生物学和心理学。有关政治中等效性的一般性讨论，请参阅 George and Bennett, *Case Studies and Theory Development in the Social Sciences*。

［36］Elizabeth A. Stanley and John P. Sawyer, "The Equifinality of War Termination: Multiple Paths to Ending War," *Journal of Conflict Resolution* 53, no. 5（October 2009）：651–676; 引文见第 652 页。

［37］例子参见 2012 年 10 月和 2014 年 4 月的政治学问题：《政治科学与政治学》（*Political Science and Politics*），其中包括几篇关于预测美国大选的文章。这里介绍的许多作者也写过关于这个主题的书籍、期

刊文章。在他们所编辑书卷的相关章节对该主题也有涉猎。对于其他国家，请参阅 2011 年 6 月的《选举研究》(*Electoral Studies*)，其中包括一个关于预测英国选举的专题讨论会；Éric Bélanger and Jean-François Godbout, "Forecasting Canadian Federal Elections," *PS: Political Science and Politics* 43, no. 4（October 2010）: 691–699; and Helmut Norpoth and Thomas Gschwend, "Chancellor Model Picks Merkel in 2013 German Election," *PS: Political Science and Politics* 46, no. 3（July 2013）: 481–482。

[38] D. W. Miller, "Election Results Leave Political Scientists Defensive over Forecasting Models," *Chronicle of Higher Education* 47, no. 2（November 17, 2000）, A24. 戈尔在这些模式上的优势部分是，1999 年和 2000 年的经济形势相当强劲，从而使这位候选人得到了时任政党的支持。

[39] 并不只有政治学家才能发现世界是复杂的，经常难以预测。如时任美国国防部长罗伯特·盖茨（Robert Gates）在 2011 年所说："谈到预测我们下一次军事行动的地点和性质，自越南战争以来，我们的记录一直很完美。从马亚圭斯（Mayaguez）到格林纳达、巴拿马、索马里、巴尔干半岛、海地、科威特、伊拉克等，我们从来没有做对过。在执行这些任务的一年前，我们根本不知道我们会参与其中。"同年，海军陆战队上将詹姆斯·马蒂斯（James Mattis）在国会做证时承认，"当我们展望未来时，我一直是一个可怕的先知。我这一生中，从未在任何我期望的地方战斗过"。两个引言都来自 Micah Zenko, "100% Right 0% of the Time: Why the U.S. Military Can't Predict the Next War," *Foreign Policy*, October 16, 2012。

第四章

［1］50 年前，著名的政治学家加布里埃尔·阿尔蒙德（Gabriel Almond）提出：“在政治科学中谈论比较政治是没有意义的，因为如果它是一门科学，那么毫无疑问它的方法上是比较的。”Gabriel A. Almond, "Political Theory and Political Science," *American Political Science Review* 60, no.4（December 1966）: 878。

［2］在第二章中，我们讨论了个体测量的效度，使用了诸如表面效度和建构效度等术语。内部效度和外部效度是指整个研究设计，两者有很大的不同。

［3］Robert D. Putnam, *Making Democracy Work: Civic Traditions in Modern Italy*. Princeton, NJ: Princeton University Press, 1993.

［4］Michael Ross, "Does Oil Hinder Democracy?" *World Politics* 53, no. 3（April 2001）: 325–361 and Pauline Jones Luong and Erika Weinthal, *Oil Is Not a Curse: Ownership Structure and Institutions in Soviet Successor States*. New York: Cambridge University Press, 2010.

［5］实验研究设计和观察研究设计之间的区别并不明显，因为进行实验的研究人员也进行观察。但这比实验性和非实验性对比要好，有时会用到。用屡见不鲜的事情来界定一件事，往往能提供深刻的见解。你喜欢听非古典音乐吗？ 你见过非拉丁美洲的移民吗？

［6］例如，Donatella della Porta, "Comparative Analysis: Case-Oriented versus Variable-Oriented Research," in *Approaches and Methodologies in the Social Sciences: A Pluralist Perspective*, ed. Donatella della Porta and Michael Keating .Cambridge, UK: Cambridge University Press, 2008, pp. 198–222; Charles Ragin, *The Comparative Method: Moving beyond Qualitative and Quantitative Strategies*. Berkeley: University of California

Press, 1987。

［7］Alan S. Gerber and Donald P. Green, "The Effects of Canvassing, Telephone Calls, and Direct Mail on Voter Turnout: A Field Experiment," *American Political Science Review* 94, no. 3 (September 2000): 653–663; Ross, "Does Oil Hinder Democracy?"

［8］Ellen M. Immergut, *Health Politics: Interests and Institutions in Western Europe*. New York: Cambridge University Press, 1992.

［9］相比之下，进行案例研的研究人员通常使用定类或定序变量。他们可能会对政治中的重要变量最好用精确的数字方式表达表示怀疑。他们说一个国家比较民主或比较不民主，可能要比标为 1 或 5.5 更有道理。

［10］也就是说，罗斯之所以选择这些因果机制，部分原因是以前的案例研究显示出了它们的重要性。

［11］本章缺少对解释性研究设计的讨论。尽管这些设计与案例研究有密切关系，但解释学学者对描述一般模式或发展因果解释不太感兴趣，而这些是主流政治科学（和本指南）的基本内容。解释主义者对理解"形成行动和制度的意义，以及他们这样做的方式更感兴趣"，Mark Bevir and R. A. W. Rhodes, "Interpretive Theory," in *Theories and Methods in Political Science*, ed. David Marsh and Gerry Stoker, 2nd ed. London: Palgrave Macmillan, 2002, p. 131。他们经常从文化人类学、历史和大陆哲学中汲取灵感。本章也不讨论正式模式。虽然这些模式中的一些（例如囚徒困境）可以用非技术语言来介绍，但其中许多模式需要专门的数学知识，这是我在本指南中所不能提供的。

［12］关于实验性设计的简要介绍，见 James N. Druckman, Donald P. Green, James H. Kuklinski, and Arthur Lupia, "Experiments: An Introduction to Core Concepts," in *Cambridge Handbook of Experimental Political*

Science, ed. Druckman, Green, Kuklinski, and Lupia. New York: Cambridge University Press, 2011, pp.15–26; Susan D. Hyde, "Experiments in International Relations: Lab, Survey, and Field," *Annual Review of Political Science* 18（2015）: 403–424; Rose McDermott, "The Ten Commandments of Experiments," *PS: Political Science and Politics* 46, no. 3（July 2013）: 605–610; and Rebecca B. Morton and Kenneth C. Williams, "Experimentation in Political Science," in *The Oxford Handbook of Political Methodology*, ed. Janet M. Box- Steffensmeier, Henry E. Brady, and David Collier. New York: Oxford University Press, 2008, pp. 339–356。

［13］并不是每个实验都需要招募个人参与。选举观察员可以随机分配到一个国家的一些选区，然后研究人员将测量有观察员和没有观察员的选区的投票率。

［14］如果一组人碰巧喜欢吃西兰花而另一组人不喜欢，我们可能不会在意。重要小组之间的唯一系统性差异，必须在理论上与我们正在研究的难题相关。对照组可能在另一组接受实验时处于空闲状态，但不一定如此。

［15］在一项测试媒体对公众观点影响的实验中，对照组可能会看常规晚间新闻，而实验组则会看常规新闻外加国防新闻。在医学实验中，对照组的常规新闻可能被认为相当于医疗实验中的安慰剂。参见 Shanto Iyengar, Mark D. Peters, and Donald R. Kinder, "Experimental Demonstrations of the 'Not-So-Minimal' Consequences of Television News Programs," *American Political Science Review* 76, no. 4（December 1982）: 848–858。

［16］研究人员会报告平均实验效果，这个数字不能准确描述实验组中每个人的体验。许多研究人员会尝试几种不同排列的实验方法来更好地理解其因果关系。如果一项关于种族态度的实验是向参与者展示

一张年轻黑人男性的照片，那么仅凭这张照片很难判断受访者对他的种族、性别、年龄或某种组合因素的反应。

[17] Alan S. Gerber and Donald P. Green, *Field Experiments: Design, Analysis, and Interpretation*. New York: W. W. Norton, 2012, p. 5.

[18] 并不是每一个政治学家都能认识到受试者内设计是真实的实验，因为缺少对两个或两个以上群体的随机分配。相反，他们可能会把这个设计称为"准实验"。

[19] 如果你把一枚硬币抛 10 次，你最终得到 5 次正面和 5 次反面的概率只有 25%。

[20] 例如，John A. Nyman, "Health Plan Switching and Attrition Bias in the RAND Health Insurance Experiment," *Journal of Health Politics, Policy and Law* 33, no. 2（April 2008）: 309–317。

[21] 如同说，"哦，我明白了——你们在做一个关于气候变化的实验。你可能希望所有这些科学信息会让我更关心环境。当然，我能做到"。

[22] Iyengar, Peters, and Kinder, "Experimental Demonstrations of the 'Not-So- Minimal' Consequences of Television News Programs."

[23] Markus Prior and Arthur Lupia, "Money, Time, and Political Knowledge," *American Journal of Political Science* 52, no. 1（January 2008）: 169–183.

[24] 此外，一些实验者可能夸大了他们实验变量的重要性，仅仅因为发现了某种效果并不意味着这种效果比该实验未能测试的其他实验效果更大。

[25] Darren Schreiber and Marco Iacoboni, "Huxtables on the Brain: An fMRI Study of Race and Norm Violation," *Political Psychology* 33, no. 3（June 2012）: 313–330.

［26］例如, Paul M. Sniderman and Edward G. Carmines, *Reaching beyond Race*. Cambridge, MA: Harvard University Press, 1997。

［27］Jason Barabas and Jennifer Jerit, "Are Survey Experiments Externally Valid?" *American Political Science Review* 104, no. 2（May 2010）: 226–242; Brian J. Gaines, James H. Kuklinski, and Paul J. Quirk, "The Logic of the Survey Experiment Reexamined," *Political Analysis* 15, no. 1（Winter 2007）: 1–20.

［28］Gerber and Green, *Field Experiments*, especially pp. 8–13.

［29］Gerber and Green, "The Effects of Canvassing, Telephone Calls, and Direct Mail on Voter Turnout"; Andrew Beath, Fotini Christia, and Ruben Enikolopov, "Empowering Women through Development Aid: Evidence from a Field Experiment in Afghanistan," *American Political Science Review* 107, no. 3（August 2013）: 540–557.

［30］例如, Susan D. Hyde, "Experimenting in Democracy Promotion: International Observers and the 2004 Presidential Elections in Indonesia," *Perspectives on Politics* 8, no. 2（June 2010）: 511–527。在 2004 年总统选举期间，国际观察员被随机分配到印尼不同的地区。人们的期望是，这些观察员能够帮助提高投票率，或者阻止腐败。但该国的一些地区从一开始就被排除在外，因为它们太偏远或太危险。许多没有选举观察员的地区从来没有机会被观察到，这些地区与有观察员的地区在影响投票率的方式上不同。偏远或危险地区的投票率可能比全国其他地区更低，或腐败现象更严重。

［31］Dylan Scott, "Profs Bumble into Big Legal Trouble after Election Experiment Goes Way Wrong"（October 27, 2014）, 获取网址: http://talkingpointsmemo.com/dc/montana-election-mailer-state-seal-stanford-dartmouth-professors。在这方面，实地实验是很棘手的，因为研究人员经

常会得不到最终研究对象的同意。有关这些伦理考量的更多资讯，请参阅 Marcatan Humphreys, "Ethical Challenges of Embedded Experimentation," *Comparative Democratization* 9, no. 3（October 2011）: 10+, 获取网址: http://www.ned.org/apsa-cd/APSA-CDOctober2011.pdf。

［32］Daniel E. Ho and Kosuke Imai, "Estimating Causal Effects of Ballot Order from a Randomized Natural Experiment: The California Alphabet Lottery, 1978–2002," *Public Opinion Quarterly* 72, no. 2（Summer 2008）: 216–240. 在一次选举中，姓氏以 P 开头的候选人可能被列为第一，接着是以 F 开头的姓氏，然后是 M，以此类推。以加拿大政治为例，参见 Peter John Loewen, Royce Koop, Jaime Settle, and James H. Fowler, "A Natural Experiment in Proposal Power and Electoral Success," *American Journal of Political Science* 58, no.1（January 2014）: 189–196。

［33］Daniel N. Posner, "The Political Salience of Cultural Difference: Why Chewas and Tumbukas Are Allies in Zambia and Adversaries in Malawi," *American Political Science Review* 98, no. 4（November 2004）: 529–545. 大致类似的方法，参见 Diana Dumitru and Carter Johnson, "Constructing Interethnic Conflict and Cooperation: Why Some People Harmed Jews and Others Helped Them during the Holocaust in Romania," *World Politics* 63, no. 1（January 2011）: 1–42。值得注意的是，一些学者定义自然实验时广义地包括了准实验。

［34］Daniel Maliniak, Amy Oakes, Susan Peterson, and Michael J. Tierney, "International Relations in the US Academy," *International Studies Quarterly* 55, no. 2（June 2011）: 437–464.

［35］"任何基于观察到的（例如非实验的）数据的研究，都面临着消除相互矛盾解释的根本挑战……实验通过将解释变量的值随机分配给被分析的单位来消除相互矛盾的解释。相比之下，在所有观察性研

究中，消除相互对立的解释是一项艰巨的挑战。" Henry E. Brady, David Collier, and Jason Seawright, "Refocusing the Discussion of Methodology," in *Rethinking Social Inquiry: Diverse Tools, Shared Standards*, ed. Henry E. Brady and David Collier. Lanham, MD: Rowman and Littlefield, 2004, pp. 10–11（italics in original）。

［36］偶尔你会遇到看起来非常相似的追踪设计。它们的主要区别是，每年都包含完全相同的单位。通常这些单位是人。其中最著名的是收入动态追踪研究（Panel Study of Income Dynamics），该研究始于 1968 年，一直在追踪成千上万美国人的经济收入起伏。

［37］Ross, "Does Oil Hinder Democracy?"; Cullen S. Hendrix and Wendy H. Wong, "When Is the Pen Truly Mighty? Regime Type and the Efficacy of Naming and Shaming in Curbing Human Rights Abuses," *British Journal of Political Science* 43, no. 3（July 2013）: 651–672; Larry M. Bartels, *Unequal Democracy: The Political Economy of the New Gilded Age*. Princeton, NJ: Princeton University Press, 2008. 回到枪支和犯罪的例子上，我们可能会在 1970 年至 2010 年收集所有 50 个州与犯罪有关的数据，而不仅仅是俄亥俄州。

［38］经典的案例研究包括 Graham Allison, *Essence of Decision: Explaining the Cuban Missile Crisis*. Boston: Little, Brown, 1971; Robert Dahl, *Who Governs? Democracy and Power in an American City*. New Haven, CT: Yale University Press, 1961; Martha Derthick, *Policymaking for Social Security* .Washington, DC: Brookings Institution, 1979; Seymour Martin Lipset, Martin Trow, and James Coleman, *Union Democracy: The Internal Politics of the International Typographical Union*. Glencoe, IL: Free Press, 1956. Jeffrey L. Pressman and Aaron Wildavsky, *Implementation* .Berkeley: University of California Press, 1973; Putnam, *Making Democracy Work*; and

Theda Skocpol, *States and Social Revolutions: A Comparative Analysis of France, Russia, and China*. New York: Cambridge University Press, 1979。一些传统的方法类教科书根本不讨论案例研究。

［39］John Gerring, *Case Study Research: Principles and Practices*.New York: Cambridge University Press, 2007, p. 20.

［40］当一些实验记录有一本书那么厚的时候，可能就意味着有多达 6 个案例。但如果远远超过这个数字，那么作者可能就会牺牲必要的分析深度。

［41］Robert K. Yin, *Case Study Research: Design and Methods*, 5th ed. Thousand Oaks, CA: Sage, 2014.

［42］换句话说，路径和目的地有时候一样重要。

［43］Stephen Biddle, Jeffrey A. Friedman, and Jacob N. Shapiro, "Testing the Surge: Why Did Violence Decline in Iraq in 2007?" *International Security* 37, no. 1（Summer 2012）: 7–40.

［44］Gerring, *Case Study Research*, p. 173. 要了解更多关于流程跟踪的信息，请阅读本书第七章，以及 Alexander L. George and Andrew Bennett, *Case Studies and Theory Development in the Social Sciences*. Cambridge, MA: MIT Press, 2005, chapter 10, and Andrew Bennett and Jeffrey T. Checkel, eds., *Process Tracing: From Metaphor to Analytic Tool*. Cambridge, UK: Cambridge University Press, 2015。

［45］使用各种书面资料的重要性将在第六章进一步讨论。

［46］要了解更多关于案例研究的类型及其用途，请参见 Jack S. Levy, "Case Studies: Types, Designs, and Logics of Inference," *Conflict Management and Peace Science* 25, no. 1（Spring 2008）: 1–18。

［47］例如，Zeev Maoz and Bruce Russett, "Normative and Structural Causes of Democratic Peace, 1946–1986," *American Political Science*

Review 87, no. 3（September 1993）:624–638; John R. Oneal and Bruce M. Russett, "The Classical Liberals Were Right: Democracy, Interdependence, and Conflict, 1950–1985," *International Studies Quarterly* 41, no. 2（June 1997）: 267–269。注：许多研究民主和平的政治学家都从政治理论家伊曼努尔·康德（Immanuel Kant）那里得到启示。

　　［48］Andrew Bennett and Alexander George, "An Alliance of Statistical and Case Study Methods: Research on the Interdemocratic Peace," *APSA-CP Newsletter* 9, no. 1（Winter 1998）: 6（italics in original）.

　　［49］例如，Miriam Fendius Elman, ed., *Paths to Peace: Is Democracy the Answer?* Cambridge, MA: MIT Press, 1997; Christopher Layne, "Kant or Cant: The Myth of the Democratic Peace," *International Security* 19, no. 2（Autumn 1994）: 5–49; John M. Owen IV, *Liberal Peace, Liberal War: American Politics and International Security* .Ithaca, NY: Cornell University Press, 1997。

　　［50］Michael R. Tomz and Jessica L. P. Weeks, "Public Opinion and the Democratic Peace," *American Political Science Review* 107, no. 4 (December 2013): 849–865.

　　［51］最初，三角测量是指航海家和测量人员确定某个远距离点的精确位置的过程。他们会从不同位置（通常是 3 个位置）测量距离，这些测量将聚集真实的结果。虽然社会科学中多方法研究的最终目的是对一个研究问题产生一个更加连贯和完整的答案，但是不同的方法反而会产生前后矛盾或相互冲突的结果。结果证明，林地的边缘比叛乱的边缘更容易确定。Bruce L. Berg and Howard Lune, *Qualitative Research Methods for the Social Sciences*, 8th ed. Boston: Pearson, 2012, pp. 5–8; Sandra Mathison, "Why Triangulate?" *Educational Researcher* 17, no. 2（March 1988）: 13–17。

［52］Edward D. Mansfield and Jack Snyder, *Electing to Fight: Why Emerging Democracies Go to War*. Cambridge, MA: MIT Press, 2007; Katerina Linos, *The Democratic Foundations of Policy Diffusion: How Health, Family, and Employment Laws Spread across Countries*.New York: Oxford University Press, 2013; Nicholas J. G. Winter, *Dangerous Frames: How Ideas about Race and Gender Shape Public Opinion*. Chicago: University of Chicago Press, 2008. 要了解对这一趋势持怀疑态度的更多观点，参见 Amel Ahmed and Rudra Sil, "When Multi-Method Research Subverts Methodological Pluralism—or, Why We Still Need Single-Method Research," *Perspectives on Politics* 10, no. 4（December 2012）: 935–953。

［53］Dara Kay Cohen, "Explaining Rape during Civil War: Cross-National Evidence（1980–2009），" *American Political Science Review* 107, no. 3（August 2013）: 461–477; 引言见 474 页。有些学者甚至在一项研究中采用了 3 种或 3 种以上的研究设计。参见例子，Ben W. Ansell and David J. Samuels, *Inequality and Democratization: An Elite-Competition Approach*. New York: Cambridge University Press, 2014; Lisa L.Martin, *Coercive Cooperation: Explaining Multilateral Economic Sanctions*. Princeton, NJ: Princeton University Press, 1993。

第五章

［1］为什么政治学家要要弄我们？ 这似乎是一个很不礼貌的问题，但政治学家是人，这意味着他们有认知盲点和长期的承诺。也许他们在表明他们支持的理论行之有效时有职业风险（例如，"在正在进行的制度与文化的辩论中，我将永远站在制度这一边"）。或者，政治学家可能在证明某项政策成功或失败方面有个人风险。分析可以很容易地转化为

宣传。无论是政府官员还是看似中立的观察人士发表的声明，人们对其在政治上都可以产生合理的怀疑。

〔2〕Jason Seawright and John Gerring, "Case Selection Techniques in Case Study Research: A Menu of Qualitative and Quantitative Options," *Political Research Quarterly* 61, no. 2（June 2008）: 294–308; Stephen Van Evera, *Guide to Methods for Students of Political Science*. Ithaca, NY: Cornell University Press, 1997, chapter 2.

〔3〕Ryan Krog, Paul J. Wahlbeck, and Forrest Maltzman, "Judicial Preferences and Strategic Legal Argument in the U.S. Supreme Court"（原稿 PDF, 2014）。

〔4〕有关样本和民意调查的更详细讨论，请参见 Herbert Asher, *Polling and the Public: What Every Citizen Should Know*, 8th ed. Washington, DC: CQ Press, 2011; Michael W. Traugott and Paul J. Lavrakas, *The Voter's Guide to Election Polls*, 4th ed. Lanham, MD: Rowman and Littlefield, 2008。

〔5〕Sam Whitt and Rick K. Wilson, "The Dictator Game, Fairness and Ethnicity in Postwar Bosnia," *American Journal of Political Science* 51, no. 3（July 2007）: 655–668.

〔6〕西奈特和吉尔林运行了一个单变量计算机模拟，变量的值的范围从 0 到 1。在一次迭代中，计算机从每 1000 个案例中随机抽取 500 个样本。在第二次迭代中，计算机从每 5 个案例中随机抽取 500 个样本。虽然在两次迭代中变量的平均值都非常接近 0.5，这是我们所期望的，但是在只有 5 个案例的情况下，单个样本的变化要大得多（西奈特和吉尔林，《案例研究中的案例选择技术》）（"Case Selection Techniques in Case Study Research"）。

〔7〕有关类似的方法，请参见 Cherie D. Maestas, Sarah Fulton, L. Sandy Maisel, and Walter J. Stone, "When to Risk It? Institutions, Ambitions, and the Decision to Run for the U.S. House," *American Political Science Review* 100, no. 2（May 2006）: 195–208。

［8］Kathryn Edin and Laura Lein, *Making Ends Meet: How Single Mothers Survive Welfare and Low-Wage Work*. New York: Russell Sage Foundation, 1997. 有关完全不同的背景下类似的方法，参见 Paula M. Pickering, *Peacebuilding in the Balkans: The View from the Ground Floor* Ithaca, NY: Cornell University Press, 2007。

［9］例如，Earl Babbie, *The Practice of Social Research*, 13th ed. Belmont, CA: Wadsworth, pp. 187–188。

［10］Steven Shepard, "Americans Continue to Drop Their Landline Phones," *National Journal*（December 18, 2013），获取网址：http://www.nationaljournal.com/hotline-on-call/americans-continue-to-drop-their-landline-phones-20131218。

［11］Benjamin I. Page, "The Semi-Sovereign Public," in *Navigating Public Opinion: Polls, Policy, and the Future of American Democracy*, ed. Jeff Manza, Fay Lomax Cook, and Benjamin I. Page, New York: Oxford University Press, 2002, pp. 325–344.

［12］Andrew Beath, Fotini Christia, and Ruben Enikolopov, "Empowering Women Through Development Aid: Evidence from a Field Experiment in Afghanistan," *American Political Science Review* 107, no. 3（August 2013）: 540–557; Susan D. Hyde, "Experimenting in Democracy Promotion: International Observers and the 2004 Presidential Elections in Indonesia," *Perspectives on Politics* 8, no. 2（June 2010）: 511–527.

［13］Dominic Lusinchi, "'President' Landon and the 1936 *Literary Digest* Poll: Were Automobile and Telephone Owners to Blame?" *Social Science Quarterly* 36, no. 1（Spring 2012）: 23–54; Peverill Squire, "Why the 1936 *Literary Digest* Poll Failed," *Public Opinion Quarterly* 52, no. 1（Spring 1988）: 125–133.

［14］Tom W. Smith and Jaesok Son, *Trends in Public Attitudes towards Abortion*.Chicago: National Opinion Research Center, May 2013.

［15］例如，韦弗（Weaver）和莱尔曼（Lerman）依赖于一项针对美国弱势家庭孩子的小组追踪研究。他们指出（第 821 页），这些家庭是从至少有 20 万人的城市抽样而来的。那么读者就会知道，样本可能不能反映整个美国人口。Vesla M. Weaver and Amy E. Lerman, "Political Consequences of the Carceral State," *American Political Science Review* 104, no. 4（November 2010）: 817–833。

［16］Ellen M. Immergut, *Health Politics: Interests and Institutions in Western Europe*. New York: Cambridge University Press, 1992.

［17］Eric M. Patashnik, *Reforms at Risk: What Happens after Major Policy Changes Are Enacted.* Princeton, NJ: Princeton University Press, 2008; Melissa Nobles, *Shades of Citizenship: Race and the Census in Modern Politics*. Stanford, CA: Stanford University Press, 2000.

［18］John Gerring, *Case Study Research: Principles and Practices*. New York: Cambridge University Press, 2007 ; Van Evera, *Guide to Methods for Students of Political Science*.

［19］Daniel W. Drezner, *The System Worked: How the World Stopped Another Great Depression.* New York: Oxford University Press, 2014.

［20］Charles Lipson, *How to Write a BA Thesis: A Practical Guide from Your First Ideas to Your Finished Paper* .Chicago: University of Chicago Press, 2005, p. 105.

［21］Arend Lijphart, *The Politics of Accommodation: Pluralism and Democracy in the Netherlands*. Berkeley: University of California Press, 1968.

［22］Robert D. Putnam, *Making Democracy Work: Civic Traditions in Modern Italy*. Princeton, NJ: Princeton University Press, 1993.

［23］Richard M. Valelly, *The Two Reconstructions: The Struggle for Black Enfranchisement*. Chicago: University of Chicago Press, 2004.

［24］Barbara Geddes, "How the Cases You Choose Affect the Answers You Get: Selection Bias in Comparative Politics," *Political Analysis* 2, no. 1（1990）: 131–150.

［25］Stephen Biddle, Jeffrey A. Friedman, and Jacob N. Shapiro, "Testing the Surge: Why Did Violence Decline in Iraq in 2007?" *International Security* 37, no. 1（Summer 2012）: 7–40.

［26］Gerring, *Case Study Research*, chap. 5; Seawright and Gerring, "Case Selection Techniques in Case Study Research." Deviant 在这里的意思是"非常不寻常的"，而不是"令人毛骨悚然的"。

［27］David Collier, James Mahoney, and Jason Seawright, "Claiming Too Much? Warnings about Selection Bias," in *Rethinking Social Inquiry: Diverse Tools, Shared Standards*, ed. Henry E. Brady and David Collier. Lanham, MD: Rowman and Littlefield, 2004, pp. 85–102. 这一章的大部分内容是对格蒂斯（Geddes）等学者的直接回应。

［28］Collier, Mahoney, and Seawright, "Claiming Too Much?"

［29］Van Evera, *Guide to Methods for Students of Political Science*, p. 79.

第六章

［1］询问需要多少资源也可能是一个错误，因为一些研究课题比其他课题有更多的可用资源。当我让学生们在我的社会政策课上选择一个

研究课题时，那些选择社会保障的学生会比那些选择工人补偿的学生有更多的工作要做。我想，在国际安全课上，如果一名学生想研究冷战，而另一名学生想更多地了解巴拉圭的外交政策，那么情况也会如此。

[2] 从积极的一面看，我还发现我的大多数学生在数学方面都有足够的准备，这使得我们在统计学方面的小小尝试没有预料的那么痛苦。

[3] 没有一种制度是万无一失的；一些有缺陷的产品仍在进入建材商店和人们的家中。然而，几乎所有的生产者和消费者都认识到制定和遵循某些标准的重要性。

[4] 参见 http://libguides.bgsu.edu /c.php?g=227209&p=1506038（博林格林州立大学）；https://www.college.columbia.edu/academics/integrity-sourcecredibility（哥伦比亚学院）；http:// www.lib.lsu.edu/instruction/eval-uation/evaluation20.html（路易斯安那州立大学）；http:// library.ucsc.edu/help/research/evaluate-the-quality-and-credibility-of-your-sources（加利福尼亚大学圣克鲁兹分校）。访问日期：2016 年 1 月 7 日。

[5] 因为读者可能不熟悉研究中提到的每一个来源，所以在文章中建立资料的可信度是有帮助的。例如，我们不这样说：“安德鲁·卡德（Andrew Card）说，布什总统退出反弹道导弹条约是有原因的……”我们会这样写：“白宫办公厅主任安德鲁·卡德说，布什总统退出反弹道导弹条约是因为……”我在第一章就写文献综述提出过类似的建议。

[6] 他们的新闻报道与倾向于自由派或保守派立场的专栏文章是分开的。

[7] 例如，可以确定作者是否明确了他们的证据来源，以便读者能够找到这些来源并核实他们的说法。

[8] 顶级刊物如《美国政治科学评论》、《比较政治学》（Comparative Politics）以及《国际组织》的录用率徘徊在 10% 左右，有些年份甚至更低。

［9］根据我的经验，对编辑过的卷宗进行同行评审的严格程度与对独著或合著的书的评审并不总是相等的。

［10］读者应该小心在专业会议上提交的论文，这些论文可能因为它们的标题和简短的摘要已经被录用，这是一种相当简单的同行评审形式。根据我20多年的经验，有些会议论文相当棒，但也有很多严重的缺陷，因为作者在尝试新的想法，或者只是没有时间写好。论文的质量相差也很大。等着看哪些作者能写出同行评审的文章和书籍通常是很有意义的。

［11］Fred Barbash, "Co-Author Disavows Highly Publicized Study on Public Opinion and Same-Sex Marriage," *Washington Post*（May 20, 2015），获取网址：http://www.washingtonpost.com/news/morning-mix/wp/2015/05/20/co-author-disavows-highly-publicized-study-on-public-opinion-and-same-sex-marriage/。政治科学并不是经历过这类问题的唯一学科：Fr-ed Barbash, "Major Publisher Retracts 43 Scientiftc Papers amid Wider Fake Peer-Review Scandal," *Washington Post*, March 27, 2015; Ferric C. Fang, R. Grant Steen, and Arturo Casadevall, "Misconduct Accounts for the Majority of Retracted Scientific Publications," *Proceedings of the National Academies of Science* 109, no. 42（October 16, 2012）: 17028–17033.

［12］关于同行审查程序的尖锐批评，参见斯蒂芬·M.沃尔特（Stephen M. Walt），《关于学术严谨性》（"On Academic Rigor"），《外交政策》（*Foreign Policy*），2013年5月24日。

［13］这种对偏差的思考方式源于统计学。在统计学中，分析师通常会区分随机误差和系统误差。随机误差（噪声）是由于偶然因素造成的。有了足够的观测，随机误差应该相互抵消；它们不会使结果出现偏差。系统性错误不是由于偶然，它们很可能会使结果产生偏差。

［14］这个例子并不牵强，R. Kent Weaver, *Ending Welfare as We Know*

It.Washington, DC: Brookings Institution, 2000, chap. 6。

［15］获取网址：https:// www.nraila.org/second-amendment/（访问日期：2016 年 3 月 12 日）。

［16］关于文献偏差的讨论，参见 Cameron G. Thies, "A Pragmatic Guide to Qualitative Historical Analysis in the Study of International Relations," *International Studies Perspectives* 3, no. 4（November 2002）：351–372。

［17］这对弗兰克·鲍姆加特纳（Frank Baumgartner）、杰弗里·贝瑞（Jeffrey Berry）、马特·格罗斯曼（Matt Grossman）、贝丝·利奇（Beth Leech）、安东尼·诺恩斯（Anthony Nownes）、凯瑟琳·帕登（Catherine Paden）、达拉·斯特罗维奇（Dara Strolovitch）以及其他近年来一直在研究利益集团的许多学者来说，将是一个悲伤而又令人惊讶的消息。

［18］Jonathan Strickland, "How Google Works" and "Why Is the Google Algorithm So Important?" 获取网址：http://computer.howstuffworks.com。访问日期：2016 年 12 月。Michael Liedtke, "Google to Favor 'Mobile-Friendly' Sites In Search," *Huffington Post*（April 17, 2015），获取网址：http://www.huffingtonpost.com/2015/04/17/google-search-update_n_7085642.html。

［19］如果我们想把建造房屋的比喻付诸实践，那么这些专业的数据库将被视为学术上的劳氏（Lowe's）和家得宝（Home Depot）。

［20］自由之家（Freedom House），《2015 年的世界自由》（"Freedom in the World 2015 Methodology"）；网址：https://freedomhouse.org /sites / default /files /Methodology _FIW _2015.pdf。访问日期：2016 年 2 月 29 日。

［21］例如，Ellen M. Immergut, *Health Politics: Interests and Institutions in Western Europe*. New York: Cambridge University Press, 1992。

［22］John Gerring, *Case Study Research: Principles and Practices*. New York: Cambridge University Press, 2007, p. 173.

[23] 实际上，按照定义，多方法研究设计需要多种类型的证据。

[24] Gary King, Robert O.Keohane, and Sidney Verba, "The Importance of Research Design," in *Rethinking Social Inquiry: Diverse Tools, Shared Standards*, ed. Henry E. Brady and David Collier. Lanham, MD: Rowman and Littlefield, 2004, p. 192.

[25] Mary Gallagher, "Capturing Meaning and Confronting Measurement," in *Interview Research in Political Science,* ed. Layna Mosley. Ithaca, NY: Cornell University Press, 2013, p. 194. See also B. Guy Peters, *Strategies for Comparative Research in Political Science* New York: Palgrave Macmillan, 2013, pp. 104–108. 相比之下，政治上的三位一体意味着在两个极端之间，而且往往在两个极端之上找到一个点。比尔·克林顿总统是三角测量法最著名的实践者之一，因为他把自己定位在国会中自由的民主党和保守的共和党之间。

[26] Thies, "A Pragmatic Guide to Qualitative Historical Analysis in the Study of International Relations; see also Ian S. Lustick, "History, Historiography, and Political Science: Multiple Historical Records and the Problem of Selection Bias," *American Political Science Review* 90, no. 3 (September 1996), : 605–618.

[27] 例如，Filippo Sabetti, "Path Dependency and Civic Culture: Some Lessons from Italy about Interpreting Social Experiments," *Politics and Society* 24, no. 1 (March 1996): 19–44; Sidney Tarrow, "Making Social Science Work across Space and Time: A Critical Reflection on Robert Putnam's *Making Democracy Work*," *American Political Science Review* 90, no. 2 (June 1996): 389–397。

[28] 简短的回答是肯定的。参见 Daniel Béland, *Social Security: History and Politics from the New Deal to the Privatization Debate*.

Lawrence: University Press of Kansas, 2005。

［29］Gary King, Robert O. Keohane, and Sidney Verba, *Designing Social Inquiry: Scientific Inference in Qualitative Research*.Princeton, NJ: Princeton University Press, 1994. 正如他们在第 8 页所指出的，任何科学学科的一个标志就是程序是公开的。有关严重依赖文献的研究透明度的有趣讨论，请参见 *Security Studies* 23, no. 4（2014）: 657–714。

［30］Jill Quadagno, *One Nation, Uninsured: Why the U.S. Has No National Health Insurance*. New York: Oxford University Press, 2005; Paul Starr, *The Social Transformation of American Medicine*. New York: Basic Books, 1982. 对于 AMA 的重要性和重要程度，这些学者可能仍然存在分歧。

［31］Lustick, "History, Historiography, and Political Science"; Thies, "A Pragmatic Guide to Qualitative Historical Analysis in the Study of International Relations."

［32］作者的个人观点也不需要引用。

［33］另一种选择是看看以前的研究是否把某一事实当作常识。如果有几个已经这样做了，那么效仿可能是安全的。例如，普杜大学（Purdue University）的在线写作实验室提出，"几个"等同于 5 个可信的来源（https://owl.english.purdue.edu/owl/resource/589/2/；访问日期：2016 年 1 月 7 日）。

［34］要了解更多关于内容分析的知识，读者可以参阅 Paul S. Gray, John B.Williamson, David A. Karp, and John R. Dalphin, *The Research Imagination: An Introduction to Qualitative and Quantitative Methods*. New York: Cambridge University Press, 2007, chapter 13; Justin Grimmer and Brandon M. Stewart, "Text as Data: The Promise and Pitfalls of Automatic Content Analysis Methods for Political Texts," *Political Analysis* 21, no. 3

（Summer 2013）: 267–297; and Klaus Krippendorff, *Content Analysis: An Introduction to Its Methodology*, 3rd ed. Thousand Oaks, CA: Sage, 2013。

［35］例如，John Gerring, *Party Ideologies in America, 1828–1996*. New York: Cambridge University Press, 2001; Martin Gilens, "Race and Poverty in America: Public Misperceptions and the American News Media," *Public Opinion Quarterly* 60, no. 4（Winter 1996）: 515–541。

［36］Ryan Krog, Paul J. Wahlbeck, and Forrest Maltzman, "Judicial Preferences and Strategic Legal Argument in the U.S. Supreme Court"（原稿为 PDF , 2014）; A. Maurits van der Veen, *Ideas, Interests and Foreign Aid*. New York: Cambridge University Press, 2011。

［37］Martin Gilens, *Why Americans Hate Welfare: Race, Media, and the Politics of Antipoverty Policy*. Chicago: University of Chicago Press, 1999.

第七章

［1］John Ishiyama, "Annual Report of the Editors of the *American Political Science Review*, 2013–2014," *PS: Political Science and Politics* 48, no. 2（April 2015）: 396–399. 如前所述，标准期刊文章的长度也倾向于变量导向的研究设计和定量技术。

［2］额外的语法课：因为 data 是 datum 的复数，所以说 "beating the data until they confess" 是正确的。

［3］例如，Matt Ford, "The Missing Statistics of Criminal Justice," *Atlantic*（May 31, 2015），获取网址: http://www.theatlantic.com/politics/archive/2015/05/what-we-dont-know-about-mass-incarceration/394520/。

［4］《别骗我，阿根廷》（ "Don't Lie to Me, Argentina" ）《经济学家》

（Economist），2012 年 2 月 25 日，获取网址：http://www.economist.com/node/21548242。也可参见胡安·费列罗（Juan Forero）的《一场关于阿根廷通货膨胀率的无声战斗》（"A Quiet Battle over Argentina's Inflation Rate"）《华盛顿邮报》（Washington Post），2011 年 10 月 31 日。

［5］Christopher S. P. Magee and John A. Doces, "Reconsidering Regime Type and Growth: Lies, Dictatorships, and Statistics," *International Studies Quarterly* 59, no. 2（June 2015）: 223–237.

［6］见表 6A.2，请参见 http://www.electionstudies.org/nesguide/toptable/tab6a_2.htm. 访问日期：2016 年 2 月 29 日。要获得更准确的投票数据，请参见 http://www. electproject.org/national-1789-present（访问日期：2016 年 2 月 29 日）。

［7］在这种情况下，学者们往往在文本中使用一种测量方法，但在脚注或尾注中指出，相同概念的其他测量方法也会产生类似的结果。

［8］Ellen M. Immergut, "The Rules of the Game: The Logic of Health Policy-Making in France, Switzerland, and Sweden," in *Structuring Politics: Historical Institutionalism in Comparative Analysis*, ed. Sven Steinmo, Kathleen Thelen, and Frank Longstreth. New York: Cambridge University Press, 1992, pp. 57–89.

［9］Michael L. Ross, "Does Oil Hinder Democracy?" *World Politics* 53, no. 3（April 2001）: 325–361.

［10］同上。

［11］事实上，那些依赖统计分析的人往往会引用更多的数据来源来证明他们对关键变量和技术的测量是正确的，而不只是数据来源正确。

［12］我们也可以报告整个模型的统计显著性，这是由 f-检验决定的。

［13］John Sides and Jack Citrin, "European Opinion about Immigration:

The Role of Identities, Interests and Information," *British Journal of Political Science* 37, no. 3（July 2007）: 477–504.

［14］让我们花一点时间回到资源诅咒这一话题。假设我们正在研究世界上最依赖资源的国家，我们想知道他们如何保护政治权利。根据"自由之家"制定的 7 分制评分标准，这些国家中的许多国家得分接近底部，要么是 5 分（如科威特），要么是 6 分（如文莱、利比亚），要么是 7 分（如沙特阿拉伯），这些是典型的例子。然而，有几个国家的得分接近最高（如挪威，得分为 1）。这些是异常值。

［15］Sides and Citrin, "European Opinion about Immigration."

［16］参见 https://www.cia.gov/library/publications/resources/the–world–factbook/. 访问日期：2016 年 3 月 1 日。

［17］参见 http://www.electionstudies.org/nesguide/toptable/tab5a _1. htm. 访问日期：2016 年 2 月 29 日。

［18］对于定类变量，分布仅仅是类别及其值的完整列表，和我在新加坡做的宗教研究一样。

［19］负偏态分布里的平均数有可能大于中位数，而正偏态分布里的平均数有可能小于中位数。如果分布有几个峰，或者一条尾部短而粗，而另一条尾部长而细，这种情况就会发生。

［20］请注意，我们报告的是从 A 点到 B 点的任何类型的范围，而不仅仅是 A 和 B 之间的距离。如果我告诉你家庭收入的四分位差是 65000 美元，你就不知道这意味着是 10000 美元到 75000 美元，还是 50200 美元到 115200 美元，或者别的范围之间。事实上，我报告的价格区间在 25000 美元到 90000 美元。

［21］Carmen DeNavas-Walt and Bernadette D. Proctor, *Income and Poverty in the United States: 2013*, Current Population Reports, P60–249. Washington, DC: Government Printing Office, 2014., table A-1.

［22］Ross, "Does Oil Hinder Democracy?"

［23］统计学家把第一类错误（"误报"）和第二类错误（"漏报"）区别开来。政治学家宁愿犯第二类错误，也不愿犯第一类错误。

［24］然而，如果 n 很小（例如小于 50），一些统计学家更喜欢使用费舍尔（Fisher）的精确检验而不是卡方检验。

［25］Paul M. Kellstedt and Guy D. Whitten, *The Fundamentals of Political Science Research*, 2nd ed. New York: Cambridge University Press, 2013, pp. 147–148.

［26］作为另一个利好因素，如果列联表是完全平方，我们使用肯德尔的相关系数 tau-b，如果不是完全平方，则使用 tau-c。平方表就是各列和行相等（2×2，3×3）。在我有关种族和对待死刑的态度例子中，表是 2×4，因此我们将使用 tau-c。实际上，这两个版本的 tau 值非常接近。

［27］正如你所看到的，某些技术经常以开发它们的统计学家的名字命名。

［28］尽管如此，如果我们的数据形成一条完美的水平线，那么 r 就不会被计算出来。当 x 轴上的每一个不同的值与 y 轴上的相同的值相关联时，我们没有共变；我们的 y 变量会是一个常数。同样的逻辑也适用于一条完全垂直的直线，它使得 x 变量为常数。

［29］Robert D. Putnam, *Making Democracy Work: Civic Traditions in Modern Italy*. Princeton, NJ: Princeton University Press, 1993, p. 85; Pippa Norris, "Does Television Erode Social Capital? A Reply to Putnam," *PS: Political Science and Politics* 29, no. 3（September 1996）: 476.

［30］在这一章中，我将区分分类（定类、定序）变量和连续（定距、定比）变量。这是政治学家们的标准做法。但也有学者认为定距变量和定比变量可以是连续的，也可以是离散的，这与实数和整数的区别

是相似的；前者可以用分数表示，而后者不能。因此，这些学者可能会将类别变量与数量变量进行对比。

［31］相关矩阵在从矩阵的左上角到右下角的对角线两边对称。因此，我们只需要注意这些数字的一半即可，因为另一半是重复的。

［32］同样的道理也适用于交叉路口。两个定序变量之间的关系可能是肯德尔 tau 值为 0.08，具有统计显著性，而较小数据集的另一对变量肯德尔 tau 的值为 0.13，不具有统计显著性。

［33］这种测试在心理学和教育学中更为常见，研究人员可能想要比较男性和女性、男孩和女孩、黑人和白人等人在任何连续测量中的表现（例如，三年级阅读测试，内向型和外向型量表）。

［34］根据 2000 年的 ANES 调查，男性和女性对希拉里·克林顿的看法在统计学上有显著差异，但这是一个相当小的差异。一般来说，女性对她的评价比较正面，但女性之间和男性之间的看法有着相当大的差异。

［35］因此，基本的逻辑类似于一种均值差异测试。

［36］Putnam, *Making Democracy Work*, chapter 4.

［37］对于回归模型中有多少自变量是合适的，政治学家们意见不一。一些人基于理论和统计的限制，建议将上限定为 3，而另一些人则认为这个数字可以而且应该更高。要了解这些争论，请参阅 2005 年冬季出版的《冲突管理与和平科学》（*Conflict Management and Peace Science*），特别是詹姆斯·李·雷（James Lee Ray），约翰·奥尼尔（John Oneal）和布鲁斯·鲁塞特（Bruce Russett）以及克里斯托弗·阿肯（Chri-stopher Achen）的文章。

［38］加入几乎任何一个自变量，不管在理论上多么不相关，都可以提高多元回归模型的拟合度 R–Squared 的值。只是碰巧，那个变量的一些变化会与因变量的一些变化相匹配。

［39］出于这个练习的目的，我大胆地将选民注册变量看成一个定

距测量，取值范围从 1（非常低的要求）到 5（非常高的要求）。

［40］一些政治学家回避标准化系数，部分原因是他们不喜欢删除有价值的信息，比如每个变量的单位。

［41］在这个模式中，性别是一个定类层面的测量标准。如果只有两个值，它将被认为是一个二分类变量或"哑"变量。似乎是女性得分为 0，男性得分为 1。由于性别只有两个值，OLS 回归很难检测出统计显著性关系。这就解释了为什么在表 7.3 中，性别的一些较大的 B 系数没有统计显著性。

［42］政治学家越来越多地使用图形、图表和地图而不是数字表来显示他们的统计结果。一般来说，信息的视觉展示是社会科学中的一个重要课题，但我没有时间在本指南中详细介绍。首先，参考一下 Jonathan P. Kastellec and Eduardo L. Leoni, "Using Graphs Instead of Tables in Political Science," *Perspectives on Politics* 5, no. 4（December 2007）: 755–771。

［43］Michael D. Jones, "Leading the Way to Compromise? Cultural Theory and Climate Change Opinion," *PS: Political Science and Politics* 44, no. 4（October 2011）: 720–725.

［44］同上。

［45］Ross, "Does Oil Hinder Democracy?"

［46］大卫·弗里德曼（David Freedman）说："我在回归方程式里没有看到案例成功地帮助发现了因果关系，更不用说更复杂的方法。""From Association to Causation via Regression," *Advances in Applied Mathematics* 18, no. 1（January 1997）: 60。同样，请注意两位资深政治学家简·莱格利（Jan Leighley）和乔纳森·纳格勒（Jonathan Nagler）是如何描述他们对投票率的统计分析的："在评估一个多变量模型时，我们通常将'因变量'描述为由解释变量……'引起'。然而，因果关系

的假设并不是基于数据分析或特定的模式，而是基于分析者假设的真实世界模式。数据分析只是显示了所观察的数据之间的条件关系，而不是建立因果关系。为了与传统用法一致，我们将参考我们的解释之一的边际效应……投票率变量。然而，我们并不是说这些观察到的证据证明了因果关系。" Jan Leighley and Jonathan Nagler, *Who Votes Now? Demographics, Issues, Inequality, and Turnout in the United States*. Princeton, NJ: Princeton University Press, 2014.p.57。

[47] 例如，Dara Kay Cohen, "Explaining Rape during Civil War: Cross-National Evidence（1980–2009）," *American Political Science Review* 107, no. 3（August 2013）: 461–477。

[48] Henry E. Brady, "Data-Set Observations versus Causal-Process Observations: The 2000 U.S. Presidential Election," in *Rethinking Social Inquiry: Diverse Tools, Shared Standards*, ed. Henry E. Brady and David Collier. Lanham, MD: Rowman and Littlefield, 2004, pp. 267–271.

[49] Putnam, *Making Democracy Work*.